国家社会科学基金资助
云南财经大学博士学术基金全额资助出版

儒家文化与公司治理

胡少华　著

西南财经大学出版社
中国·成都

图书在版编目(CIP)数据

儒家文化与公司治理/胡少华著.—成都:西南财经大学
出版社,2023.9
ISBN 978-7-5504-5904-5

Ⅰ.①儒…　Ⅱ.①胡…　Ⅲ.①儒家—传统文化—影响—公司—企业管理—研
究—中国　Ⅳ.①F279.246

中国国家版本馆 CIP 数据核字(2023)第 156809 号

儒家文化与公司治理

RUJIA WENHUA YU GONGSI ZHILI

胡少华　著

责任编辑:李思嘉
责任校对:李　琼
封面设计:墨创文化
责任印制:朱曼丽

出版发行	西南财经大学出版社(四川省成都市光华村街55号)
网　　址	http://cbs.swufe.edu.cn
电子邮件	bookcj@swufe.edu.cn
邮政编码	610074
电　　话	028-87353785
照　　排	四川胜翔数码印务设计有限公司
印　　刷	四川煤田地质制图印务有限责任公司
成品尺寸	170mm×240mm
印　　张	19.5
字　　数	325 千字
版　　次	2023 年 9 月第 1 版
印　　次	2023 年 9 月第 1 次印刷
书　　号	ISBN 978-7-5504-5904-5
定　　价	88.00 元

前言

儒家文化是一种源远流长的文化。在中国历史上，儒家文化对理解中国的政治制度、政治文化起到了很重要的作用，同时，也为中国社会和中国人提供了基本的价值观。由于儒家在中国历史上的特殊地位，儒家文化作为一项重要的非正式制度会影响我国社会、经济、生活各个方面，也必将对我国公司治理产生深远的影响。本书主要聚焦于上市公司治理。本书首先研究了儒家"理性人"对经济学"理性人"假设边界的拓展，然后研究了儒家视阈下我国上市公司治理的政治哲学，在此基础上，分别从以下方面研究了儒家文化对我国上市公司治理的影响：一是儒家文化、企业家精神与上市公司治理；二是儒家文化、社会资本的形成与上市公司治理；三是儒家文化、信誉机制与上市公司治理；四是儒家文化、中国的法律传统与上市公司治理；五是用博弈论的方法研究了儒家文化、法治环境与上市公司治理；六是实证研究了儒家文化对上市公司股利政策的影响；七是实证研究了儒家文化对上市公司信息披露质量的影响；八是实证研究了儒家文化与公司违规；九是实证研究了儒家文化与代理冲突；十是实证研究了儒家文化与股东权益保护；十一是实证研究了儒家文化与债权人权益保护；十二是案例研究，研究了儒家文化对家族上市公司治理的影响：以三一重工股份有限公司（以下简称三一重工）为例。

本书的结构如下：

第一章主要阐述了本书的研究背景，并提出研究问题、研究意义、基本方法与研究框架、研究的创新点与不足以及主要结论与观点。

第二章梳理回顾了文化与公司治理、儒家文化与公司治理、文化与股利分配、文化与上市公司信息披露质量、文化与公司违规、文化与代理冲突、文化与股东权益保护、文化与债权人权益保护等相关文献，并对以上文献进行了评述。

第三章主要论述了经济学"理性人"假设的理性是一种工具理性，儒家"理性人"的理性是一种更为广义或丰富的理性概念，这个较为广义的理性概念的基础就是人类的沟通行为，沟通行为的最终目标就是参与者们达成一种了解或同意。

第四章论述了儒家视阈下我国上市公司治理的政治哲学。从儒家视阈，肯定了上市公司在不损害其他利益相关者利益的前提下追求股东财富最大化，承认上市公司在收入分配上的差距，但差距不能太大，必须控制在一个比较合理的范围；有效的上市公司治理，必定注重利益相关者之间的和谐；上市公司必须认真对待股东和所有其他利益相关者的利益，必须承担社会责任；要发挥儒家"德治"在完善我国上市公司治理中的积极作用。

第五章主要论述了儒家文化、企业家精神与公司治理的关系。该章首先论述了儒家文化蕴含"创新、合作、节俭、自强"的企业家精神；其次，从儒家文化影响的视角研究中国历史上的企业家精神；最后，从五个方面阐释了企业家精神对公司治理的影响。

第六章主要论述了儒家文化、社会资本的形成与上市公司治理的关系。儒家文化主要通过六种具体途径促进社会资本的形成。

第七章主要论述了儒家文化及其所形成的信誉机制有利于降低作为股东代理人的经理讲信誉的成本，提高上市公司信息披露的质量，从而对完善我国上市公司治理发挥积极作用。

第八章主要论述了儒家文化、中国的法律传统与上市公司治理之间的关系。儒家文化影响下的中国法律传统具有以下几个重要特征：一是礼法合治；二是亲亲相隐；三是主张无讼；四是有公法无私法；五是重义务轻个人权利。本章进一步论述了这些法律传统对我国上市公司治理的影响。

第九章主要论述了儒家文化、法治环境与上市公司治理之间的关系。儒家文化与优良的法治环境在完善公司治理中具有互补的作用。儒家文化作为一种道德文明秩序与法治作为一种法律文明秩序能共同促进我国上市公司治理的完善。道德不能超越历史文化，必须在特定的历史文化中存在。本章还运用博弈论的分析方法，分析了在我国经济转型期，如何发挥儒家文化在完善我国上市公司治理中的作用。

第十章以 2008—2016 年沪深两市的 A 股上市公司为研究样本，尝试从文化差异和文化冲突的角度来考察儒家文化对我国上市公司股利政策的影响。

第十一章至第十五章以 2008—2016 年沪深两市的 A 股上市公司为研究样本，按照"文化—行为"的逻辑，从文化地理学的视角，分别探讨了作为非正式制度的重要组成部分的儒家文化对上市公司信息披露质量、上市公司违规行为的影响，以及对上市公司代理冲突的影响、对上市公司股东权益保护的影响、对上市公司债权人权益保护的影响。

第十六章以三一重工为案例，研究儒家文化对家族上市公司治理的影响。研究发现，儒家文化主要从价值观、社会规范和社会网络三个维度对三一重工的公司治理产生了较大影响。

胡少华

2023 年 7 月

目录

第一章　绪论

第一节　研究背景与问题提出

儒家文化是一种源远流长的文化。儒家是指孔子开创的一个学派，形成于春秋中后期，如《礼记·中庸》所说，"仲尼祖述尧舜，宪章文武"，整理古典文明之"方策"，删定六经。由此，尧、舜、皋陶、周公之道，变成一种可"学"之道。孔子生于公元前551年，卒于公元前479年，距今2 500多年了，因此，儒家学派也有2 500多年的历史了。儒家文化代表了中国人的核心价值观，这套核心价值观是跟中国人的历史文化处境和生存条件相符合的，它和中国人生存的历史环境、历史条件、生产方式、人际交往方式是融合在一起的，因此符合当时中国社会的需要，成为中国文化的主体部分。陈来（2015）认为，儒家价值观是道德本位主义、社群本位主义、责任本位主义、民生本位主义。在中国历史上，儒家文化对理解中国的政治制度、政治文化起到了很重要的作用。同时，也为中国社会和中国人提供了基本的价值观。习近平总书记指出，中华民族伟大复兴需要以中华文化发展繁荣为条件，要推动中华优秀传统文化创造性转化、创造性发展，不断增强中华文化的影响力和吸引力，创造中华文化新的辉煌[①]。改革开放以来，我们已经看到特别是在民间兴起的老百姓和企业家对传统文化和儒学的那种高度广泛的热情。由于儒家在中国历史上的特殊地位，儒家文化作为一项重要的非正式制度影响了我国社会、经济、生活各个方面，也必将对我国上市公司治理产生深远的影响。

[①] 中共中央宣传部. 习近平新时代中国特色社会主义思想三十讲［M］. 北京：学习出版社，2018：206.

第二节 研究的意义

一、理论意义

研究儒家文化对公司治理的影响具有重要的理论价值。首先，中国儒家文化源远流长，且影响深远。研究儒家文化对公司治理的影响，可以帮助我们更好地审视儒家文化的重要性。其次，根据对儒家文化价值体系的研究，归纳出儒家文化的核心价值观并进行维度确定，为优化我国公司治理的外部环境提供理论基础。最后，研究儒家文化与公司治理制度的内在联系以及儒家文化对我国上市公司治理相关法律制度的影响，我们可以在上市公司治理相关法律制度还不完善的情况下，充分发挥儒家文化的礼治与现代法治的互补作用及相互促进作用，构建中国特色上市公司治理理论体系。

二、实践意义

研究儒家文化对公司治理的影响具有重要的实践意义。首先，有利于提升我国上市公司的治理水平。2001 年美国安然公司倒闭和破产，2002 年美国世界通信公司申请破产保护，2008 年 9 月雷曼兄弟公司申请破产保护等事件，尤其是 2008 年肇始于美国的全球金融危机，使我们深刻地认识到自由市场经济中人性的过度贪婪，也让我们看到韦伯所认定的资本主义精神的缺陷和局限性，其根本问题在于公司治理存在严重问题。我国公司治理还存在很多缺陷，相关法律制度还不完善；儒家文化中"勤俭节约、注重合作、强调和谐、责任感"等理念对完善企业家的人格修养，强化企业的社会责任意识，促进礼治与法治的结合，提升我国上市公司治理水平具有积极的作用。其次，根据对儒家文化价值体系的研究，归纳出儒家文化的核心价值观并进行维度确定，我们能把儒家文化积极的、有现代价值的核心价值观应用于公司治理文化建设。最后，有利于优化我国上市公司治理的外部环境，发挥儒家文化在我国上市公司治理中的积极作用。本书基于中国经济转型期特定的制度背景，较系统地研究了儒家文化影响我国上市公司治理的路径并对儒家文化影响我国上市公司治理相关重要问题进行了实证研究。对儒家文化对我国上市公司治理的影响进行实证研究和案例研究，探寻儒家文化对上市公司治理的影响。这些影响有积极的一面，我们应该发扬光大；也有消极的一面，我们应该因势利导，化消极因素为积极因素。我们可通过弘扬儒家文化积极的价值观，优化我国上市公司治理的外部环境，提升我国上市公司的治理水平。

第三节　研究方法与基本框架

一、研究方法

（一）文献研究法

本书系统梳理儒家文化对公司治理的影响的相关理论和前沿研究成果，整理和解析相关理论模型及论点，分析儒家文化对公司治理的影响研究的现状与研究不足，为本书的研究提供起点与理论基础。

（二）计量实证研究方法

本书综合运用 OLS 模型、Tobit 模型、Logit 等回归计量模型实证检验儒家文化对我国上市公司治理的影响。本书第十章、第十一章、第十二章、第十三章、第十四章、第十五章进行了实证研究。实证研究数据主要来源于我国沪深两市上市公司的数据。

（三）案例研究法

第十六章采用案例研究方法，选取家族上市公司三一重工来进行案例分析。在案例研究的辅线上，本书采用探索性案例研究方法，其合理性在于：本书关注的问题之一是"儒家文化如何影响上市公司治理"，适宜采用侧重解决"如何"问题以及关注动态过程的案例研究法，用以解释某一特殊现象背后复杂而动态的作用机制，同时提炼更具启发意义的理论和规律。案例研究与基于大规模样本的实证研究结论进行比较分析，有助于发现新的研究问题，进行相互印证，有利于不断深化本书的研究。

二、基本框架（技术路线）

本书的研究遵循如下技术路线：首先，本书通过文献研究系统梳理了文化、儒家文化对公司治理影响以及法治环境对公司治理影响的相关文献，提炼总结相关理论与方法，提出进一步深入研究的问题。其次，本书就公司治理理论、儒家文化对公司治理的影响及作用机制、法治环境对公司治理的影响及作用机制开展了深入的理论分析。再次，本书利用了2008—2016年的我国沪深两市A股上市公司相关数据构建实证计量模型，实证检验了儒家文化对我国上市公司股利分配、信息披露质量、违规、代理冲突、股东权益保护、债权人权益保护等的影响及作用机制。本书实证研究的数据主要来源于国泰安数据库（CSMAR）、万德数据库（Wind）。最后，本书对实证研究和案例研究得出的结论进行了提炼、归纳和总结，形成了最终研究成果，具体技术路线如图1-1所示。

第四节　研究创新与不足

一、研究的创新

第一，在理论上，本书丰富了我国上市公司治理影响因素理论。在国内外现有公司治理方面的文献中，对儒家文化对公司治理的影响缺乏系统性的研究，也没有系统地研究了儒家文化影响公司治理的深层次原因。本书深入地研究了儒家文化影响我国上市公司治理的原因及作用机制，从微观企业层面揭示了儒家文化影响我国上市公司治理的内在逻辑，纠正了部分学者对儒家文化的消极认知偏见，同时丰富了"文化与公司治理"的国际前沿文献，贡献了东方文化情境下的经验证据。本书研究儒家文化对我国上市公司治理的影响及作用机制，是对公司治理影响因素理论的一个扩展与补充。

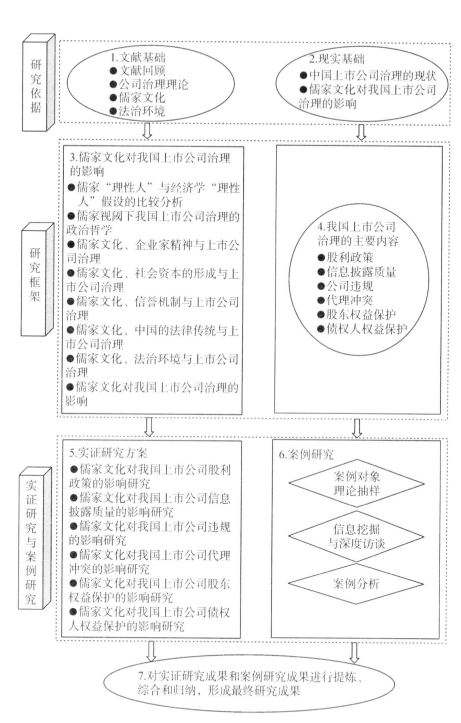

研究依据

1.文献基础
● 文献回顾
● 公司治理理论
● 儒家文化
● 法治环境

2.现实基础
● 中国上市公司治理的现状
● 儒家文化对我国上市公司治理的影响

研究框架

3.儒家文化对我国上市公司治理的影响
● 儒家"理性人"与经济学"理性人"假设的比较分析
● 儒家视阈下我国上市公司治理的政治哲学
● 儒家文化、企业家精神与上市公司治理
● 儒家文化、社会资本的形成与上市公司治理
● 儒家文化、信誉机制与上市公司治理
● 儒家文化、中国的法律传统与上市公司治理
● 儒家文化、法治环境与上市公司治理
● 儒家文化对我国上市公司治理的影响

4.我国上市公司治理的主要内容
● 股利政策
● 信息披露质量
● 公司违规
● 代理冲突
● 股东权益保护
● 债权人权益保护

实证研究与案例研究

5.实证研究方案
● 儒家文化对我国上市公司股利政策的影响研究
● 儒家文化对我国上市公司信息披露质量的影响研究
● 儒家文化对我国上市公司违规的影响研究
● 儒家文化对我国上市公司代理冲突的影响研究
● 儒家文化对我国上市公司股东权益保护的影响研究
● 儒家文化对我国上市公司债权人权益保护的影响研究

6.案例研究
案例对象理论抽样
信息挖掘与深度访谈
案例分析

7.对实证研究成果和案例研究成果进行提炼、综合和归纳,形成最终研究成果

图1-1 本书技术路线

第二，在研究方法上，本书采用多种研究方法进行研究。本书利用回归计量模型，实证检验儒家文化对我国上市公司治理的影响，为解决遗漏变量等内生性问题以及选择偏差问题导致估计结果的偏差，本书研究中还利用多种方法进行稳健性检验，提高实证结果的可靠性；本书实证检验了儒家文化对我国上市公司治理的作用机制。本书还以三一重工为案例，构建儒家文化影响我国家族上市公司治理的理论。

第三，在研究对象与研究问题上，本书拓宽了我国上市公司治理的研究领域和研究渠道。本书对儒家文化影响我国上市公司治理进行了比较全面的研究，包括儒家文化对我国上市公司股利政策、信息披露质量、公司违规、代理冲突、股东权益保护和债权人权益保护等，还以三一重工为案例，探索儒家文化影响我国上市公司治理的理论，拓宽了我国上市公司治理的研究领域和研究渠道。

第四，在结论观点上，本书提供了儒家文化对我国上市公司治理的影响及作用机制的经验证据。本书研究发现儒家文化对我国上市公司治理的影响及作用机制的经验证据，构建儒家文化影响我国上市公司治理的理论并提出了相应的政策建议。

二、研究的不足

第一，本书在研究结构、技术路线和逻辑体系上还可以进一步优化，使本书的研究思路更加清晰、逻辑体系更加严密、完整和科学。

第二，本书实证研究中，在儒家文化变量的选择上，还有待完善。在如何保证研究结论的稳健性方面，还可以做进一步探讨。在以后的研究中，儒家文化变量的选择可以参照一些学者的研究，如使用上市公司注册地半径 100 千米、200 千米范围内的孔庙数、书院数等，也可以尝试采用一些更科学的儒家文化代理变量。

第三，本书在案例研究上，可能还不够深入、科学、严谨，在案例研究方法方面，还可以进行更加深入的学习和探索。本书采用的是单案例探索性研究，如能采用多案例探索性研究，可能得出的结论更科学、可靠。

第五节　主要结论与观点

第一，经济学"理性人"假设的理性是一种工具理性，是一种较为狭隘的理性，这个理性的概念只把理性的作用限制在有效手段的选择上；儒家"理性人"的理性是一种更为广义或丰富的理性概念，这个较为广义的理性概念的基础就是人类的沟通行为，沟通行为的最终目标就是参与者们达成一种了解或同意。经济学的"理性人"更注重以力胜人，强调竞争，而儒家的"理性人"更注重沟通与合作。儒家"理性人"是对经济学"理性人"假设边界的拓展。

第二，儒家视阈下我国上市公司治理的政治哲学：一是要认真对待儒家的义利观和财富分配上的公平正义。二是要认真对待儒家的和谐观。三是要认真对待儒家关于"仁"的道德观念，并在此道德基础上重构中国的政治哲学。四是认真对待儒家的德治问题，发挥儒家德治在完善我国上市公司治理中的积极作用。

第三，发现儒家文化在促进我国企业家精神的形成、社会资本的形成以及完善公司治理中的积极价值。儒家文化蕴含着丰富的企业家精神，"创新、合作、节俭、自强"是企业家精神的核心。儒家文化能够促进社会资本的形成，社会资本的形成对上市公司治理具有重要作用。发挥法律和儒家社会规范在完善我国上市公司治理中的替代和互补的作用。

第四，本书实证研究得出了以下结论。一是我国上市公司受儒家文化影响越大，公司股利支付意愿、现金股利支付意愿及现金支付比例越低。二是我国上市公司受儒家文化影响越大，公司信息披露质量越高。三是儒家文化的"忠信""崇德向善"的核心价值观对约束上市公司高管违规行为，完善公司治理，提高公司治理有着发挥了积极的作用。我国上市公司受儒家文化影响越大，公司违规越少；我国上市公司受儒家文化影响越大，公司经营违规越少；我国上市公司受儒家文化影响越大，公司信息披露违规越少。四是儒家文化对我国上市公司股东与经理层的代理冲突（第一类代理冲突）具有显著的抑制作用。五是我国上市公司受儒家文化影响的大小对股东权益保护没有显著的促进作用。六是儒家文化能较显著提高债权人权益保护水平。

第五，以三一重工为案例，探索儒家文化影响我国家族上市公司治理理论。首先，儒家文化影响了三一重工的核心价值观。具体表现在公司认真履行社会责任、重视利益相关者利益、持续创新的意识及不断为所有利益相关者创造更大的价值等方面。其次，儒家文化影响了三一重工治理规范，具体表现在儒家的和合精神使公司形成了和而不同的董事会文化、强调德性领导、形成了和谐的公司治理关系。最后，儒家文化使公司形成了以差序格局、泛家族主义为特征的社会关系网络。具体表现在家族信任、熟人信任、股权结构体现了创始人意图以及存在一定利益输送的关联交易等方面。

第二章　文献综述

第一节　文献回顾

一、文化与公司治理

英国人类学家 E. B. 泰勒在其著作《原始文化》"关于文化的科学"一章中，给出了"文化"的一个经典定义——"文化或文明，就其广泛的民族学意义来讲，是一个复合整体，包括知识、信仰、艺术、道德、法律、习俗以及作为一个社会成员的人所习得的其他一切能力和习惯"。从经济学的视角来看，文化是世代相传的人们的整体生活方式，它构成了人们的主观模型，人们无论是进行生产、交换还是分配、消费，总是依赖一个特定的价值体系来进行判断决策。文化的内容包括最基本的价值信念、伦理规范、道德观念、宗教、思维方式、人际交往方式、风俗习惯等。文化通常被定义为人们生活中的一套指导性原则，包括规范、共有的价值观和期望的行为。文化价值观是一组可取的构想，这些构想为社会参与者选择行为，评价人和事以及解释他们的行为和评价指明方法和途径。一个民族的文化是一个民族不同于另一个民族在婴幼儿时期学习的价值观、信念和假定。这个定义与 Hofstede 的作为思维的软件的民族文化观念是一致的。Jaeger（1986）认为文化是"行为的共同理论或分享的内心的程序"。民族文化深深地嵌入了日常生活，相对难以改变。文化是民族、宗教和社会团体一代一代不变地传承的共同信念和价值观（Guiso et al.，2006；Alesina & Giuliano，2015）。Hofstede（1980）最初确定了文化的四个维度：个人主义和集体主义（IND）、权力距离（PD）、不确定性的规避（UA）以及男子气质还是女子气质（MAS）。Hofstede（1991）后来增加了长期导向维度（LTO）。Schwartz（1994）提出了六个文化维度，包括保守程度、知识和情感的自立能力、等级制度、控制权、平等主义的承诺以及和谐。权力距离（power distance）即在一个组织当中，权力的集中程度和领导的独裁程度，以及一个社会在多大程度上可以接受组织当中这种权力分配的不平等，在企业中可以理解为员工和管理者之间的社会距离。不确定性规避（uncertainty avoidance）是指在不同文化中，防止不确定性的迫切程度是不一样的。相对而言，在不确定性规避低的社会当中，人们普遍有一种安全感，倾向于放松的生活态度和鼓励冒险的倾向。而在不确定性规避高的社会中，人们则普遍有一种高度的紧迫感和进取心，因而易形成一种努力工作的内在冲动。Hofstede（1980；1991）将个人主义与集体主义（individualism versus collectivism）定义为"人们关心群体成员和群体目标（集体主义）或者自己和个人目标的程度（个人主义）"。Hofstede（1980；1991）把这种以社会性别角色的分工为基础的"男性化"倾向称为男性或男子气概所代表的维度（masculinity dimension），对于男性社会而言，居于统治地位的是男性气概，如自信武断、进取好胜，对于金钱的索取，执着而坦然；而与此相对立的"女性化"倾向则被其称为女性或女性气质所代表的维度（feminine dimension），女性社会强调维持良好的人际关系以及对工作和生活质量的关注。Hofstede（1980；1991）将长期导向（long-term orientation）定义为：基于未来回报的美德的培养，尤其是坚韧和节俭。短期导向（short-term orientation）则是指与过去和现在相关的美德培养，尤其是尊重传统、爱"面子"和履行社会义务。

Hofstede（1980；1991）和 Schwartz（1994）的文化维度理论被金融研究者广泛使用来检验文化价值观对各种公司政策的影响。Hofstede（1980；1991）和 Schwartz（1994）的文化维度被金融研究者广泛使用于检验文化价值观对公司各种政策的影响。Newman 和 Nollen（1996）实证检验了 Hofstede（1980；1991）五个民族文化维度与相似的管理实践的一致性。Hofstede 和 Bond（1988）已经证明了与工作相关的维度随着民族文化变化而变化。这些维度包括：权力距离、不确定性规避、个人主义、男性气质和长期导向。大量的金融研究表明，文化对公司和资本市场行为有重要影响，如流动性资产持有行为、资本结构、金融制度、盈余管理、要素战略回报。文化在不同含义的金融文献中被使用。Grinblatt 和 Keloharju（2001）研究发现，投资者更愿意买与该公司总经理具有相同文化背景的公司股票。他们所指的文化仅仅是企业与股东进行交流的语言以及总经理的名字及本国语言。

Greif（1994）研究认为，组织变化的必要条件是有人能够发起建立它并期望从中受益，他们的期望依赖于他们的文化理念，因而不同的文化理念导致明显不同的组织发展轨迹。他还指出，不同的文化理念导致不同的经济行为。有的学者基于社会学家对"社会资本"的研究提出了"文化资本"的概念。Throsby（1999）指出文化资本是承载文化价值观念的资产存量。它既具有文化价值又具有经济价值，具体又可分为有形文化资本（tangible culture capital）和无形文化资本（intangible culture capital）。有形文化资本包括建筑物、历史遗迹、艺术品等，无形文化资本主要指约束群体行为的价值观念、传统、习俗、信仰等，有形文化资本在多数条件下是无形文化资本的载体，并对无形文化资本的传播与发展起到决定作用。文化对经济活动的重要影响已得到了广泛支持（Guiso et al.，2006；Guiso et al.，2009；Alesina & Giuliano，2015）。在国外的一些研究中，相关文献也分别阐述了同事关系、社团关系等非正式制度对公司治理的影响（Hwang & Kim，2009；Fracassi & Tate，2012）。作为一种非正式制度，文化通过信任增进、信息甄别、社会网络关联等渠道，与正式制度互为补充，在经济活动中起到了活跃作用（Alesina & Giuliano，2015）。Hofstede（1991）根据对中国儒家文化的研究，认为儒家文化是与长期导向相关的价值观，这种价值观为坚韧、节俭、基于社会地位的有秩序的关系、羞耻心。

研究文化对公司治理的影响具有较重要的学术价值。Fidrmuc 和 Jacob（2010）研究显示个人主义感强、权利距离小、不确定性规避低的文化下，公司发放的股利更多。Bae 等（2010）研究发现，不确定规避高的文化中，只有投资者处于较强的保护下，公司才会发放更多股利，此外长期取向文化下公司倾向更少地发放股利。Stulz 和 Williamson（2003）实证研究表明，文化差异对理解不同国家投资者保护的差异不容忽视。文化与投资者权利之间的关系对于债权人的权利来说看起来特别强。他们的研究还发现主要信奉天主教的国家比其他国家债权人的权利明显要弱。文化代表变量不能解释跨国股东权利指数的变化，但能解释个人股东权利的变化，甚至他们研究时是在控制了国家法律制度的起源的情况下；文化与权力的执行有关。主要信奉天主教的国家，尤其是其中讲西班牙语的国家，权力的执行力度较弱。文化指标比法律起源对一个国家实施投资者保护具有更强的解释力。

Newman 和 Nollen（1996）使用同一公司在欧亚的 176 个分部研究了地域文化对公司治理的影响，结果发现分部的组织结构与当地文化越契合，其业绩越好。他们的研究对经理们具有重要的意义：管理实践活动适应当地的文化才能最有效。经理们努力激励员工参与可能改善在低权力距离文化的国家中企业的盈利能力，如美国，但不能增强高权力距离文化的国家中企业的盈利能力，如东亚国家。Haniffa 和 Cooke（2002）研究了马来西亚公司中文化与公司信息披露的关系，发现文化对于信息披露质量具有显著的影响。Fidrmuc 和 Jacob（2010）研究显示在个人主义感强、权利距离小、不确定性规避低的文化下，公司发放的股利更多。Stulz 和 Williamson（2003）研究认为，文化至少通过三种渠道影响金融：第一，一个国家占主导地位的价值观依赖于它的文化；第二，文化影响制度，例如，法律制度就受到文化观念影响；第三，文化影响经济中的资源分配。宗教鼓励把资源从生产投资中转移到教堂或枪支方面的消费。他还认为，制度创新也受到文化的影响。共同的语言可以促使想法在国家之间转移；宗教在创新传播中发挥了重要作用。17 世纪后期，英国对宗教少数派的宽容部分解释了英国为什么能成为金融创新的温床。

二、儒家文化与公司治理

马克斯·韦伯研究认为儒家伦理抑制了一种实业精神的发展，从而也抑制了资本主义在中国，在东亚的发展。他所认定的资本主义精神，强调个人主义、主宰世界、市场结构、竞争、放任主义和对于知识的一种浮士德式的探索。浮士德为了新知识和新经验，情愿出卖自己的灵魂。这代表了一种追求进一步自我发展的能量巨大的伦理。它促进了一种体系，这种体系强调自我利益、抗衡关系、竞争性、适者生存、放任主义、市场结构、科学与技术以及社会职能的专业化。这种模式在资本主义的形成过程中无疑取得了很大的成功。从韦伯的观点来看，一个高度理性化的、举止中节的儒者，最不想做的，莫过于受到一种强烈的欲望的推动，为了聚敛财富而聚敛财富。这种几乎不可能有资格成为传统资本主义的意义上的第一流的企业家[①]。杜维明（1982）认为儒家文化倡导的不是个人主义，而是我们对一个更大实体的承诺。这个实体可以是我们的家庭、我们的公

---

① 韦伯. 新教伦理与资本主义精神［M］. 阎克文，译. 上海：上海人民出版社，2010.

司、我们的集体或者我们的国家。这种伦理和强调个人权利意识的新教伦理不同，它需要的是责任感。它重视的是社会团结，是在一个特殊的团体中对我们合适的位置的寻求。这意味着理解一个人在社会中的职责，以及与此有关的一整套社会惯例和实践。与其说它是一种竞争的模式，倒不如说它是一种和谐的模式。它极为重视个人的自我修养和自我约束（特别是精神上和心理上的自我约束）。它重视舆论一致的达成，但却不是通过一种特殊的意志强加于社会各阶层，而是通过一个共同磋商的渐进过程，让团体中的一大部分参与其间。这需要并且诱发了一种合作的精神。杜维明（1982）说，想到儒学和现代化的精神可能很有联系就感到很兴奋，可是，他希望对这个问题有更加成熟的探讨。杜维明（1982）指出，我们不想排除个人、竞争、法制的观念，甚至也不想排除自我利益、动力和权利意识结合到一起的观念。他表示极希望见到对儒家文化与企业精神的关系这个课题的扎扎实实的实验性的研究。胡少华（2015）研究认为，儒家文化蕴含着"创新、合作、节俭、自强"的企业家精神，但在中国历史上，儒家文化与皇权制度、科举制度结合，抑制了企业家精神的发扬光大。胡少华和李承华（2016）研究认为儒家文化会影响我国公司治理制度、规则和法律。同时，儒家文化强调的礼治对完善我国公司治理既有积极的作用，也有消极的影响。儒家文化的礼治思想在我国公司治理制度和法律法规不完善的情况下，对完善公司治理，提高公司治理水平有着必要的补充作用。

蔺子荣和王益民（1995）认为，中国传统文化是以宗法家庭为背景、以儒家伦理思想为正统和核心的文化价值体系。中国传统文化在漫长的内生化过程中形成了中国独特的传统"文化网络"，这是中国文化的一大特色，也是文化在社会结构中发挥巨大威力的根本原因。对中国社会而言，儒家文化是影响最为深远的非正式制度，它不但塑造着中国企业的精神，而且可能成为中国现代化进程中的重要精神支柱（杜维明，1997；2003）。儒家文化在经历了一个世纪的磨难后，现如今又重新看到了在中国复兴的希望（许纪霖，2014），这必将对中国经济生活的各方面产生影响。儒家文化如何影响公司治理？有一些分析立足于儒家文化与其他公司治理影响因素之间的相互作用，Allen和Qian（2005）研究认为，在儒家文化影响下形成的成熟的基于声誉、隐性契约关系和合作的制度，是中国企业发展的重要原因。La Porta等（1997）研究认为，儒家文化通过提高社会信任水平来影响中国的微观经济和公司治理。Chan 和 Young（2012）研究认为，儒家的核心思想"三纲五常"鼓励企业家和管理者采取更高的行为标准，即成为君子的标准，这一思想作为治理了中国商业半个世纪的非法律机制，比法律的要求更高、更受重视，这些自我规制的治理措施作为一种宏观的"实践社区"，对公司治理等机制具有很深的影响。有学者认为，儒家强调"慎独"和"修身"观念，正是儒家高行为标准的一种体现，他认为，尽管儒家没有提炼出代理成本的概念，但已经观察到代理人的行为可能导致效率损失，因此，通过向代理人灌输"慎独"和"修身"观念提高其自律性，从而减少监督支出，同时又要求代理人遵守"忠信"的职业伦理和"义利"观，最终达到减少代理人保证支出和事后的剩余损失的目的。因此，随着儒家影响力的增强，公司代理成本随之降低（古志辉，2015）。中国文化的网络维度特征重点体现在对"人情文化"的重视上，郑志刚等（2012）研究指出，在中国文化背景下，上市公司任人唯亲的董事会文化对经理人超额薪酬的影响严重。宝贡敏和史江涛（2008）认为，起源于儒家思想的关系实践，在中国社会和组织活动中长期、普遍存在，在信任、知识共享及决策行为等方面发挥着重要作用。它影响了资源流和企业与环境的互动（Park & Luo，2001）。胡少华和李承华（2016）研究认为，儒家文化对公司治理制度和公司治理行为的影响至少可以概括为以下四个方面：一是儒家文化会影响公司管理者和员工的习俗、规则，进而影响公司的文化；二是儒家文化会影响管理者公司治理的理念和治理行为；三是儒家文化会影响我国公司治理制度、规则和法律；四是儒家文化强调的"礼治"对完善我国公司治理具有积极的作用。

三、文化与股利分配

Fidrmuc 和 Jacob（2010）在文化维度理论基础上，对 41 个国家 5 797 家企业的数据进行了研究，有力支持了文化相当大地影响企业的红利政策。在个人主义程度高，权力距离小和风险规避低的国家，企业支付较高的红利。他们把法律变量和文化变量结合起来分析所得出的结论没有改变他们的主要设想，但是跨国研究表明法律制度和文化制度作为社会制度对企业红利支付政策具有互补的影响。

Fidrmuc 和 Jacob（2010）研究显示个人主义感强、权利距离小、不确定性规避低的文化下，公司发放的股利更多。Bae 等（2010）发现，不确定性规避高的文化中，只有投资者处于较强的保护下，公司才会发放更多的股利，此外长期取向文化下公司倾向更少地发放股利。La Port 等（2000）比较了普通法国家和大陆法国家公司股利分配实践，提供了支持股利代理模型的证据。他们报告了在股东权利保护较强的国家经营的公司支付较高的股利，因为少数股东能迫使经理层支付股利。另一方面，Ferris 等（2009）报告了普通法国家和大陆法国家股利政策存在的差异，他们提供了与红利替代理论一致的证据，即红利是对少数股东法律保护的替代，这与 La Porta 等（2000）的观点矛盾。Bancel 等（2009）调查了欧洲企业的经理，他们的发现不支持 La Porta 等（2000）红利政策主要受企业母国法律制度质量影响的论点，相反，Bancel 等（2009）表明企业的红利政策主要由企业的所有权结构与企业母国法律和制度结构复杂的相互作用所决定。Sung 等（2012）从跨国比较视角研究了文化、公司治理和红利政策的关系，实证检验了不同国家的文化差异与公司治理的互动在解释不同国家红利政策的变动中的作用。Aivazian 等（2003）发现新兴市场的企业比美国支付更高的红利，得出了国家因素是公司红利支付的重要决定因素的结论。Bae 等（2012）将文化维度引入对公司红利支付的研究，提出了研究红利的新视角。他们的结论表明文化的作用已经延伸到公司红利领域，影响支付红利的意愿和数量。他们检验了不同国家文化差异的作用以及文化差异与公司治理的相互作用在解释不同国家的不同企业红利政策变化的作用。有学者研究证明，企业的红利政策在控制代理成本方面发挥了重要作用（Rozeff，1982），减少了企业的信息不对称。一个国家的文化明确了企业代理关系和冲突的本质，揭示了企业经理和投资者对代理成本和信息不对称程度的主观感知。同样，制定红利政策是一个企业对财务弹性的需要的必须考虑的重要方面。人们对财务弹性的好处的主观感知取决于这个国家的文化。一个企业的红利政策与法律制度和制度结构（如公司治理和投资者权利）存在密切的联系，但是制度结构是更正式的制度的一种形式。因为红利政策主要是由公司决定的，这就为非正式的社会制度—文化在解释红利政策的差别中发挥重要作用留下了足够的空间。

Bae 等（2012）从跨国比较视角研究了文化、公司治理和红利政策的关系，实证研究了不同国家的文化差异与公司治理的互动在解释不同国家红利政策的变动中的作用。在高不确定性规避、高男子气质和高长期导向文化中，企业可能支付较低的红利。风险规避、男子气质和长期导向与红利水平负相关，投资者保护与红利支付正相关。他们研究认为文化因素和红利水平的关系随着投资者保护强度而变化。文化因素和投资者保护相互作用，即使在高风险规避和（或）高度的男性化文化中，强的投资者保护与企业的红利水平正相关。他们的跨国研究对文化维度在公司红利政策决定中的重要作用提供了有力的证据支持，因而，强调有必要将文化因素引入对企业红利支付决策的分析。

四、文化与上市公司信息披露质量

Haniffa 和 Cooke（2002）研究了马来西亚公司中文化与公司信息披露的关系，发现文化对于信息披露质量具有显著的影响。毕茜等（2015）从中华传统文化的角度进行了分析，发现这一非正式制度能够显著提高企业环境信息披露质量。胡少华（2018）研究认为，儒家文化中的集体主义信念所形成的多边惩罚策略，能一定程度杜绝上市公司的虚假信息披露。

五、文化与公司违规

现有文献对公司违规行为的研究，主要是基于舞弊三角理论，即从舞弊压力，舞弊借口和舞弊机会三方面着手研究。滕飞等（2016）从市场竞争压力出发，认为处于激烈竞争市场环境下的企业，会因为业绩考核压力迫使企业高管为了完成绩效考核做出违规行为，提高了公司违规行为的可能性。Erickson 等（2006）发现了高管薪酬与公司违规行为的关系，研究结论表明，较低的高管薪酬会加剧企业的委托代理风险，为高管通过不当行为获取"薪酬补贴"提供舞弊借口，从而会导致高管因为自利动机损害公司利益，增加了公司的违规行为。此外，还有学者基于"高管梯队理论"，指出不同高管特征（教育背景、成长经历和性别等）对舞弊借口会产生影响，从而导致公司违规行为的复杂性增强。大部分研究主要还是从舞弊机会对公司违规行为方面开展的。其主要观点包含：一是从公司内部因素视角出发，如公司治理结构、公司战略、公司文化等阐述内部因素如何减少舞弊机会，从而减少公司违规行为的发生。二是从公司的外部监督机制研究如何减少公司舞弊机会，抑制公司违规行为。例如，Jiang 和 Kim（2015）指出，良好的法治环境能震慑高管的投机行为，提高公司违规成本，降低上市公司违规风险。周开国等（2016）基于媒体监督角度的研究，发现媒体通过对上市公司经营活动进行专业搜集与传播，能够降低上市公司信息不对称风险，从而抑制上市公司的违规行为。雷啸等（2019）从证监会逐步实行融资融券制度出发，利用"准自然实验"方法实证了融资融券制度能够提高投资者对上市公司高管监督的积极性，从而抑制了高管的机会主义，抑制了上市公司的违规行为。程博等（2018）以2007—2014年的沪深两市上市的中国家族企业为研究样本，考察了儒家传统文化对上市公司违规行为的影响以及其与正式制度（法律）的交互作用。其研究发现，儒家传统文化影响力越强，上市公司违规行为发生的概率越低；并且在儒家传统文化与正式制度（法律）两者交互叠加作用时上市公司违规行为发生的概率更低。

六、文化与代理冲突

Jensen 和 Meckling（1976）认为，代理问题产生的一个关键原因在于委托和代理双方的信息不对称，对管理层进行事后监督能够有效降低由此诱发的道德风险。上市公司存在股东与经理层的代理问题，学术界称之为第一类代理问题；上市公司还存在大股东与中小股东的代理问题，学术界称之为第二类代理问题。相关研究表明，管理者权力使得中国上市公司经理薪酬存在黏性特征（方军雄，2009）。权力强大的管理者可以自己设计激励组合，在获取权力收益的同时实现高货币性补偿（吕长江、赵宇恒，2008）。Shleifer 和 Vishny（1986）认为，小股东往往缺乏监督管理层的激励，大股东则有动力且有能力行使这一权利，因此股权的适度集中能够解决小股东的"搭便车"问题，从而减少管理层偷懒或者滥用资源的可能性。汪昌云和孙艳梅（2010）认为，代理冲突的存在滋生财务欺诈行为，并且根据引起欺诈行为的代理冲突不同，将上市公司的财务欺诈行为划分为第一类欺诈和第二类欺诈。第一类欺诈指的是在第一类代理冲突下，经理层由于投资低效率项目侵蚀公司财富、经营不善或在职消费等行为导致公司价值降低而引发的欺诈行为，而第二类欺诈则是指在股东之间的代理冲突下，控股股东为了使自己的隧道行为免于披露和监督，操控财务披露程序和结果。为了切实保护企业和管理层的契约关系，股东还经由董事会这种重要机制对管理层的经营决策进行监督和控制（Williamson，1988）。董事会的有效性对解决代理问题具有决定性作用，而董事会的规模和独立性是影响有效性的关键因素。董事会规模过大可能导致沟通和决策效率的降低，从而削弱整个董事会的治理作用（Jensen，1993）；董事会独立性不强则可能产生"内部人控制"问题。为了保持董事会的独立性，可以考虑引入非执行董事，并明确区分董事长和总经理的职责。

有学者认为，儒家强调"慎独"的"修身"观念，正是儒家高行为标准的一种体现，尽管儒家没有提炼出代理成本的概念，但已经观察到代理人的行为可能导致效率损失，因此，通过向代理人灌输"慎独"和"修身"观念提高其自律性，从而减少监督支出，同时又要求代理人遵守"忠信"的职业伦理和"义利"观，最终达到减少代理人保证支出和事后的剩余损失的目的。因此，随着儒家影响力的增强，公司代理成本随之降低（古志辉，2015）。

七、文化与股东权益保护

投资者利益保护问题之所以很重要，是因为在许多国家，损害小股东和债权人利益的行为非常普遍（LLSV，1998）。从股票市场资金供给方——投资者的行为来看，已有研究认为，在其他条件既定的情况下，投资者要求的回报率与预测的风险水平成正比，未来收益的不确定性越高，投资者要求的回报率就越高；公司通过加强股东权益保护，可以降低投资者估计未来收益时考虑的风险水平，从而投资者要求的投资回报率降低，融资成本相应降低。从股票市场资金需求方——上市公司的行为来看，已有研究认为，公司通过加强对股东权益保护可以减少与投资者之间的信息不对称，使潜在投资者更愿意投资于公司，或者使股票的交易成本降低，从而增强股票的流动性，降低融资成本。姜付秀（2008）研究认为，上市公司保护股东权益主要通过以下措施：一是公司努力提高信息披露质量；二是保护股东对公司利益的平等享有权；三是经理层努力追求股东财富最大化；四是经理层努力提高投资回报率；五是上市公司诚信经营。Diamond 和 Verrecchia（1991）认为企业如果增加信息披露，可以吸引来自大投资者的投资，或者降低不同类别投资者之间的信息不对称程度，从而增强股票的流动性，降低融资成本。Bloomfield 和 Wilks（2000）采用实验研究的方法，发现改进信息披露可以使投资者对股票的出价更高，市场的流动性更强，从而使融资成本更低。Amihud 和 Mendelson（1986）、Welker（1995）、Healy 等（1999）等的研究则认为，信息披露质量较高的上市公司，其股票的买卖价差较小，这降低了股票的交易成本，从而融资成本更低。例如，Barry 和 Brown（1984）、Handa 和 Linn（1993）等的研究从理论上证明了投资者会对信息披露水平低的股票赋予更高的风险水平，从而对这类股票需求更小、出价更低、要求更高的投资回报，使得公司的融资成本更高。Bhushan（1989）、Lang 和 Lundholm（1996）等研究发现，增加信息披露还可以降低分析师对公司有关情况进行预测的不确定性，从而使公司获得更多分析师的关注，分析师之间的预测分歧也较小，相应地，公司的融资成本就较低。汪炜和蒋高峰（2004）以我国上海股票市场 A 股上市公司作为样本进行了研究，发现在控制公司规模和财务杠杆率的条件下，2002 年全年临时公告和季报数量较多的样本公司，采用 3 年股利折现模型计算的 2002 年权益资本成本较低。

La Porta 等（1998）研究认为，一个国家法律框架的起源有助于解释这个国家的投资者保护程度。他提出了这样一个问题，文化对金融的影响是否是一个国家的法律起源引起的。La Porta 等（1997；1998）在一系列相关的实证研究中发现：①在投资者保护较强的国家，如源于英国、美国等普通法系的国家，金融市场相对更发达，公司也更多地依赖外部市场进行融资；②当外部投资者受到较好的法律保护时（立法和执行两个角度），他们愿意为公司发行的证券支付更高的价格，这反过来使得公司发行更多的债券；较好的投资者保护源于英美法系或抗董事权利。La Porta 等（2002）又根据 27 个富裕国家的 539 家上市公司的数据，研究了投资者保护（分别从法律根源和抗董事权两个角度分析）和公司绩效的关系，研究发现，投资者保护较好（源于英美法系或抗董事权较高）的国家，公司绩效也高。Licht 等（2005）也指出，La Porta 等的法律方法只能部分地解释公司治理制度，并强调需要嵌入文化的因素对公司治理进行分析。Licht 等（2001）使用两位合作作者 Schwartz 和 Hofstede（1980）关于文化分类的方案来研究文化与法律的关系。一些学者使用宗教和语言作为文化的代表。Stulz 和 Williamson（2003）表明，这些文化的代表有助于解释不同国家债权和投资者权利的执行情况的变化。

八、文化与债权人权益保护

股权和债务融资是公司获取外部资金的两大方式。Jensen 和 Meckling（1976）将企业定义为由多个明示或默示企业共同组成的复杂集合体。公司治理就是研究投资者应采取何种措施来保证自己能够如期获得预想的投资收益（Shleifer & Vishny，1997）。这里所指的投资者应该包括股东和债权人在内。张鹏（2003）认为，债权人权益保障机制研究主要沿着两个密切相关的方向展开：一个是事前的基于债权人保护理念的债务契约设计研究；另一个就是债权人权益保障机制的法学研究，其中又包括契约设计中的权责安排的法律支持和债务契约执行效力的法律保障两部分内容。Modigliani 和 Miller（1958）在对现代资本结构理论的开创性研究中，把企业定义为由一些投资项目和其产生的收益组成的集合体。作为资金来源之一的债权将按照特定的模式来获得一定量的现金流。Jensen 和 Meckling（1976）认为管理者会自愿向投资者支付现金流的想法过于想当然，事实上，企业的内部人员往往会利用各种手段将尽量多的现金流据为己有。因此，他们就将债务合同定义为赋予债权人对现金流拥有索取权的契约。具体而言，在债务合同这种契约的约束下，借款人从债权人处获得一笔资金，同时向债权人承诺一个事先规定好的未来支付现金流。实际上，企业债权人权益保护问题一直受到学术界的密切关注。当债权人预期公司内部人（经理人或者大股东）可能存在机会主义行为时，将会要求更高的风险溢价以弥补其较高的投资风险（Kabir et al.，2013；王运通，姜付秀，2017；林钟高，丁茂桓，2017）。

第二节　文献评述

本章第一节分别从文化与公司治理、儒家文化与公司治理、文化与股利政策、文化与上市公司信息披露质量、文化与公司违规、文化与代理冲突、文化与股东权益保护、文化与债权人权益保护方面综述了相关研究文献，这些研究文献得出了很多有价值的结论，为我们研究儒家文化对我国上市公司治理的影响提供了参考和借鉴。但是，已有的研究存在以下不足：一是较系统地研究了文化对公司治理的影响，但是针对儒家文化对我国上市公司治理的影响还较缺乏，尤其是没有系统研究儒家文化对我国上市公司股利政策、信息披露质量、代理冲突、公司违规、股东权益保护和债权人权益保护的影响。二是已有的文献研究不同文化对公司治理方面的影响多采取跨国研究，缺乏在一国之内研究文化差异对公司治理的影响。因此，本书系统研究在一国之内儒家文化对我国上市公司治理的影响，能丰富文化对公司治理的影响方面的研究文献。

第三章 儒家"理性人"与经济学"理性人"假设的比较分析

　　理性与人性存在密切的联系。儒家人性论的"性善论"决定了儒家的"理性"注重价值判断，是一种价值理性；基督教的"性恶论"决定了经济学"理性人"假设的"理性"注重功利计算，是一种工具理性，具有自身的局限性。经济学的合约理论是建立在经济学"理性人"假设基础之上的，但合约本身并不足以保证签约各方某项权利或义务的成立。为了保证合约中当事人的权利和义务的执行，需要当事人之间进行沟通；同时，合约理论还必须假定一个道德原则的有效性，儒家"理性人"为经济学"理性人"假设提供了这个道德原则，也就是忠信原则，这就是儒家"理性人"对经济学"理性人"假设边界的拓展。

第一节　儒家人性论与儒家的"理性人"

一、儒家人性论

　　儒家人性论与西方人性论存在较大的差异。西方自古希腊以来就不存在"人性善"的观念。基督教认为人生来就有罪过。在战国时期，儒家就讨论过人性，对于人性的观点存在分歧。孟子主张"人性善"，人性中有仁、有义、有礼、有智、有信。人是好的，之所以坏，是因为"习"，是人从外面学来的。荀子主无恶，善与恶原是人在社会行为当中分别出来的：在这之前，并没有善或恶。到了西汉，儒家以为人有的本善，有的本恶，这就是说人的善恶先天就有。宋代儒家学派因袭了孟子的学说，认为人性本善，由于为物所诱，才堕落为恶。宋朝理学家朱熹认为，凡人性要合乎"天理"，凡天理都是好的，凡人欲都是极坏的。王阳明提倡"良知良能"，他说人有天然的"知"和"天能"，不要故意造作。他讲人有良知，要致良知。其实，关于良知和良能早在战国时期孟子就提出来了。孟子说："人之所不学而能者，其良能也；所不虑而知者，其良知也。"到了明代，王阳明把它发扬光大了而已。王阳明认为人的知与行是合一的，即"知行合一"，不赞成朱熹的知先行后的说法。

孟子坚决主张把人性的善看作自我实现的真正基础，他断言，每个人都有"善端"，即人们所熟悉的"心"的感受性。心固有四种基本人类情感的萌芽：恻隐之心、羞恶之心、辞让之心和是非之心。尽管社会环境和心理因素在人的成长中起到重要作用，但这些情感萌芽的力量却是道德和精神的自我发展的内在结构性原因。

二、儒家的"理性人"

理性与人性存在密切的联系，18世纪法国唯物主义者把理性作为衡量一切现存事物的唯一标准，认为凡是符合自然和人性的就是理性的；在中国哲学中，"理性"的概念是从对"理"的认识中加以展开的。从先秦诸子百家到明清哲学，对"理"的解释各有不同。在儒家看来，理性是独有的精神气质，人之所以为人，尽管不以是否具备理性作为依据，但事实上，"理性的人"是我们对人存在的最基本的描述与追求。儒家注重理性或者说儒家是理性的，对于这一点，梁漱溟先生进行过深入的阐释。他认为，儒家注重和谐，此和谐之点，即清明安和之心，即理性。他指出，孔子态度平实，所以不表乐观（不倡言性善），唯处处教人用心回省，即自己诉诸理性。孟子态度轩豁，直抉出理性以示人。其所谓"心之官则思"，所谓"从其大体……从其小体"，所谓"先立乎其大者，则小者不能夺"，岂非皆明白指出心思作用要超于官体作用之上，忽为所掩蔽。其"理义之悦我心，刍豢之悦我口"之喻，及"怵隐""恻隐"等说，更从心思作用之情的一面，直指理性之所在[①]。日本学者五来欣造认为：在儒家，我们可以看见理性的胜利。儒家所尊崇的不是天，不是神，不是国家权力，并且亦不是多数人民。只有将这一些（天、神、君、国、多数人民），当作

---

① 梁漱溟. 中国文化的命运［M］. 3 版. 北京：中信出版社，2016：61-62.

理性之一个代名词用时，儒家才尊崇它①。可见，儒家是典型的"理性至上主义"，或简称"理性主义"。

对于什么是儒家的理性，梁漱溟先生认为，理性始于思想与说话。……但人之所以能思想能说话，亦正源于他有理性②。儒家认为人生的意义在不断自觉地向上实践他所看到的理：

德之不修，学之不讲，闻义不能徙，不善不能改，是吾忧也！

君子食无求饱，居无求安，敏于事而慎于言，就有道而正焉，可谓好学也已。

孔子深爱理性，深信理性，敬畏理性的力量。他致力于启发众人的理性，建设一个理性化的社会，而采取的举措则是致力于形成礼乐制度。梁漱溟先生认为礼乐设施之眼目，盖在清明安和四字③。

清明在躬，志气如神。是故君子反情以和其志，广乐以成其教。乐行而民乡方，可以观德矣。德者，性之端也；乐者，德之华也；金石丝竹，乐之器也。诗，言其志也；歌，咏其声也；舞，动其容也。三者本于心，然后乐器从之。是故情深而文明，气盛而化神，和顺积中，而英华发外，惟乐不可以为伪。显然，与理性相违背的就是非理性，梁漱溟先生称之为：一是愚蔽偏执之情；一是强暴冲动之气④。笔者认为，儒家理性人的内涵可以概括如下：

第一，理性是一种求正确之心。梁漱溟所提出的儒家是理性的，这里，儒家的"理性"是一种求正确之心。笔者认为，梁漱溟先生主要是从哲学的视阈或语境来讲"理性"，在梁漱溟先生看来，理性、理智为心思作用之两面：知的一面曰理智，情的一面曰理性。两者本来密切相连不离。譬如计算数目，计算之心是理智，而求正确之心便是理性⑤。

第二，理性是有限的。儒家在对自己的知识，对这个世界的理解方面是非常慎重的，没有去无限推广。比如说孔子在讲到形而上的时候，经常讲"未知生，焉知死"。在孔子看来，鬼神的事情超越了他的认识能力，或者说太复杂了，就不去说它。孔子讲"知之为知之，不知为不知，是知

---

① 梁漱溟. 中国文化的命运 [M]. 3版. 北京：中信出版社，2016：61-62.

② 梁漱溟. 中国文化要义 [M]. 2版. 上海：上海世纪出版集团、上海人民出版社，2011：118.

③ 同②：106.

④ 同②：106.

⑤ 同②：121.

也"，这就是承认理性是有限的。儒家对天怀有一种敬畏的态度。其认为人的认识是有限的，世间万物不是由人的行动所能决定的。所以孔子讲"天何言哉，四时行焉，百物生焉"。这是一种非常恰当的态度。对格物致知所获得的知识与天道之间的关系，儒家和道家都怀有非常谨慎的态度。老子讲"道可道，非常道"，即道是可以讲的，但不是总能把它讲清楚，这就是一种有限理性的态度。可见，儒家是存在"人类理性有限"的认识的，这也是先秦哲学的主导流派——孔孟老庄的认识。这种认识不是由于当时科学技术落后而产生的认识上的自卑心理，而是对宇宙、对自己及人类社会的一种基本态度。

第三，儒家的理性是注重道德伦理的，儒家理性的形成依赖于后天不断学习。如何形成儒家意义的"理性"呢？当然靠的是学习。儒家坚持主张为己之学，也就是说，学本身就是目的，而不是达到目的的手段。在儒家看来，学就是学做人，学做一个好人。杜维明（2013）认为，在儒家看来，学做一个好人不仅是它的首要关切，而且是它的终极关切和全面关切。学做一个儒家意义上的本真的人，固然要对己诚，待人忠，但它同时也必然会产生一个永无止境的过程。同时，儒家坚持认为，人是通过与他人不断的交往才成为完善的人。

第二节　西方的人性论与经济学的"理性人"假设

一、西方的人性论

我们要了解经济学的"理性人"假设的起源，必须要了解西方人性论的渊源。西方的人性论是有其宗教渊源的。基督教道德哲学认为，人人生而有罪，在西方早期的伦理道德思想中，信仰、理性和道德是在人们的"上帝存在"的信仰中以"三位一体"的形式连接在一起的。早期上帝作为信仰、理性和道德"三位一体"的化身在哥白尼提出日心说后开始"死亡"。当达尔文的进化论被人们广泛接受后，作为人类创造者的上帝真正在西方主流思想界信仰中"死去"。随着西方当代人的信仰、理性和道德中"上帝之死"，人们并没有失去对人自身的"理性"的信仰。相反，人的理性取代了人们过去信仰上和道德中的上帝而自身就变成人自己心目中的"上帝"。

二、经济学的"理性人"假设

人的"理性至高无上观"投射在经济学王国中，就使得"理性计算"成为经济学家们理论建构的唯一基石和维度；反映在经济伦理学中，则形成了经济学家们试图打通"实然"与"应然"之间的各种努力。西方传统主流经济学的"经济人"假设认为，人类的行为是理性的、自利的和彼此独立的。"每个人都力求运用他的资本，生产出最大的价值。一般而言，他既不打算促进公共利益，也不知道促进多少。他只考虑自己的安全，自己的所得。正是这样，他被一只'看不见的手'引导，实现着他自己并不打算实现的目标。通过追求他自己的利益，他常常能够，与有意去促进相比，更加有效地促进社会的公益！"① 基于亚当·斯密的描述，新古典经济学认为这种理性、自利和彼此独立的"经济人"在"看不见的手"的引导下，能导致个人和整体社会福利水平的最大化，经济学被发展成为一种"伦理不涉"的实证科学。

"理性"是一个什么概念呢？所谓"理性"，从哲学的角度进行解释，是指"人的一种认识能力、精神机能，可分为广狭二义。就狭义说，即专门作为一个认识论的范畴，理性指人的高级认识能力或阶段，同'感性'认识能力或阶段相对应。就广义说，理性泛指人的健全的理智、健全的思想和知识，与迷信、愚昧无知相对立"。这个关于"理性"的定义，基本代表了哲学语境中，甚至一般大众心目中对"理性"一词的基本认识。汪丁丁（2003）认为，在哲学中，对"理性"的看法也是有分歧的。通常，我们可以区分出所谓的"欧陆传统"与"英美传统"。就前者而言，强调"理性"对"人性"的超越，其主要代表是康德，向上可以追溯到柏拉图，强调理智对情感的克制；而后者，主要代表是洛克和休谟，把"理性"回归到"人性"，强调"感觉""意志"甚至"激情"对"理性"的作用，向上可以追溯到亚里士多德。经济学中的"理性主义"主要来自"英美传统"，因此不能说它和哲学中的"理性主义"毫无关系。

理性人是一个什么概念呢？简单地说，理性人要有一个明确的偏好。然后，在给定的约束条件下，该人总是追求自我偏好满足的最大化。理性选择理论把行为模型化为一个行为者在信息和物质约束下最大化其偏好的

---

① 亚当·斯密. 国民财富的性质和原因研究（下卷）[M]. 郭大力，王亚南，译. 北京：商务印书馆，1979：25-27.

函数。那么，偏好是如何形成的呢？一些偏好可能跟人小时候的习惯有关，还有一些偏好可能一开始并不是偏好，只是约束条件，但经过一段时间后，逐步由约束转变为偏好。一些社会规范可以内在化为个人偏好，这一点对理解人的行为非常重要。所谓偏好是"明确的"，是指偏好具备以下两个基本特性：一是完备性假设，也就是说行为主体对任何两个选择之间的喜好程度是可以进行比较的。二是传递性假设：如果你认为 A 比 B 好，你也认为 B 比 C 好，那么，你肯定认为 A 比 C 好。这就是偏好的传递性，实际上是要求一个人的偏好要前后一致。研究人的行为除了需要知道他的偏好外，还要知道他面临的约束条件。约束条件包括财富约束、技术性约束、制度约束、信息约束等。个人的最优选择是由偏好和约束条件共同决定的。法律和社会规范等游戏规则对个人的选择影响，既可以通过约束条件发挥作用，也可以通过偏好发挥作用。比如说，一个人遵守法律只是由于害怕违法后受到法律的惩罚，法律对他就只是个约束条件。但如果一个人养成了守法的习惯，干了违法的事会感到内疚、痛苦，我们就可以说守法是他的偏好。以上被称为完全理性假设，是一种非常理想化的假设。现实中，人的行为并不是完全理性的，因此，学者们提出以下三个方面的理论：一是有限理性；二是有限毅力；三是有限自利①。当代经济学，由于它与"个体理性"和"理性选择"概念之间的密切关系而在社会科学中占有一种特殊的位置。从古典经济学家亚当·斯密到新古典经济学家如萨缪尔森和贝克尔，再到公共选择理论大家如阿罗、布坎南都关注"理性"这一社会科学的根本问题。

经济学的"理性人"假设的主要内涵：

第一，经济学"理性人"的第一个含义是"人的自利性"假设。这是一个"工具主义"的假设，人的"自利性"是生存竞争和社会进化的

①　诺贝尔经济学奖得主哈伯特·西蒙（Herbert Simon）创造了一个有限理性（bounded rationality）的概念来描述人的行为。他认为，人的大脑加工能力、记忆能力均有限，所以人不可能是完全理性的，只能是有限理性。泰勒也认为，由于环境的不确定性和复杂性，信息的不完全性，以及人类认识能力的局限性，人们的理性认识能力受到心理和生理上思维能力的客观限制，因而，人的行为理性是有限的而绝非完全理性，人们决策的标准是寻求令人满意的决策而非最优决策。关于有限毅力，泰勒认为，在经济实践中，人们往往知道何为最优解，却因为自我控制意志力方面的原因无法做出最优选择。有限自利包括很多含义，其中一种含义是利他主义，另一种含义是情绪化行为。泰勒认为，人类并不像传统经济学的经济人假设所描述的那样总追求自己利益最大化，人类的自利是有限的。人类的生活经验和社会实践表明，利他主义、社会意识、追求公正的品质和观念也是广泛存在的。

结果。

第二，经济学"理性"的第二个含义是"极大化原则"（也可以表示为"极小化原则"）。这是马歇尔《经济学原理》所做的贡献，也是奥地利学派发起的"边际革命"的结果。理性人是追求自身效应或利益最大化的人，其理性是建立在计算的基础之上，包括分析、计算、假设、推理等过程。

第三，经济学"理性"的第三个含义是理性是有限的。这是因为如前文所言，存在有限理性、有限毅力和有限自利。

第三节　经济学"理性人"假设的局限

无论是解决合作问题还是协调问题，都需要我们对个人行为有深入的认识。经济学一般是从个人的行为出发解释社会现象。博弈论是研究人类行为的一种重要的分析工具。博弈论研究那些决策会相互影响的决策者们的行为。正如研究单人决策那样，对多人决策的分析也是从理性的角度出发，而非心理学或社会学的角度（Aumann & Hart，1992）。理性选择理论是大多数经济分析和行为博弈理论的起点，并且越来越得到神经系统科学家的信任（Shizgal，1999；Glimcher，2003）。

经济学"理性主义"及其内核"极大化原则"在博弈行为中遭遇了前所未有的挑战。这种"挑战"来自逻辑和实证两个方面（叶航，2003）。叶航还以"囚徒困境"这一博弈论中最著名的案例来对这个问题进行论证。据说，截至1975年年底，已有2 000多篇论文对其进行了深入的研究。两名当事人从各自的理性出发，结果却导致了非最大化的"纳什均衡"。这一事实对经济学的意义在于：它使现代经济理论的逻辑起点"理性人"和"最大化"假设面临空前的挑战，因为在"纳什均衡"中它们是绝对不相容的[①]。

经济学"理性主义"的内核是"极大化原则"，而极大化原则从伦理哲学来看是"功利主义"的，人们对功利主义的看法是"精于计算"，可见，经济学的"理性人"是工具性质的。弗里德曼认为，对经济学来说理

---

① 汪丁丁，叶航. 理性的追问：关于经济学理性主义的对话 [M]. 桂林：广西师范大学出版社，2003：13.

性假设只是一种工具，它只不过希望说明"如果已经观察到了一组均衡的行为，那么与那些中途因为种种原因无法持续下来，与无法被观察到的行为相比，这些被观察到的行为必定是看上去理性的行为"。这正是经济学"理性主义"的局限。

经济学的合约理论是建立在经济学"理性人"假设基础之上的，但是否只要在合约中写明了某人在某种情况下有某项义务，他就有某项义务。笔者认为，合约本身不足以保证某项权利或义务的成立和执行。为了保证合约中当事人的权利和义务的执行，合约当事人之间必须进行沟通，同时，合约理论还必须假定一个道德原则的有效性，这个原则就是忠信原则——我们必须信守诺言。这个原则有效性的理论依据并不是合约，而所有合约之所以成立却奠定在这个原则之上。儒家"理性人"为经济学"理性人"提供了这个道德原则，也就是忠信原则。

第四节　儒家"理性人"对经济学"理性人"假设边界的拓展

儒家"理性人"与经济学"理性人"假设的一个重要相同点在于理性是有限的。不同点在于儒家"理性人"的理性重视价值判断，而经济学"理性人"假设的理性注重功利计算。通俗地讲，最大化就是对"付出"与"获得"所进行的比较分析，当"付出"给定时，人们会追求尽可能多的"获得"；当"获得"给定时，人们会追求尽可能少的"付出"；当有限的资源面对一系列给定的"付出"与"获得"时，人们会选择其中差距最大的。这就是经济学所谓的"理性"，具有这一"理性"行为的人就是所谓的"经济人"。石元康（2004）认为，这种经济或工具性的理性，是一种最低的理性，它对于善、恶完全是中立的。当"理性人"做选择或决定时，他把目的与手段分别叙述出来。所谓理性的选择就是在既定的目的下，选择一个最有效的手段以达成这个目的。

梁漱溟先生所说的理智，是属于前面讲的"英美传统"的理性，而梁漱溟先生所说的理性则属于前面讲的"欧陆传统"的理性。可见，在梁漱溟先生看来，经济学的"理性人"假设中的"理性"是理智，是"英美传统"的理性，而儒家的人性论认为人是理性的才是真正的"理性"，即

"欧陆传统"的理性。笔者认为经济学"理性人"假设中的"理性"是工具理性，而儒家的"理性"是价值理性，即存在价值判断，也就是梁漱溟先生说的求正确之心。它强调理性的价值理想目标和价值评价标准，把理性看作诸如柏拉图的"善理念"、康德所言的实践理性的"道德律"，它崇尚的是道德、正义及其规范，坚信人类道德的发展是追求一种道德的或者是符合道德的生活。

笔者认为，经济学"理性人"假设的理性是一种较为狭隘的理性，这个理性的概念只把理性的作用限制在有效手段的选择上。在面对自然时，它是一种技术性的理性，而在面对别的主题时，这种手段—目的的理性是一种被哈贝马斯提出的战略性的理性（strategic rationality）。哈贝马斯指出，马克思的历史唯物论中，在知识上把劳动（labor）与互动（interaction）做一种质上的区分，而把前者作为人类历史发展的基础，所导致的结果之一就是把工具理性等同为人类理性的全部①。哈贝马斯所做的工作之一是指出劳动与互动是两个不同的领域，后者的发展在人类的历史上所扮演的角色甚至超过前者，后者的发展所依赖的是一个较为广义或丰富的理性概念②。这个较为广义的理性概念的基础就是人类的沟通行为，沟通行为的最终目标就是参与者们达成一种了解或同意。这种行为的理性化与战略行为的理性化是完全不同的。经济学"理性人"假设的理性化就是采取最有效的手段以达到既定的目的，在这种理性化中，最为突出的特性就是可预测性（predictability）及可计算性（calculability）。经济行为是最典型的战略行为，经济学"理性人"所表现的理性也是典型的战略性的理性。笔者认为，儒家"理性人"的理性与这种战略性的理性不同，而更接近于哈贝马斯提出的沟通行为的理性化，是一种较为广义且丰富的理性。

什么是沟通行为的理性化呢？哈贝马斯认为，要回答这个问题，必须回到交谈与沟通这种行为的特性上来找答案。沟通行为的主要目的是达到参与者之间的了解和同意。在这种人与人之间的互动行为中，我们显然没有把别的参与者只视为一种达成自己既定目的的工具。事实上，大家在这里的目的可以说是一样的——彼此间的了解。这种了解之所以可能实现，主要就是由于在沟通行为中，每个参与者都提出并接受了四种有效性的声

---

① 石元康. 罗尔斯［M］. 桂林：广西师范大学出版社，2004：170.
② 同①.

明，也就是说，可了解性、真理、真诚以及对①。显然，构成战略行为的理性的因素——可预测性及可计算性在沟通行为中并不能扮演什么角色。可见沟通行为的理性化与战略行为的理性化的内容截然不同。经济学中"理性人"假设的理性显然属于战略行为的参与者的理性化。儒家的"理性人"的理性显然属于沟通行为的参与者的理性化，主要在主体与主体之间进行。儒家坚持认为，人通过与他人不断的交往和沟通才能成为完善的人。人是社会存在物，社会交往的一切形式都包含着道德内涵，每种交往形式都需要修身来协调。在人际交往中，人提出并接受了前面所提过的可了解性、真理、真诚以及对四种有效性的声明。

"仁"在儒家文化中位于"仁、义、礼、智、信"这"五德"之首，历来很少争论。仁以博爱为主要内容，以爱人为核心，几乎覆盖可了解性、真理、真诚以及对四种有效性。"义"早期可能是强调对亲属以外的尊长的尊敬，后来越来越成为和羞恶有关的德行，而羞恶是强调道德善恶的分判，从而"义"演变为坚持道义去恶扬善为内容，具有真理这种有效性。"礼"本来强调仪式、礼节的规定，注重行为面貌的修饰，故作为道德德目的礼是指尊礼、守礼。行为者彼此都按"礼"来进行交往，"礼"是行动者之间彼此同意的、对的行为规范。在儒家看来，符合"礼"的行为是一种道德行为，而在哈贝马斯看来，道德行为是一种沟通行动，它的目的自然也是为了达到一种同意。这种行动的主要目的就是达成沟通者之间的彼此了解，因此，"礼"具有可了解性。而在道德领域中，行动者之间彼此同意的就是什么是对的行为规范，因此，"礼"又具有对的有效性。"智"是比知识更高一级的认识形态，作为道德目的是指对道德知识的辨识与掌握能力，与"义"结合起来，使真理的有效性更加完整。"信"是恪守承诺和信用，是真诚这种有效性。可见，儒家"五德"体现了可了解性、真理、真诚以及对四种有效性。

罗尔斯提出了慎思的理性（deliberatve rationality）这个概念以支持建立在理性上的价值论这个理论。这个概念借自西奇维克（Sidgwick）。西奇维克认为，就一个人来说，对他有价值的东西就是能够满足他欲望的东西，而在追求满足这些欲望的东西的过程中，他对于自己所采取的选择所可能产生的后果都经过缜密考虑及精确的计算。罗尔斯把这种在采取行动

---

① 石元康. 罗尔斯 [M]. 桂林：广西师范大学出版社，2004：171.

前进行缜密的思考的活动称为慎思的理性活动。但这种慎思的理性仍然没有超出计算原则，甚至可以说仍然是工具理性的一部分。

儒家也讲慎思。据说，孔子的弟子曾子每天在三个问题上进行自省："为人谋而不忠乎？与朋友交而不信乎？传不习乎？"（《论语·学而》）杜维明（2013）认为，这种通过不断探查人的内在自我而增进人的道德自我发展的努力，既不是对纯属隐私式的私人真理之自我陶醉的寻求，也不是对孤立的经验之个人主义式的自吹自擂。毋宁说，它是修身的一种形式，同时也是协调人际关系的群体行为。可见，儒家的慎思与经济学"理性人"假设的慎思有着本质的不同。儒家的慎思是一种沟通行为的理性化，是一种价值理性；经济学"理性人"假设的慎思是一种战略行为的理性化，仍然是一种工具理性。

现代公司理论认为，公司是一系列利益相关者合约的集合。在公司治理问题上，我国上市公司治理中主要需要解决以下两个基本问题：

一是，我国上市公司治理要解决的问题是如何保证管理者按照股东的利益要求来行事。这种观点正好与委托—代理理论相吻合。委托人（股东）必须解决逆向选择问题，即选出优秀的管理者。他们还必须解决道德风险问题，即督促管理者努力工作并严格依据股东利益要求行事，例如，承当适当的风险，不寻求私人利益等。公司治理就是指设计一系列制度，以使管理者将所有利益相关者的福利引入企业之中（Tirole，1999）。

二是，我国上市公司治理要防止大股东对中小股东利益的侵害及对债权人、雇员、客户、供应商、社区其他利益相关者利益的侵害。由于大股东掌握了对公司的控制权，就可以利用控制权攫取"控制权私有收益"，进而损害公司价值（La Porta et al.，1999；Claessens et al.，2000）。我国很大一部分上市公司是从原来的国有企业改制上市的，大股东是国有资产管理部门，这样的上市公司的大股东往往容易忽略中小股东和债权人等其他利益相关者的利益。

从根本上讲，我国上市公司治理就是要解决上市公司利益相关者之间的合约执行问题。经济学的合约理论是建立在经济学"理性人"假设基础之上的，但合约本身并不足以保证签约各方某项权利或义务的成立和执行。为了保证合约中当事人的权利和义务的成立并执行，需要合约签约各方之间的沟通。儒家"理性人"的理性显然属于沟通行为参与者的理性化，有利于促进合约各参与方的沟通与合作以及合约的执行。合约理论还必须假定一个道德原则的有效性，儒家"理性人"为经济学"理性人"提供了这个道德原则，也就是忠信原则。儒家这种基于沟通行为与道德内涵的理性就是儒家"理性人"对经济学"理性人"假设边界的拓展。

第五节　小结

经济学"理性人"假设的理性是一种工具理性，是一种较为狭隘的理性，这个理性的概念只把理性的作用限制在有效手段的选择上；儒家"理性人"的理性是一种更为广义或丰富的理性概念，这个较为广义的理性概念的基础就是人类的沟通行为，沟通行为的最终目标就是参与者们达成一种了解或同意。经济学的"理性人"更注重以力胜人，强调竞争，而儒家"理性人"更注重沟通与合作。儒家"理性人"是对经济学"理性人"假设边界的拓展。在公司治理问题上，儒家"理性人"有利于促进我国上市公司治理中利益相关者之间的沟通与合作以及公司治理中合约的有效执行。

第四章 儒家视阈下中国上市公司治理的政治哲学

我们应该如何生活在一起？这是政治哲学最关心的问题。在上市公司治理中，如何找到一组政治原则，令不同观点、不同信仰的人能够和平共处、真诚合作，是上市公司治理面临的极大挑战。因为在多元的现代社会，何谓公平及何谓正义，不同的宗教和文化背景的人有很大的分歧。本书研究儒家视阈下我国上市公司治理的政治哲学，也可理解为儒家政治哲学视阈下，我国上市公司治理的基本原则。当前，我国学界正在经历一场"哲学的政治学转向"，哲学从注重知识合法性论证的科学主义认识论，转向了关注现实生活与价值秩序的政治哲学，自由、平等、公平、正义等概念成为当前哲学界的主流词汇。我国在改革开放以来 40 多年的时间里，走过了西方市场经济国家几百年的现代化进程。我国资本市场经过不到 30 年的发展已经成为多层次、初具规模的资本市场。在取得巨大成就的同时，我国上市公司治理中存在的问题仍然十分突出。笔者认为，要完善我国上市公司治理，一些根本原则问题或称之为政治哲学问题需要厘清。儒家文化影响我国的政治制度、经济制度和法律制度，也影响我国上市公司治理的根本原则或政治哲学；或者更直接地说，儒家的政治哲学影响我国上市公司治理的根本原则。儒家文化博大精深，从儒家视阈来研究我国上市公司治理的政治哲学，或者说，从儒家政治哲学视阈来审视我国上市公司治理的根本原则，对于完善我国上市公司治理具有积极的理论价值和深远的现实意义。

本章共分为四个部分。第一部分阐述了我国上市公司治理需要解决的主要问题。第二部分论述了我国上市公司治理的政治哲学应该关注的主要问题。第三部分分析了儒家政治哲学视阈下我国上市公司治理的相关问题。第四部分是小结。

第一节 中国上市公司治理需要解决的主要问题

如前文所述，我国上市公司治理要解决的问题是如何保证管理者按照股东的利益要求来行事，以及防止大股东对中小股东利益的侵害及对债权人、雇员、客户、供应商、社区其他利益相关者利益的侵害。

除此之外，我国上市公司治理还要处理好上市公司与政治环境的关系问题。上市公司的政治环境对上市公司治理的影响很大，因为不同的政治环境对股东利益与对员工的利益保护的程度不一样，从而政治环境影响下的有关上市公司治理的相关法律制度也不同，如公司法、证券法等。有学者研究表明，强大的社会民主迫使公司不断地迎合雇员，而胜过迎合资本。但是，股东往往会抵制这种做法，而抵制的最好办法就是建立或保持集中的私有的所有权（Roe，2008）。

以上这些问题，从我国上市公司治理的政治哲学来看，最终是关乎我国上市公司治理中对所有利益相关者的公平和正义。儒家政治哲学的"义利观""和谐观""仁"及"礼"等都关注公平正义。因此，本书试图从儒家视阈对我国上市公司治理的政治哲学进行探讨。

第二节 中国上市公司治理的政治哲学应该关注的主要问题

在政治哲学领域，一个根本的任务就是要对各种现实的体制进行评价，做出好与坏、对与错的研判。一个国家上市公司治理与一个国家的政治制度、经济体制、法律环境和文化习俗有着密切的联系。上市公司治理制度本身也受国家的政治制度、经济体制、法律制度和文化习俗的影响。要评价与上市公司治理相关的政治制度的是非对错，首先需要追问判断是非对错的标准是什么，与上市公司治理相关的政治制度必然会影响上市公司所有利益相关者的利益，关乎对所有利益相关者的公平和正义。对正义的追问，是当代著名自由主义哲学家罗尔斯的致思进路，他的《正义论》成功地复活了"已死的政治哲学"。正义的社会需要有正义感的公民，同样，正义的上市公司治理，需要有正义感的上市公司利益相关者。上市公司利益相关者的正义感只有依靠人的自主能力才能够彰显；反之，人只有在以自由、平等为核心价值趋向的正义社会中才能保有道德自主能力。

笔者提出上市公司治理的政治哲学这样一个命题，主要基于以下几个方面的原因：第一，尽管上市公司只是一个经济体而非政治体，但任何上市公司从产生、持续经营到破产倒闭都离不开一定的政治环境。政治制度、政府政策、政治稳定程度等都会对上市公司治理产生一定的影响，政治环境会影响股东、管理者及员工的权利、地位及利益分配。反过来，上市公司内部的冲突也会对社会环境产生影响。一个国家对公平、正义的评判标准，会影响和决定这个国家的上市公司在公司治理中对公平、正义的评判标准，从而决定上市公司治理中对公平、正义的贯彻和执行。第二，上市公司的经济活动都会引起社会和经济的反应，有时甚至产生社会和经济的冲突，如何将冲突化解或降低到最低程度，这是政治哲学关注的问题。第三，社会的民主程度对股东与雇员的关系会产生一定的影响，在上市公司治理中如何处理股东与雇员的关系，这是上市公司治理必须处理的问题，而处理这些问题的方式和途径与一个国家的民主化程度存在较大的关系。在美国，投票者可能认为市场的安排不太公平，从而导致他们抨击甚至使用各种办法来干扰有效率的市场安排，从而影响上市公司治理相关的法律制度。第四，上市公司是社会的重要组成部分，上市公司的所有利益相关者都是政治体——国家的组成部分，政治环境的细微变化都可能对上市公司的利益相关者产生影响从而对上市公司治理产生重要影响。

政治哲学是一种关于人类应当怎样生活的智慧，是关于如何获得美好生活和良序社会的理性反思和实践智慧。这一目的性指向既需要追问政治统治的道德合法性，又需要厘清公民在政治活动中应该享有的权利及应该履行的道德义务。人类社会据此建立起来的生活秩序才能充分彰显对人的平等关照和尊重。政治哲学的主要问题就是阐释正义。在柏拉图那里，正义既是一个政治观念又是一个德性概念，正义原则既是政治原则又是道德原则、法律原则。政治哲学的根本使命就是为法和国家寻求正义的道德观念和基础。无论是诺齐克、罗尔斯还是麦金太尔，尽管他们建构着各自的政治哲学，但他们都主张用伦理道德为政治哲学确立基础和边界。政治正义就是对平等和自由两大基本价值原则的道德诉求，政治统治的合法性就会从这种道德规定性中获得最终依据。上市公司治理的政治哲学是关于上市公司治理中利益相关者如何建立良好秩序的理性反思和实践智慧，这一目的性指向既需要追问上市公司治理的道德合法性基础，又需要厘清上市公司利益相关者在上市公司治理中应该享有的权利以及实现良好的公司治理应该履行的义务。理查德·A. 波斯纳（2001）认为，判断某个道德主张是否有效的标准是由文化给予的，这个道德主张是在这个文化中提出来的，而不是由什么超文化的（"普适的"）道德价值资源提出来的①。笔者非常赞同这一观点，研究儒家视阈下我国上市公司治理的政治哲学也是基于这个观点。上市公司治理的政治哲学关注的是上市公司治理的政治与伦理问题，主要包括：追求股东财富最大化的伦理问题；上市公司治理中的利益分配问题；构建和谐的公司治理关系问题；以人为本及人的尊严问题；公司的社会责任问题；政府与企业的关系问题及诚信问题等。

第三节　儒家政治哲学视阈下中国上市公司治理的相关问题

一、追求股东财富最大化问题

股东财富最大化准则在美国商业界是被普遍认可的，而且确实成为美国管理者的重要管理信念。一般认为，管理者努力追求股东财富最大化，一方面，有利于提高资本市场中资本配置的效率，另一方面，股东财富大体可代表公司的总财富，这样一来，追求股东财富最大化就基本等同于追求公司价值最大化或公司利润最大化。

股东财富最大化首先是一个效率正义问题。效率正义的思想可谓源远流长，这种思想是一种功利主义哲学思想。英国19世纪伟大的思想家杰里米·边沁（Jeremy Bentham）的全部思想可以归结为"功利"二字。古希腊的大思想家，如普罗塔哥拉，柏拉图、亚里士多德、伊壁鸠鲁等人，都有不同程度的法律功利思想。

经济学家科斯明确指出，法律制度设计原则应该是效率原则。在利益

---

① 波斯纳. 道德和法律理论的疑问 [M]. 苏力，译. 北京：中国政法大学出版社，2001：9.

冲突的各方保护谁的利益，取决于谁的利益有利于经济效率的提高。他在《社会成本问题》中以普通法中的妨碍问题为例，指出：在交易成本为零的假定条件下，有无赔偿责任均能实现社会资源配置的最优化；在有交易成本的条件下，最佳社会安排的选择有助于减少交易成本。而各方在确定产权时，必须权衡利弊，以最小的社会成本获得最大的利益。

作为经济分析法学的代表人物，波斯纳是公认的经济分析法学的集大成者。他在科斯提出的交易成本理论的基础上，进一步将经济分析方法运用到几乎所有的法学领域。尤其值得注意的是，他将经济效率作为取舍某一法律制度的最高标准。他说："我一直在努力发展一种超越古典功利主义的道德观。并且我认为，判断行为和制度是否是好的或公平的，在于它们是否有助于增加社会财富。这种观念认为相互冲突的道德原则、功利、自由，甚至平等之间是可以相互协调的。"① 他以法律责任规则为例指出，法律责任规则的一个经常功能，就是"克服交易成本的障碍而成为财富最大化的交易"②。波斯纳还认为："一个财富最大化制度也许看起来就是一个功利主义制度的代表，但财富最大化不仅仅讲求功利，其精神是不同的。财富最大化是一种注重产出和强调社会合作的伦理。你要对社会物品和服务享有权利，你就一定要能够提供什么为他人珍重的东西；而功利主义，如同上面那个例子所显示的，是一种享乐主义的、不注重社会生活的伦理。"③

儒家视阈如何看待追求股东财富最大化，首先我们必须检视儒家对于财富的立场和态度。儒家对追求财富是持肯定态度的。有的学者以孔子和孟子的话来说明儒家文化是反对逐利的，如孔子曰："君子喻于义，小人喻于利"，孟子尤以"何必曰利"著称。其实，这是对孔孟思想的片面理解。在孔孟看来，重要的是以义求利。孔子曰："不义而富且贵，于我如浮云。"（《论语·述而》）这就是说，赚钱，发财要符合仁义；如违背仁义，富贵也没有什么值得追求的。正是在这种思想基础上，孔子又说："富而可求也，虽执鞭之士，吾亦为之。"（《论语·学而》）孟子则认为，只要从仁义出发，利将不期而至。

---

① RICHARD A. Posiner economic analysis of law [M]. 3rd ed. Boston：Little，Brown and Company，1986：158.

② 波斯纳. 法理学问题 [M]. 苏力，译. 北京：中国政法大学出版社，1994：450.

③ 同①：488-489.

在追求股东财富最大化的问题上，儒家政治哲学显然与效率正义存在较大的差别。在效率正义哲学观看来，衡量是非好坏的标准是看它能否提高效率，增进社会福利。当公平与效率发生冲突时，公平应该给效率让路，即我国改革开放早期提出的"效率优先，兼顾公平"。波斯纳把效率正义强调到了极致，他把财富的最大化作为伦理基准的前提，把效率作为排他性的法律价值。显然，在这个问题上，儒家首先强调的是"义"，在符合"义"的前提下再来谈"利"，这就是儒家的义利观。其次，孔子把"利"分为两种，即"大利"和"小利"，主张"去小利求大利"。其实孟子取义舍利，正是提倡大利，在孟子看来，义与大利或公利是一回事。在我国上市公司治理中，这个"大利"或"公利"应该理解为股东的长远利益及所有利益相关者的利益。显然，儒家政治哲学的"义利观"比西方政治哲学的"效率正义"的内涵更丰富，更符合中国的政治制度，对于完善我国上市公司治理更具有积极的指导和借鉴作用。具体来说，就是我国上市公司在追求股东财富最大化的过程中必须符合公平正义原则，不能把股东财富最大化原则理解为股东短期的利益，即"小利"，而是要符合股东长远利益，同时，还要兼顾所有利益相关者利益的"大利"。

二、上市公司治理中的利益分配问题

在上市公司治理中，与股东财富最大化紧密联系在一起的还有一个财富分配问题。是否为了股东财富最大化可以以牺牲员工的基本待遇和福利为代价？人类的需要是多方面的，但最基本的需要是物质生活的需要。合作能够使每个参与者获利，大家才会合作。为了使参与者能够获得更多的利益，必须努力提高效率，在一定的约束条件下，实现财富最大化。为了提高效率，人类必须进行合作，因为合作可以提高效率。但是，合作产生的财富有一个分配的问题，合作过程中，利益冲突难以避免。

什么是正义的分配原则？长期以来不同学者有不同的观点。古希腊哲学家亚里士多德提出了"应得"原则；亚里士多德对分配正义的阐述很少。《尼各马可伦理学》的第5编第3章解说了应用来指导城邦分配金钱或荣誉的原则：按照潜在的接受分配者的相对优劣进行分配。优劣的标准要取决于该社会的价值。如果该社会是贵族政体，也就是亚里士多德心目中的正义社会，那么分配原则就是根据德性和出色程度来分配，德性高的公民要比德性低的公民要相应地享有更多的分配份额。

那么，如何促进人类合作和保证合作者利益的合理分配呢？17世纪英国著名的哲学家托马斯·霍布斯（Thomas Hobbes）认为，即使谈判中没有严重的障碍，人们也极少有充分的理性在合作剩余的分配上达成协议，所以，应该有一个第三者迫使他们同意合作。这就需要法律发挥作用，以使私人协议失败造成的损失最小。所以，法律设计应该能防止胁迫和消除意见分歧对合作者的损害。同时，还要通过法律消除私人谈判的障碍。因此，法律的一个重要作用就是制定规则，克服私人谈判的障碍，促进合作。亚里士多德早就关注了法律在促进分配正义中的作用，他指出"公正的也就是守法的和平等的，不公正也就是违法的和不平等的"[①]"最好的人就是不仅自己的行为有德性，而且对他人的行为也有德性的人。因为对他人的行为有德性是很难得的，所以守法的公正不是德性的一部分，而是德性的总体"[②]。可见，在亚里士多德眼中，正义是个人的美德品质，是对自己，对他人的一种品质，这种品质的具体表现就是守法。在我国上市公司治理中，《中华人民共和国公司法》《中华人民共和国证券法》等相关法律一定程度上就发挥了法律在促进分配正义中的作用。问题的关键是上市公司的利益相关者应该要遵守这些法律，政府应该创造优良的法治环境，保证这些法律能有效发挥作用。

在西方政治哲学看来，分配具有四个重要的原则。一是机会平等原则。美国学者德沃金认为："人有两种意义上的平等权利：一是平等对待的权利，即公民在某些机会、资源或义务上有平等分配的权利，如在民主制度下，每个人都有平等的选举权。但是，还存在一些更基本的平等权，这就是作为平等的个人受到同等的关心和尊重的平等权利。"[③] 权利的平等在分配领域并不是指所有人对于所有利益或者资源能够无差别地拥有或使用，而是指每个人占有、获取这些资源或利益的机会相同，即机会的平等。二是贡献原则。其是指人们在经济生活中凭自己的劳动努力和贡献获得相称的收入分配，多劳多得，等量劳动获得等量报酬。在分配领域内除了实行按劳分配方式外，还允许和鼓励资本、技术等生产要素参与收益分配。各种生产要素，包括劳动要素和资本、土地等非劳动要素的所有权参与分配，即按生产要素的贡献分配，不仅包括按劳分配，也包括按生产要

---

① 亚里士多德. 尼各马可伦理学 [M]. 廖申白，译. 北京：商务印书馆，2003：130.

② 亚里士多德. 尼各马可伦理学 [M]. 廖申白，译. 北京：商务印书馆，2003：129.

③ 德沃金. 认真对待权利 [M]. 信春鹰，吴玉章，译. 上海：上海三联书店，2008：247.

素分配。三是合理差别原则。按贡献分配会产生分配结果的差距，合理差别原则就是要使这些差别的比例保持"适度"。亚里士多德说"公正必定是适度的"①。当代美国哲学家 J. 范伯格也明确指出："任何恰当的实质原则都会对将分配差别限制在合理的范围内这一点赋予极大的重要性。"② 四是基本需要原则。需要是个体内部的一种状态或倾向，它集中反映着社会生活个体针对其内在环境与外在生活条件所提出的较为稳定的要求。对于弱势群体来说，分配中除了应贯彻机会平等原则、贡献原则和合理差别原则外，在再次分配中，还应贯彻需要原则。

在何为正义的分配上，从孔子到孟子，儒家已经形成了一种注重"义"的传统。荀子在这方面起到了承前启后的作用。孔子多少强调了"义"成为一种游离现实基础的先验原则，而在荀子看来，义并不是一种抽象的先天原则，而是形成于社会发展的历史需要：

人生而有欲，欲而不得，则不能无求。求而无度量分界，则不能不争；争则乱，乱则穷。先王恶其乱也，故制礼义以分之，以养人之欲，给人之求。（《礼论》）

人何以能群？曰：分。分何以能行？曰：义。故义以分则和，和则一，一则多力，多力则强，强则胜物。（《王制》）

荀子对义的阐释，对于我国上市公司治理中财富的分配更具指导意义。在他看来，义的作用主要表现在两个方面：一是通过确定度量分界、合理分配物质财富，以消除和避免纷争，从而有利于社会稳定；二是调节社会等级结构中不同个体的关系，以形成社会群体的凝聚力，从而增强驾驭自然的力量。显然，荀子关注了分配正义。儒家的"义"体现了机会均等的原则。

儒家视阈下财富分配问题实质是一个利益的协调问题，而利益的协调问题则以义利之辨为其理论前提。在义利关系上，孔子和孟子认为义有其内在价值，这种价值并不是建构于功利基础之上。孔孟儒家将义视为无条件的绝对命令，把行义本身当作行为的目的，强调道义原则的至上性。当然，强调道义原则的至上性，并不意味着完全否定功利在社会生活中的意义，不过，在孔孟儒家看来，利只具有工具价值。荀子从历史起源的角度，肯定了义的社会功利基础。作为道德原则的义不仅在历史起源上有其

①　同①：134-136.
②　范伯格. 自由、权利和社会正义 [M]. 王守昌，译. 贵阳：贵州人民出版社，1998：161.

广义的功利基础，而且其现实形态也并非隔绝于实际的功利。在荀子看来，真正的义，最终总是与功利的效应相联系。但荀子在指出义有其外在功利基础的同时，又注意到义对利益关系及功利活动的规范和调节，多少具有统一义利的价值取向。这一价值取向一定程度上体现了机会平等原则与贡献原则的统一。相对于孔孟德义利观，荀子的义利观更为融通，也更符合客观现实。

儿家关于财富分配的核心理念是："不患寡而患不均，不患贫而患不安。"在儒家看来，庶民由于其生存处境让他们关注于利，专注于利，这对国家和社会而言是必要的，也是正常的。这里的庶民在我国上市公司治理中可以理解为普通员工。在孔子看来，财富分布状况是治国者必须面对的首要问题。《礼记·坊记》篇记：

子云："小人贫斯约，富斯骄；约斯盗，骄斯乱。礼者，因人之情而为之节文，以为民坊者也。故圣人之制富贵也使民富不足以骄，贫不至于约，贵不慊于上，故乱益亡。"

可见，儒家的分配正义关注了基本需要原则，也就是说在社会财富分配上必须满足普通老百姓尤其是弱势群体的基本需要。

贫富差距过大将会引发严重的政治问题。大富者心生骄横，由此蔑视法度，并以粗暴的方式对待贫者。大贫者，也就是那些无法维持基本生活的人，生活于忧愁之中。如果超过一定的限度，就会为盗作乱，因此，控制贫富差距是很重要的。孔子当然也并不主张平均主义，他所乐意看到的结果，姑且称为帕累托最优状况是："使富者足以示贵而不至于骄；贫者足以养生而不至于忧。"可见，儒家是现实的，并不主张人人的财富占有相同，应该承认每人占有财富之数量可以有一定差距，儒家只是主张，人际贫富差距不能太大，而应该控制在一个合理、适度的范围。这也体现了基本需要原则、贡献原则和合理差别原则。

儒家政治哲学的分配正义与西方政治哲学的机会平等原则、贡献原则、合理差别原则以及基本需要原则并不存在明显的冲突，甚至存在一定程度上的内在一致性。儒家的主张对于我国上市公司财富分配显然具有显著的意义。在我国上市公司治理中，不能为追求股东财富最大化而牺牲广大雇员及其他利益相关者的利益；承认不同岗位员工收入的差距，也不能使经理层的收入与普通员工的收入相差过大。比如，有的上市公司内部总经理与普通员工收入相差几十倍甚至上百倍，显然，在儒家视阈下，这种财富分配上差距过大不符合公平正义原则。

三、构建和谐的公司治理关系问题

在上市公司治理中，存在着股东主导模式和利益相关者模式两种主要模式。股东主导模式就是在上市公司治理中，经理人是对股东，而不是对所有利益相关者负责的治理模式。该模式认为，股东是经理决策大部分风险的承担者和企业的所有者，股东不仅具有监督经理人的积极性，而且具有与其他利益相关者相比更高的监督效率。张维迎认为股东利益容易加总和经理人向股东负责的治理模式下，企业价值的易于衡量性构成公司以股东价值最大化为目标的两个必要条件。二者共同决定了股东价值最大化成为公司治理的效率标准，从而揭示了公司治理实践中股东主导模式成为流行模式的原因[1]。

利益相关者模式认为如果仅仅强调经理人对股东负责，那么势必导致经理人为了股东的利益而侵害其他利益相关者的利益。既然公司的经营决策影响到所有利益相关者的利益，经理人就应该对所有利益相关者负责，而不能只对股东——一部分利益相关者负责。崔之元（1999）用美国部分州从 20 世纪 80 年代末开始修改公司法的案例来说明公司治理的利益相关者模式。20 世纪 80 年代后期，美国 29 个州修改公司法，允许经理对比股东更广的"利益相关者"负责，从而给予经理拒绝"恶意收购"的法律依据，因为尽管"恶意收购"给股东带来暴利，但却损害了公司的其他"利益相关者"[2]。显然，在儒家视阈下，上市公司治理的政治哲学是支持公司治理的利益相关者模式的，注重利益相关者之间的和谐。

任何上市公司都是由人组成的，每个人都有自己的偏好和利益，这是人与人之间发生冲突的根源。那么，在我国上市公司治理中如何处理股东、债权人、供应商、顾客和员工的利益呢？在人与人的交往中应该遵守什么样的基本规则呢？儒家认为，人际关系的最高原则是"仁"。在儒家看来，"仁"首先应该是人与人之间的恰当关系；其次，"仁"应该是最率性之为，即什么对行为目的最恰当，就去做什么。所谓"率性"，就是让所做的事情达到最有效的程度。在儒家视阈下的上市公司治理中，"仁"的含义就是所有利益相关者相互把对方当成自己相同的人看待，所有利益

---

① 张维迎. 理解公司：产权、激励与治理 [M]. 上海：上海人民出版社，2014：215.
② 崔之元. "看不见的手"范式的悖论 [M]. 北京：经济科学出版社，1999：145.

相关者之间保持恰当的关系，这种恰当关系是对行为目的最恰当的。上市公司股东、债权人、供应商、顾客、高管及普通员工等利益相关者之间的恰当关系是为了建立和谐的公司治理关系这个目的。

对于什么是"和谐"儒家有深刻的阐释。"君子和而不同，小人同而不和。"（《论语·子路》）中"同"是指相同、没有差异或较少差异；"和"是指和谐、合作或达成协议或互补。对此，晏子的解释是相当清楚的。齐侯问晏子："和与同异乎？"晏子回答说"异。和如羹焉，水火醯醢盐梅，以烹鱼肉，燀之以薪，宰夫和之，齐之以味；济其不及，以泄其过。君子食之，以平其心。君臣亦然。君所谓可而有否焉，臣献其否以成其可。君所谓否而有可焉，臣献其可以去其否。是以致平而不干，民无争心。……一气、二体、三类、四物、五声、六律、七音、八风、九歌，以相成也。清浊、小大、短长、疾徐、哀乐、刚柔、迟速、高下、出入、周疏，以相济也。"（《左传》卷二十四）可见，"和"与"同"有着明显的区别。不仅有区别，还存在着某种必然的联系。"和"是以"不同"为基础、为前提的。不同就是差异，有差异，人们之间才会通过合作实现他们之间的互补，所以"君子和而不同"。反过来，"同"又是"不和"的原因。相同就是没有差异，没有差异就没有互补的可能性。"君子"是指有道德的人，或者直接称之为"道德人"，"小人"是指没有道德的人。因此，孔子的这句话，有着规范含义和价值取向，即人们应该"和而不同"，人人都应该做"君子"，即"道德人"。对于"道德人"而言，他们所秉持的道德标准既非外在权威强加给自己的，也非理性计算的结果，而是基于良知和善念做出的合理判断。

《国语·郑语》记载了春秋时代史伯的话："夫和实生物，同则不继，以他平他谓之和，故能丰长而物归之；若以同裨同，尽乃弃矣。故先王以土与金、木、水、火杂，以成百物。是以和五味以调口，刚四支以卫体，合六律以聪耳，正七体以役心，平八索以成人，建九纪以立纯德，合十数以训百体……夫如是，和之至也。于是乎先王聘后于异性，求则于有方，择臣取谏工而讲以多物，务和同也。声一无听，色一无文，味一无果，物一不讲。"这种思想认为，不同事物的调和是事物得以产生的根本，多元性是繁荣发展的根本，强调多元要素的配合、调和、均衡、和谐远远优越于单一性。

现代经济学认为，在每个人权利平等的基础上，人与人之间是存在差异的。也就是说，不同的人有着不同的效应函数和生产函数。这是人与人之间分工的基础，而实现分工的手段则是通过市场的合作。现代公司理论认为，公司是一系列契约的集合。因此，公司治理有效的制度安排，就是利益相关者赖以合作的制度安排。有效的上市公司治理，必定注重利益相关者之间的和谐，必然以宽容的态度对待差异，以赞许的心情看待利益相关者不同的观点，也必然高度重视利益相关者之间的合作、互补与协调。

儒家还特别强调人与自然的和谐，所谓"天人合一"就是注重人与自然的和谐。"天人合一"思想一方面注重人是自然的一部分，主张人与自然的统一并与自然融合一体，另一方面也主张人在与自然相协调的同时，协助并促进宇宙的和谐发展。这种追求人与自然普遍和谐的思想对于我国上市公司治理中注重生态环境保护以及注重可持续发展具有重要的意义。推动上市公司环境信息披露就是出于对人与自然和谐的考量。自20世纪60年代"公司社会责任"（corporate social responsibility，CSR）这一概念在全球范围内开始广泛流行以来，上市公司自愿披露其生产经营活动对环境所造成影响的相关信息逐步成为一种趋势和潮流。在我国，近年来引发社会严重关切的重大环境事故时有发生，在此背景下，政府以及社会公众对于企业环境信息的关注也日益增强。这就使得上市公司把进行环境信息披露作为回应外界要求其承当社会责任的一种重要表现形式。

四、以人为本及人的尊严问题

中国自西周以来就确立了以人为本的文化精神，高扬人类理性的独立、自主。而西方直至欧洲启蒙运动时期才高举人本主义的旗帜，欧洲启蒙运动之前是以神为本的文化。儒家学术完全以人为中心，即以人为本，"仁者，人也"（《中庸》），"人，天地之性（生）最贵者也"（《说文》）。儒家非常重视人的尊严，儒家对当代思想的主要贡献正是在于从人类独特的内在德性中发现了人的尊严。儒家认为，"天"赋予人以基本的内在德性，正如孔子所言："天生德于予。"（《论语·述而》）孟子认为每个人都天生具有"四端"，从中派生出仁、义、礼、智四大美德（《孟子·告子上》）。儒家认为，只要经过适当的教育、学习和修身，每个人都可以实现这些内在的潜能，成为一个道德成熟的君子。儒家君子首先是一个重义之人，"君子义以为上"（《论语·阳货》）。君子对正义的坚定承诺赋予其物质和道德上的独立性，通过自己的努力实现上天赋予的内在潜能，进而获得完全的人格独立。总之，君子是儒家的理想道德人格。儒家学说一以贯之的精神是对人格尊严的普遍尊重，这在我国上市公司治理中，就是要求企业的管理者必须保护并帮助发展每个人的内在德性。实现这个目标的最有效方式就是在上市公司治理中注重保护广大公司员工的基本权利。因此，在上市公司治理中，不能为了股东或其他利益相关者的利益而牺牲员工的利益。

人们通常认为儒家传统缺乏清晰的权利观，这一点似乎是显而易见、无可辩驳的，但是如果就此认为儒家和个人权利之间格格不入乃至天然抵触，则同样是片面的。儒家的尊严观与权利观是紧密联系在一起的。西方自由主义往往将人格尊严作为隐含的假设，但吊诡的是，现代西方自由主义对人性的消极假定并不能为普遍信仰的人格尊严提供足够坚实的哲学基础。儒家从其总体上乐观的人性假定出发，可以比西方的自由主义学说推演出更为平衡的权利义务观，从而为儒家的尊严观与权利观的统一提供坚实的人性基础。儒家以人为本的哲学，一方面宣扬独立人格与人格尊严，另一方面又强调个人对于社会的责任心，这是儒家学说非常积极的内容。但是，儒家也存在被世人广为诟病的严重缺点，即承认上下贵贱的等级区分是合理的。对于这一点，笔者认为儒家只是承认或者说屈服于社会现实。中国历史上一直存在上下贵贱的等级区分谁又能否定呢？儒家学说强调对人格尊严的普遍尊重，这就要求国家和社会必须保护并帮助发展每个人的内在德性。从国家的层面来讲，必须建立一个保障公民基本权利的宪法体系，且这个宪法体系必须得到有效执行。只有这样，在我国上市公司治理中所有员工的基本权利才能得到保障。

五、公司的社会责任问题

所谓公司的社会责任，是指公司不能仅仅以最大限度为股东营利或追求股东财富最大化作为自己的唯一存在目的，而应该最大限度地增进股东利益之外的其他社会利益。儒家不但宣扬人格尊严，而且强调社会责任心。人为什么可以承担社会责任，因为人与鸟兽是有区别的。人与鸟兽的区别何在？孔子以为人是有独立意志的，他说："三军可夺帅也，匹夫不可夺志也。"（《论语·子罕》）匹夫即普通平民。孔子肯定一般的平民都具有独立的意志。

儒家哲学的核心观念是仁。仁的观念在春秋前期既已流行，孔子加以提炼并发扬光大，把仁作为道德最高原则。孔子所谓仁的主要含义是"爱人"。《论语》云："樊迟问仁，子曰：爱人。"（《论语·颜渊》）孔子面对隐者的讥讽而叹息说："鸟兽不可与同群，吾非斯人之徒与而谁与？"（《论语·微子》）这就是说，人只能在人群中生活，在社会中生活，显然，这是肯定个人对于社会必须承担一定的责任。

孟子继承孔子的思想，也强调人与鸟兽的区别，他诘问告子"生之谓性"之说云："然则犬之性犹牛之性，牛之性犹人之性与？"（《孟子·告子》）在孟子看来，人之性与牛之性、犬之性是不同的。他认为，人与人是同类，人之性是人类的共同本性："故凡同类者，举相似也，何独至于人而疑之？圣人与我同类者。"（《孟子·告子》）人类与其他动物不同的特点在哪？孟子认为，这个特点就是承认"理义"，也就是有道德意识。

孟子说："夫天，未欲平治天下也；如欲平治天下，当今之世，舍我其谁也"，虽然有些傲慢自大，但也表现出了强烈的社会责任感（《孟子·公孙丑下》）。孟子论述处世之道说："士穷不失义，达不离道。……古之人得志，泽加于民；不得志，修身见于世。穷则独善其身，达则兼善天下。"（《孟子·尽心上》）可见，在儒家视阈下，上市公司是必须承担一定的社会责任的。

六、政府与企业的关系问题

儒家的"仁政"从两个方面来说，都具有自由主义因素。

第一，它认为政府不应与民争利。孔子说过，"因民之利而利之"（《论语·尧曰第二十》），即让老百姓自己去追求自己的利益，不要政府包办。在西汉著名的"盐铁"争论中，儒家主要是用这样的观点去反对盐和铁的官营。

"今郡国有盐、铁、酒榷、均输，与民争利。散敦厚之朴，成贪鄙之化。是以百姓就本者寡，趋末者众。夫文繁则质衰，末盛则质亏。"（《盐铁论·本议第一》）

因民所利而利，就是把如治田薄税通商惠工等事看作老百姓固有的福利。孔子反对政府的压迫或干涉行为，主张政府费小费，作小事，设法收莫大之利益与效果，所谓惠而不费，就是"政府之设施，其牺牲当求其小，其收效当求其大"，如果能做到这样，则政府的花费就小，老百姓得到的好处就多。进一步说，孔子是主张放任主义，反对政府对经济过多的干预。

第二，它强调政府要轻赋税。一是要减轻人民的负担，这就要限制政府的规模。在儒家看来，小政府并不意味着功效小。相反，由于限制了政府的规模，人民的利益才不会受到政府的竞争。政府做事的原则是"惠而不费"，即成本要低、收益要高。孔子主张政府要节省，即曰："道千乘之国，节用而爱人，使民以时"，也就是说在支出方面，要量入为出，不可铺张浪费。正如《周易》上说："节以制度，不伤财，不害民"。也就是说，如果政府奢靡，必定会浪费财富，然后就会加重人民的负担，违背爱民之道。

在政府与企业的关系上，罗纳德·科斯认为，过度的政府干预会使政府在配置某一资源时，其交易费用高于市场的交易费用，从而降低资源配置的效率；詹姆斯·布坎南则指出，政府的过度扩张经常会损害人们的基本产权和人权，破坏市场的基本秩序。他们都强调要控制政府的规模，让市场机制发挥更大作用，即让市场机制在资源配置中发挥决定性作用。

回顾中国证券市场发展的过程，我们应该认识到，我国的很多上市公司是国有企业改制上市的，因此，很多上市公司与政府存在千丝万缕的联系。尽管经历了股权分置改革及一部分上市公司通过股权转让使国有股权比例大幅降低，但与政府的关系并没有完全消弭，因此，我国的上市公司受政治环境的影响较大，这一点在很多上市公司治理中表现得很明显。我国上市公司对小股东权利的保护是相对缺位的，这与英国、美国等西方国家对小股东的保护存在较大的差距。

儒家主张富民大利，反对政府与民争利。反对政府对国民经济进行压迫和过分干预，主张"因民之利而利之"。在我国上市公司治理中，政府应该发挥作用，也可以进行监管，但原则上应该是"因民之利而利之"，也就是说，政府发挥作用和进行监管的目的应该是大众的利益，也就是要有利于上市公司所有利益相关者的利益。

何种标准的道德和伦理规范被政府强加于上市公司治理之上是正确的，这是上市公司治理的一个重要政治哲学问题。学界普遍认为，上市公司不能被看作社会政策的工具，上市公司的独立人格应该得到认可，上市公司治理应该关注上市公司本身的利益，承认这些利益有别于社会利益和股东利益。承认上市公司本身的利益是符合社会正义的，但是必须明确的是，上市公司只有在社会规范之内行动时才能保留其合法性，也就是说，上市公司治理应该在符合社会规范的条件下关注公司的利益。同样，政府发挥作用和政府监管必须坚持公平正义的原则。

20世纪80年代，美国兴起了一股公司之间"恶意收购"（hostile take-over）的浪潮。恶意收购者高价购买被收购对象公司的股票，然后重组公司高层管理人员，改变公司的经营方针，并解雇大量工人。由于被收购公司高层管理人员可以高价将股票卖给收购者，他们往往同意"恶意收购者"的计划；如果按照传统的公司法，经理必须并且仅仅对股东股票价值最大化负责，那么经理就有义务接受"恶意收购"，事实上，被收购公司的股东在20世纪80年代都发了财，因为收购者提供的价格一般都在原股票价格的50%到一倍以上。但是，这种股东接受"恶意收购"的短期获利行为，往往是和企业的长远发展相违背的。而且这种"恶意收购"只代表财富分配的转移，并不代表新财富的创造。因此遭到公司员工、一些高级经理人员、债权人和被收购公司所在地的社区居民的反对。在这一背景下，20世纪80年代末美国29个州修改了公司法，修改的核心思想是将股东视为公司的"所有者"是一个错误，公司经理应对公司的长远发展和全部"利益相关者"负责①。

七、诚信问题

现代信息经济学认为，信息的非对称从非对称发生的时间来划分可分为事前的信息非对称和事后的信息非对称。事前的信息非对称会产生逆向选择，事后的信息非对称会产生道德风险。从非对称信息的内容看，非对称信息可能是指某些参与人的行动，也可能是某些参与人的知识。研究不可观测行动的模型称为隐藏行动模型，研究不可观测知识的模型称为隐藏知识模型。在信息经济学中，常常将拥有私人信息的参与方称为"代理人"（agent），不拥有私人信息的参与人称为"委托人"（principal）。

在上市公司治理中，经理层是以股权所有者（委托人）的代理者进行活动，而作为代理人的经理阶层相对于作为股东的委托人来说具有一些信息和行为上的优势。当代理人的行动无法被观察到时，代理人就很容易出现道德败坏问题，这就是机会主义。委托人的问题是设计一个激励合同以诱使代理人从自身利益出发选择对委托人最有利的行动。作为上市公司股

---

① 崔之元. 美国29个州公司法变革的理论背景 [J]. 经济研究, 1996 (4)：36-41, 61.

东，不能观察到经理层是否努力工作，但是可以观察经理层的任务完成得如何，因此经理层的报酬应该与其完成任务的情况有关，也就是采取激励薪酬。激励薪酬是克服经理层道德风险的经济手段，但仅仅依靠经济手段是不够的，还需要诚信为本的公司伦理。

儒家文化把讲诚信作为一种文化信念进行传承。所谓文化信念是社会中全体成员共有的观念与想法，它支配着人们之间以及人与神及其他集团之间的互动。受儒家文化影响的经理层把讲诚信作为一种信念内化在自己的行为中，这也会有利于避免经理层的机会主义行为。

中国文化有一个重要的传统就是"以天为则"。孔子说："大哉！尧之为君也，巍巍乎！唯天为大，唯尧则之。"（《论语·泰伯》）儒家最普遍的价值是"仁"的价值和伦理。仁的伦理在《论语》里面被表达为忠恕之道。《论语》里是这样说的，孔子有一天对曾子讲，"吾道一以贯之"，就是说我们有那么多思想，有一个贯穿其中的根本原则。曾子解释说："夫子之道，忠恕而已矣。"后来，子贡问，有没有一句话让我可以终身实践的？孔子说："其恕乎！己所不欲，勿施于人。"中国文化非常强调以天地为榜样，向天地学习。很多人说中国的文化讲的是"天人合一"，其实，准确地讲应当是"天人合德"，即人与天在德行上的一致。天地是非常诚信的，孔子说："天何言哉？四时行焉，百物生焉。天何言哉？"（《论语·阳货》）用一个字来形容天就是"诚"。《中庸》里讲："诚者天之道也，诚之者人之道也。"孟子也说："诚者天之道也，思诚者人之道也。"（《孟子·离娄上》）这也就是说，人道是从天道学来的，天道是诚，因此，人也要诚。

在我国上市公司治理中，要治理委托代理关系中存在的信息不对称从而产生的逆向选择和道德风险问题，防止机会主义行为，就必须设法取得充分的信息并发掘出一切被掩盖的信息。在资本市场上，投资者要对发行股票和债券的公司的经营状况和发展前景进行研究，而对于上市公司来说，必须努力提高信息披露的质量。透明度被视为一个财务报告质量的指标。依据美国公认会计原则，财务报告的基本目的是提供有助于决策者（主要是投资者）预测公司未来收益和现金流的信息。要使财务报告有助于决策者的决策，就必须透明、质量高，换言之，财务报告必须客观真实。这就要求上市公司的董事会成员和经理层恪守诚信的职业操守。

第四节　小结

本章研究认为，儒家视阈下我国上市公司治理的政治哲学应该包括以下四个重要方面：

第一，认真对待儒家的义利观和财富分配上的公平正义。儒家首先强调的是"义"，在符合"义"的前提下再来谈"利"，这就是儒家的义利观。儒家对追求财富是持肯定态度的，只是强调追求财富必须符合"义"。儒家是现实的，并不主张人人的财富占有相同，应该承认每人占有财富之数量可有一定差距，儒家只是主张，人际贫富差距不能太大，应该控制在一个合理、适度的范围。在我国上市公司治理问题上，从儒家视阈来看，肯定了上市公司在不损害其他利益相关者的利益的前提下追求股东财富最大化，承认了上市公司在收入分配上的差距，但差距不能太大，必须控制在一个比较合理的范围。

第二，认真对待儒家的和谐观。儒家是非常重视和谐的，儒家视阈下，一个有效的上市公司治理，必定注重利益相关者之间的和谐，必然以宽容的态度对待差异，以赞许的心态看待利益相关者不同的观点，也必然高度重视利益相关者之间的合作、互补与协调。儒家还特别强调人与自然的和谐，在上市公司治理上，上市公司应该把环境信息披露作为回应外界要求其承当社会责任的一种重要表现形式。

第三，认真对待儒家关于"仁"的道德观念，并在此道德观念基础上重构中国的政治哲学。作为道德底线，认真对待仁，在我国上市公司治理上意味着上市公司必须认真对待股东和所有其他利益相关者的利益，必须承担社会责任。没有"仁"就不可能实现"仁政"。如果不信任人民的道德和智慧，政府就将承担过多的义务，行使过多的权力，从而必将滥用权力并损害人民的基本权利。在我国上市公司治理问题上，表现为政府对上市公司经营的过多不当干预。没有"仁"作为基础，追求仁政的最终结果只能是纵容和助长暴政。因此，我们必须认真反思儒家政治哲学，并在全面理解"仁"的基础上重构人民和政府、企业和政府之间的关系。因此，认真对待仁意味着信任和尊重人民足以获得幸福生活的内在潜力，并让他们自由处理他们自己的事务。在我国上市公司治理上，要求政府尊重和保护上市公司经营的自主权以及上市公司利益相关者的权利。当然，这并不否定政府在我国上市公司治理中发挥的积极作用，但政府发挥作用必须严格建立在遵循仁义道德原则的基础上，人民的内在潜力必须得到平等尊重。

第四，认真对待儒家的德治问题，发挥儒家德治在完善我国上市公司治理中的积极作用。众所周知，缺乏基本道德支持的法治不足以实现我国上市公司的有效治理，社会的和谐建立在一套普遍接受的基本行为规范基础之上；我国上市公司治理的和谐也必须建立在一套普遍接受的基本行为规范基础之上。儒家的"礼"在历史上发挥了凝聚传统中国社会的独特作用，当然也可以在我国上市公司治理中发挥凝聚利益相关者的积极作用。儒家的"礼"被认为是实现"仁"的有效手段。无疑，秩序与和谐只有在促进良好生活的基础上才能获得终极意义，对于我国上市公司治理同样如此。儒家文化把讲诚信作为一种文化信念进行传承，儒家文化有利于信誉机制形成，这对于完善我国上市公司治理具有重要作用。

第五章　儒家文化、企业家精神
　　　　与公司治理

第一节　儒家文化与企业家精神

一、儒家文化的核心价值观

　　儒家在人生的态度上，主张刚健有为，宽容和谐，中庸之道。在道德理想方面，儒家主张公私义利，志士仁人，君子理想。儒家认为，个人道德最重要的就是如何处理公和私、义和利的关系问题。公是更大的集体利益，私是我们个体的，小家庭的利益。孔子讲"志士仁人，无求生以害人，有杀身以成仁。"就是我们要能够在面对重大道德选择的时候敢于把自己的生命奉献出来完成道德理想。这是儒家的精神。在道德理想方面，儒家非常讲究自由独立的人格。孔子讲，你当臣子，对你的上级、你的君主只是以顺从他作为根本的原则，这叫妇妾之道，不是大丈夫之道。什么是大丈夫之道？就是孟子所说的"居天下之广居，立天下之正位，行天下之大道。得志，与民由之；不得志，独行其道。富贵不能淫，贫贱不能移，威武不能屈，此之谓大丈夫"。可见，儒家文化是主张一定要保持大丈夫的人格。儒家文化最普遍的价值就是仁的价值和伦理。仁的伦理在《论语》里面往往被表达为忠恕之道。《论语》里面这样讲的，孔子有一天对曾子讲，"吾道一以贯之"，就是说我们有很多理想，但是有一个贯穿其中的根本原则，曾子说我知道了，曾子解释说："夫子之道，忠恕而已矣。"这一贯之道就是忠恕。具体讲，恕就是"己所不欲，勿施于人"，忠就是"己欲立而立人，己欲达而达人"。儒家的实践取向，即知行合一。

这一点，明代著名学者王阳明做了最完整的表述。他说现在的人把知和行分成两件事做，以为先知后行才是对的，我先去求知，等知求好了，然后再去行。他说这样不行，这样做实际的结果是终身不行，终身不知，因为知是永远求不尽的，所以实践就永远不能实现。他批评朱熹讲的先知后行，知先行后。知行合一是中国儒家实践里面一个很重要的传统。儒家的终极关怀可以概括为三点。第一点就是天人合一。自然与人的和谐，宇宙、万物和人类有共通的本质、共通的法则，都是天人合一的内容。第二点是万物一体。到了宋代、明代的时候，这种观念越来越强烈。例如北宋哲学家程颢讲的，这不是一个存在论的表达，这是从一个境界上来讲的，就是每一个人都应该把万物看成和你是一体的。这是一种非常高的人生境界。第三点叫"保合太和"。这是《易经》里面的话。保合太和就是最广泛的、最永久的和谐。儒家文化主张的不仅是一个社会的和谐，它是小到人的身心和谐，大到家庭、社区、国家的和谐，更大变成整个宇宙的一个永久的广大的和谐。

二、企业家精神的内涵

学者们在谈论企业家精神时言必称"创新"。企业家创新的目的是追求利润。孔子也承认"富与贵，人之所欲也"。但是，他也提出警告："不以其道得之，不处也。"可见，儒家文化是认同通过符合道德的方式追求利润的。我们研究认为企业家精神除了创新精神以外，就是合作精神，这一点往往被人们所忽视。黄少安（2000）提出经济学研究的重心要由"竞争"转向"合作"，并提出"合作"经济学的构想。他认为，人类经济行为及整个经济运行就像一枚硬币，一面是竞争，另一面是合作。随着市场经济的发展，分工越来越细，人们在仍然不断竞争的同时，随着理性度的提高，越来越倾向"合作"，因为"合作"可能既使自己的利益最大化，也促进对方利益的实现。合作就必须讲诚信，信是传统商业文化的核心，长久以来，商业界就已形成了"诚信为本"的核心商业文化。孔子说过："民不信不立。"《中庸》里也说过："诚者，天之道也。"因此，合作精神是儒家文化的重要内容，也应该成为企业家精神的有机组成部分。

一些学者也认为新兴市场国家之所以会有更高的储蓄率是由抚养比例低的人口结构和将节俭视为美德的儒家文化传统所决定的（乔晓楠，杨成林，2013）。节俭和注重积累财富是企业家精神的重要内容。

企业家精神还有重要的一点，就是自强不息的精神。熊彼特（1912）在著名的创新理论中大谈企业家的心理的作用。他认为，典型的企业家具有非享乐主义性质的心理。首先是追求社会地位，即存在一种梦想和意志，要去找到一个由他支配的私人王国；其次是存在征服的意志——战斗的冲动，证明自己优越的冲动，求得成功不是为了成功的果实，而是为了成功本身；最后，存在创造的快乐，把事情办成的快乐，或者只是施展个人能力和才华的快乐。这难道不是自强精神的彰显吗？

因此，我认为，企业家精神的核心归纳起来应该是"创新、合作、节俭、自强"。美国巴布森学院的"企业家精神研究中心"给出了企业家精神的定义，认为企业家精神是"一种痴迷机遇、整体把握和协调领导的思考和行为方式。这种精神可以甄别机遇，不管当前的条件是否具备；可以利用机遇在个人、公共和全球性部门创造财富"。我们认为"创新、合作、节俭、自强"的企业家精神与这一定义是基本契合的。

三、儒家文化与企业家精神的内在联系

由于儒家在中国历史上的特殊地位，儒家的复兴对中国社会的影响也将更加广泛，也必将对我国企业家精神的形成和塑造产生深远的影响。我国在发展市场经济中涌现出了一大批企业家，那么，儒家文化与企业家精神到底存在哪些内在的联系呢？

儒家文化的核心是什么？学术界有不同的观点，有人认为"仁"是儒家文化的核心。正如前面讲的，"仁"的伦理在《论语》里面往往被表达为忠恕之道，是孔子一以贯之的"道"，是贯穿于儒家文化中的一个根本原则。但我们所说的儒家文化是构成中国的社会治理机制的核心规范，是一个思想体系的制度化改造，因此其核心是"礼治"，"仁"是"礼治"的灵魂。儒家"礼"的重要功能就是协调预期，定分止争。这一点荀子讲得很清楚："人生而有欲，欲而不得则不能无求，求而无度量分界则不能不争，争则乱，乱则穷。先王恶其乱也，故制礼义以分之，是礼之所起也。"（《荀子·礼运》）这种协调预期的规则进一步演化，就上升到治国之道，"道德仁义，非礼不成；教化正俗，非礼不备；分争辨讼，非礼不决；君臣上下，父子兄弟，非礼不定；宦学事师，非礼不亲；班朝治军，莅官行法，非礼威严不行；祷祠祭祀，共祭鬼神，非礼不成不庄"（《礼记·曲礼上》），"礼之于正国也，犹衡之于轻重也；绳墨之于曲直也；规矩之于

方圆也。""敬让之道也，故以奉宗庙则敬，以入朝廷则贵贱有位，以处室家，则父子亲，兄弟和，以处乡里，则长幼有序。孔子曰，安上治民，莫善于礼。此之谓也。"（《礼记·经解》）将礼的地位上升到制度的最高地位，就是要社会中每个人都有规矩可循。

"礼治"为企业家精神的形成创造一个良好的外部环境。因为企业家精神的核心是创新精神，企业家创新的目的就是为了追逐更高的利润，你要获得更多的利润，你就必须为客户提供更好的产品或服务，要想得到，就必须给予，必须遵守相应的"道"。有的学者以孔子和孟子的话来说明儒家文化是反对逐利的，如孔子曰："君子喻于义，小人喻于利"，孟子尤以"何必曰利"著称。其实，这是对孔孟思想的片面理解。在孔孟看来，重要的是以义求利。孔子曰："不义而富且贵，于我如浮云。"（《论语·述而》）这就是说，赚钱，发财要符合仁义；如违背仁义，富贵也没有什么值得追求的。正是在这种思想基础上，孔子又说："富而可求也，虽执鞭之士，吾亦为之。"（《论语·学而》）孟子则认为，只要从仁义出发，利将不期而至。这都说明儒家文化用"礼治"来规范"逐利"的行为，使企业家精神的内涵更加完整。

儒家文化在为企业家精神的形成创造一个良好的外部环境的同时，也提供内在的激励。儒家文化靠等级划分制度来完成社会治理，其标准就是"君子"，我们称之为儒家的君子理想。在儒家文化里，一个人具有仁爱之心，又能约束自己，道德高尚，就被视为君子，而相反地，损人利己者被视为小人。君子这个词在《论语》里出现了 106 次，其中大部分是孔子的话，如"君子怀德，小人怀土；君子怀刑，小人怀惠"（《论语·里仁》）等。在儒家文化看来，首先，君子是遵守社会道德、等级、规范的人；其次，君子是一个利他主义者，或者说，是一个考虑长远，不注重眼前利益的人，是一个有耐心的人；再次，君子是一个谦让的人，是一个"不争"的人；最后，君子是一个合作的人。

儒家文化为企业家合作精神提供了丰厚的营养。儒家以"和"为贵。孔子说："君子和而不同，小人同而不和。"（《论语·子路》）孔子弟子有若说："礼之用，和为贵。"（《论语·学而》）孟子说："天时不如地利，地利不如人和。"（《孟子·公孙丑下》）孔子"和而不同"之说的渊源来于西周。西周末年史伯论和同之辨云："夫和实生物，同则不继。以他平他谓之和，故能丰长而物归之。若以同裨同，尽乃弃矣。"（《国语·

郑语》）不同的事务相互为"他"，"以他平他"即聚合不同的事务而得其平衡，这样就能创造出新的事务。如果追求简单的同一，就不能产生新事物了。这不正是强调合作与创新吗？

儒家文化中君子的行为标准，不也是企业家应该遵守的行为准则吗？对于企业家来说，如何对其行为进行约束呢？除了所有权就是声誉机制。如果一家企业造假，或者损害了消费者的利益，声誉机制不但会使经营这家企业的企业家在社会上名声扫地，人力资本大幅贬值，而且企业形象也会受到很大的损害，最终还会影响企业自身的发展。企业家必须是一个善于与人合作的人。在市场经济中，只有善于与人合作，才能寻找到新的商业机会，也只有与人合作，才能创造价值。

儒家文化把节俭视为美德。孔子说："奢则不孙，俭则固。与其不孙也，宁固。"（《论语·述而》）孔子又说："道千乘之国，敬事而信，节用而爱人，使民以时。"（《论语·学而》）墨子更是把节用看作治国治民的法宝，在他看来，节俭则"民富国强"，"俭节则昌，淫佚则亡"（《墨子·辞过篇》）。荀子把节俭认作是顺应天地间的自然规律而又能与天相抗争的手段："强本而节用，则天不能贫……本荒而用奢，则天不能使之富。"（《荀子·天伦》）儒家文化鼓励人们节俭积蓄，引导人们以钱生钱。节俭在儒家文化中以伦理道德出现，积累财富在儒家文化看来是一种高尚的行为。

儒家文化高扬主体意识——"志不可夺""刚健自强"。孔子承认人人具有独立的意志，他说："三军可以夺帅也，匹夫不可夺志也。"（《论语·子罕》）匹夫即是平民，平民各有其不可夺的志。可见，在道德理想方面，儒家非常讲究自由独立的人格。孔子虽然认为贵贱等级的区分是必要的，但认为庶民也是人，应该尊重庶民的独立意志。《周易大传》提出"刚健""自强"的人生理想。《周易大传》云："大有，其德刚健而文明，应乎天而时行，是以元亨。""天行健，君子以自强不息。"天体运行永无休止，人应以天为法，永远向上，坚强不屈。《周易大传》高扬"刚健""自强"的精神，这不正是企业家应具备的精神吗？

四、弘扬儒家文化，塑造当代企业家精神

（一）弘扬儒家文化，提高企业经营者的道德修养，使他们实现由老板向优秀企业家身份的跨越

首先，弘扬儒家文化就是要提高企业家的道德修养，因为，高水平的

道德修养是成为一个优秀企业家的重要条件。从理论界到知识界，很多人都知道梁启超早年写了一篇很长的文章——《新民说》。梁启超在《新民说》中一开始就强调公德的重要性。他认为公德最重要的就是要爱国、利群。几年以后，他还专门写了一篇《论私德》，还是强调要以私德为第一位，比如要讲友善、诚信等。他指出，公德是个人跟社会的道德，私德既是个人品行的完善，也是个人对待他人、对待社会的一种德行。私德是公德的基础。要塑造企业家精神，必须继承和弘扬中华传统美德。改革开放以来，我国经济获得了快速发展，但商业伦理十分缺失。当代中国社会存在一些现象，从假冒伪劣商品的泛滥到教育与医疗的混乱状况，从官员腐败到家庭婚姻关系的破裂，从自然环境的过度污染到文化遗产的迅速耗竭，从上市公司蔑视投资者的利益到国有垄断企业管理现代化表象下争权夺利的内耗，无不折射出这个社会里的一些群体物欲横流与一些企业家缺乏良好的道德修养。改革开放以来，我国社会出现了一些为富不仁的商人，他们由于不注意提高自身的道德修养，很难实现由商人向优秀企业家身份的跨越。因此，我们应该通过弘扬儒家文化，提高企业经营者的道德修养，促使他们实现由老板向优秀企业家身份的跨越。

现在，一些企业家喜欢听国学讲座，大家对国学真是满怀赤诚甚至痴迷，求知若渴。但是，我们应该明白，国学是"体践之学"，是自我转化的学问，亦即孔子所说的"为己之学"。国学只有回归"体践之学"，国学才有利于我们社会道德的提升及高尚人格的养成，因为知行合一是中国儒家实践里面一个很重要的传统。

（二）弘扬儒家文化，为企业家精神的形成创造一个民主、自由、法治的社会环境

在道德理想方面，儒家非常讲究自由独立的人格。儒家文化追求自由独立的人格与企业家精神的"自强""创新"在内涵上是高度统一的，而自由独立的人格，必须在民主、自由、法治的社会环境中才能得到保障。早在20世纪40年代，哈耶克就认识到："在物质环境迫使我们做出选择时有决定自己行动的自由，以及对按照自己的良心安排我们自己的生活自行负责，这两者是道德情感能够赖以培养、道德价值在个人的自由决定中赖以逐日再造的唯一氛围。不是对上级，而是对自己的良心负责，不是用强力所威逼出来的责任心……以及对自己所做决定的后果负责，这才是名副其实的道德实质。"故此，哈耶克一直相信："自由不仅是一种特殊的价

值，而且是大多数道德价值的源泉和条件。"① 笔者对此非常认同，因为，自由是打开伟大心灵的第一把钥匙，也是迎候神圣启示的必要准备，更是开启未来的真正源头。有了自由独立的人格，才会有真正意义上的"自强"和"创新"，也才会有真正的企业家精神。

回望中国历史，越是专制的朝代，企业家精神越是受到抑制，工商业越是凋敝。中国史书向来有"暴秦、强汉、盛唐、弱宋"的"公论"。宋朝是史上最温和的一个政权。但在文化和技术发明上，宋朝却取得了令人瞩目的成就，工商业的发展也取得了空前的成就。当代国学大师陈寅恪说："华夏民族之文化，历数千载之演进，造极于南宋之世。"② 中国古代的"四大发明"，除了造纸术之外，其余三项——指南针、火药、活字印刷术均出现于宋代。宋代的数学、天文学、冶炼和造船技术以及火兵器的运用，都在世界上处于一流水准。宋人甚至还懂得用活塞运动制造热气流，并据此发明了风箱，它后来传入欧洲，英国人根据这一科学原理发明了在工业革命中起到重要作用的蒸汽机。宋代企业规模之大，超出了中国历史上的很多朝代。与此同时，宋代还出现了中国企业史上众多的制度创新，其中包括：资本的所有权与经营权已有分离，第一批股份制合伙公司诞生；世界上第一张纸币——交子出现；定金制度得到广泛的运用，以及职业经理人的萌芽等。宋代商品经济的繁荣远非前朝可比。为了促进流通，宋政府取消了汉唐以来的很多禁令。学界普遍认为，宋朝时期，中国文明达到了最高成就，所涉及领域不仅有艺术、文学和哲学，而且有经济、技术和公共管理。这也可以说明，在宋代，由于政府的权力相对弱势，儒家文化中企业家精神相对更能得到释放，工商文明的基因相对能得以留存。

明清时期，所谓"抑商"政策从来都是出于政治上的考量。如乞丐出身的明朝皇帝朱元璋，他的治国策略只有两个字：一是"俭"，二是"严"。所谓"俭"，他痛恨商人，视之如国贼；政府与民间从来就没有形成对等的契约关系，私人财产权没有得到法律的有效保护，民间资本的积累既缺乏制度激励，也缺乏制度保障，政府对从事工商业者采取歧视的态

---

① 哈耶克. 自由宪章 [M]. 杨玉生，冯兴元，陈茅，译. 北京：中国社会科学出版社，2012.

② 陈寅恪. 邓广铭宋史职官考证序 [M] //陈寅恪集. 北京：生活·读书·新知出版社，2002.

度。法国年鉴学派的费尔南·布罗代尔在《世界史纲》中就这一时期很简洁地说："中国社会，政府的权力太大了，使富有的非统治者不能享有任何真正的安全，他们对任意征收的恐惧始终挥之不去。"美国著名学者费正清在研究中也给出了类似的结论："绅士家庭最好的保障并不仅仅在于依靠占有土地，而是依靠土地所有权与官吏特权的联合，家庭财产并不是一种保障。"在高度集权的统治模式下，国家机器对商业的控制、干扰及盘剥，阻碍了企业家精神的发扬光大。我国著名学者王亚南、傅衣凌早在20世纪40年代就断定："秦汉以后的历代中国商人都把钻营附庸政治权力作为自己存身和发财的门径。"在私有财产权没有法律保障，财产权随时有可能受到统治权力侵犯的情况下，民间商人危如累卵，出现强烈的恐惧心理和财富幻灭感，企业家的节俭和积累的欲望受到打击，创业的激情受到抑制，产业资本从生产型向消费型转移，经济增长从而缺乏动力；权贵经济、官商勾结、权力寻租，增加了经济运行的交易成本，降低了经济运行的效率，阻碍了企业家精神的形成和经济的持续增长。因此，必须弘扬儒家文化，为企业家精神的形成创造一个民主、自由、法治的社会环境。

（三）承认儒家文化的主流价值地位，在发展市场经济中安顿儒家文化，有利于促进企业家精神的形成和发扬光大

离开市场经济，企业家精神就无从谈起。笔者一直认为，市场经济的哲学基础是个人主义和自由主义，那么，儒家文化与个人主义和自由主义存在怎样的联系呢？首先，我们必须弄清什么是真正的个人主义。对于什么是真正的个人主义，这是一个重要的哲学问题。在哈耶克1945年出版的《个人主义与经济秩序》论文集中，"个人主义"可以说是其间最为重要的概念和观点之一。西方学者在研究哈耶克"个人主义"的时候，一般都是把它置于"方法论个人主义"（methodological individualism）这个题域中加以讨论的。邓正来（2011）的研究认为，哈耶克的"个人主义"，尤其是他在《个人主义：真与伪》这篇著名论文中所主张的"个人主义"，并不仅仅具有方法论的含义，而且具有"规范个人主义"（normative individualism）的含义。这是因为哈耶克本人在该文中宣称，他所主张的"个人主义"可以与"自由主义"互换使用，而这意味着哈耶克的"个人主义"还是一种以方法论个人主义原则为基础并主张某种特定"善"的规范个人主义。邓正来特别指出，哈耶克所主张的方法论个人主义并不是简单地在"整体主义"与"唯个人主义"这两极之中所做的任何一极选择，而是试

图通过同时否定这两种方法论而开出一种能够使社会现象得到真正理解的方法论。哈耶克把他所强调的个人主义称为真个人主义。他对真个人主义进行了深入的阐释：第一，真个人主义肯定家庭的价值及小群体之共同努力的价值；第二，真个人主义信奉地方自治和自愿结社；第三，真个人主义的理据在很大程度上乃是以这样一种主张为基础的，即人们通常诉诸国家强制行动的许多事情，实际上经由自愿合作的方式而做得更好①。可见，真个人主义不但是市场经济的哲学基础，而且与儒家文化在内涵上高度一致，因为真个人主义强调的家庭价值、小群体共同努力的价值、自愿合作的方式都是儒家文化所肯定的。

同样，儒家文化不是自由主义的敌人，而是朋友。学者秋风先生就指出："从思想的角度看，儒家是中国自由主义展开内生性理论构建的根基所在。百年以来，中国传统与自由主义处于相互敌对的状态，这种状态固然让儒家遭受不公正对待，但也让自由主义丧失了理论构建能力。"② 自由主义强调人的自由与尊严，这与儒家文化的诉求是一致的，自由主义与儒家价值是可以和解和融合的，在融合的基础上形成市场经济的土壤，这就需要承认儒家文化的主流价值地位，在发展市场经济中安顿儒家文化，从而使企业家精神得到丰富、完善和升华，促进当代企业家精神的形成和发扬光大。

第二节　中国历史上的企业家精神：儒家文化的影响

什么是企业家精神？奥地利学派的代表人物米塞斯从人的行为中提炼出企业家精神，进而发展了一套企业家才能理论。米塞斯认为，所谓企业家才能就是能够充分利用市场中的分散知识的能力。米塞斯的企业家才能理论为其学生柯兹纳所传承和发展。柯兹纳（2013）指出，企业家精神的要旨在于能够"立即注意到利润机会，而这些利润机会之所以才在，是因为原有市场参与者最初的无知，这些利润机会之所以持续，是因为他们不能从市场实践中学习。于是，这组企业家将以此前没有发现有人在支付的高价从出售者手中买入，然后，他们将以更高的价格出售这些产品，而购

---

① 哈耶克. 个人主义与经济秩序 [M]. 邓正来，译. 上海：复旦大学出版社，2012：20.
② 秋风. 儒家式现代秩序 [M]. 桂林：广西师范大学出版社，2013：28.

买这些产品的人此前没有发现有卖者在以更低的价格出售产品。"张维迎和盛斌（2014）把企业家精神归纳为"冒险精神、创新精神、不满足精神和英雄主义精神"[①]。笔者认为，企业家精神的核心可归纳为"创新、合作、节俭、自强"。企业家精神的形成需要社会环境和条件，从西方企业家精神形成的历史考察中可以发现，文化因素是影响企业家精神形成的重要因素之一。从世界经济史来看，伊斯兰教、新教伦理等文化因素都对企业家精神的形成都产生过重要影响。马克斯·韦伯（2006）指出，新教伦理产生的勤奋、忠诚、敬业、视获取财富为上帝使命的新教精神促进了美国经济发展。儒家文化在历史上对中国社会产生了非常深远的影响，也对中国历史上的企业家精神产生了深远影响。本书试图探讨儒家文化对中国历史上的企业家精神的影响。

一、儒家文化、皇权制度与企业家精神

儒家文化在历史上对中国社会的影响非常深远，也影响了中国历史上的企业家精神。许多社会中所表现出的企业家精神，往往是来自人们的文化心理结构。我们要从儒家文化的影响的视角来探讨中国历史上的企业家精神，首先必须认识到儒家文化是一个"活着"的传统，而不仅仅是一个历史现象。儒家文化在历史上也经历过转变的过程。在这一点上，西方的宗教文化的转变可以为我们思考这个问题提供借鉴和启示。

16世纪在北欧国家以及法国、英国、尼德兰等国家兴起的宗教改革运动，主要目的就是形塑一种适合资本主义市场经济发展需要的神学理论和宗教伦理观念。最早从宗教内部向罗马天主教会发动攻击的是马丁·路德。他最大的贡献就是提出了"维信称义"说。所谓"唯信称义"说就是不承认教会是人与神之间的中介，否定僧侣阶级在世界上的统治地位。这在当时代表市民摆脱教皇教会和天主教僧侣政治、思想压迫的普遍愿望，赋予了世俗机构和世俗国家以宗教权威的作用和力量。作为第二代宗教改革家的加尔文，他通过宗教教义的修正和重新解释，提出了一套新的、比较系统的宗教伦理观念。加尔文提出了"呼召"说。他主张人们顺从上帝的呼召，充分利用机会发财致富。在他看来，追逐利润，发财致富，合乎人情，顺乎天理。这样，就轻轻抹去了商人、企业家追求财富的罪恶感，

---

① 张维迎，盛斌. 企业家：经济增长的国王［M］. 上海：上海人民出版社，2014：129.

为资本主义市场经济的发展提供了伦理上的正当性，也为企业家精神的形成提供了条件。

伊斯兰教在公元7世纪初叶兴起和传播，与其他世界性宗教的发展一样，对企业家精神的形成产生了重要的影响。穆罕默德表现出了非凡的社交、政治、经济和军事才能。在接下来几个世纪里，伊斯兰教行为准则、规章、制度、法律、惯例、组织、信仰体系和激励机制所发展出的综合体系，并没有完全推翻之前的伊斯兰制度，而是对其进行了完善和修正。企业家普遍缺乏资源来实现他们的抱负。为了取得成功，他们要依靠别人的资本和劳动力。古典伊斯兰法律下的合同法，为当时的企业家提供了各种合同模板，适应于各个地域不同的目标。

在中国历史上，儒家文化有其所依赖的特有的地理条件、生产方式、政权组织和生活方式，得到几千年的传袭。儒家文化由于理念具有教义的作用，一些人类文化学者自觉或不自觉地将儒学冠之以"儒教"的名义。金观涛和刘青峰（2011）认为，孔子所用的三个非常独到的概念恰好可以用来把握儒家意识形态结构的三个子系统。这三个概念就是"礼""仁""天"，它们像三根柱梁一样，支撑起儒家学说的理论大厦。"仁"在孔子学说中占有核心地位。其主要含义是人生价值取向，代表了孔子学说的价值观。"仁"的伦理在《论语》里面往往被表达为忠恕之道，是孔子一以贯之的"道"，是贯穿于儒家文化中的一个根本原则。孔子学说的社会观的主要内容是"礼"。孔子认为，"殷因于夏礼"，而周又"因于殷礼"，因经过长年的历史考察，其"所损益可知也"（《论语·为政》）。显然，孔子用"周礼"来表达他心目中理想社会的模式。在这样的社会里，必须有合理的等级划分，同时，不同的等级之间能通过共同遵守礼仪来达到和谐。更重要的是，这种社会组织的和谐存在，是靠君子的道德约束以及他们对社会的道德教化来完成的。孔子学说的哲学观是"天"，主要是与人的命运相联系的"命运之天"。"天"似乎本意中含有宇宙的意义。这个"天"是理性的代名词。日本学者五来欣造说：在儒家，我们可以看见理性的胜利。儒家所尊崇的不是天，不是神，不是国家权力，并且亦不是多数人民。只有将这一些（天、神、君、国、多数人民），当作理性之一个代名词用时，儒家才尊崇它[①]。金观涛和刘青峰（2011）把儒家的理性概

---

① 梁漱溟. 中国文化的命运 [M]. 3版. 北京：中信出版社，2016：61-62.

括为"直观理性"或称为"常识理性"。"直观"是指把常识、经验视为鉴别真伪的基础的思维方式。从孔子开始,儒家就不主张荒诞的神秘主义。相反,它注重把常识变成智慧。可见,儒家具有重现实、重经验的传统。

皇权制度与儒家文化结合的结果就是一体化的政治结构及"仁政"的政治制度。而"仁政"对经济结构的调节就是重农抑商,因为农业作为一体化政治结构的经济基础具有天然的优越性。以小农经济为基础的传统耕读社会是一体化意识形态所主张的理想模式。读书人一方面通过熟读儒家经典,知道礼、义、廉、耻;另一方面又相对封闭,流动性差,读书人之间思想交流的机会大大减少,有利于一体化政治结构的稳定。这种"仁政"的政治制度是不利于企业家精神的形成的,也不利于工商文明的发展,但不能因此就否定儒家文化本身含有促进企业家精神形成的元素。

儒家文化是在历史长河中经过主要转变而没有失去原始本质(primary identity)的传统之一(杜维明,1982)。儒家文化的观念或者核心价值的形成,发生在公元前 6 世纪到公元前 3 世纪的古典时代。儒家文化发展的第一次浪潮,大体上讲是从孔夫子生前一直到公元前 221 年秦朝的统一。第二次浪潮晚至公元 9 世纪或 10 世纪才开始,是对于佛教在体制和知识层面上挑战的反应。第三次浪潮则是受到西方文化冲击后产生的转变。19 世纪中叶,鸦片战争爆发,受西方文化的冲击,中国知识分子开始反思儒家文化传统,许多人开始批判儒家文化,特别是作为政治化意识形态的儒家思想。我们研究儒家文化对中国历史上企业家精神的影响必须结合儒家文化发展的每一个阶段的特点及转换来进行考察。

为什么在中国历史上企业家精神长期受到压制,工商文明不能发展呢?这要归咎于中国历史上的皇权制度。通观中国历史,对商业活动全方位的政治控制似乎一直存在,尽管商人在不触犯国家权力时甚至拥有非常大的经营自主权。要研究儒家文化对中国历史上的企业家精神的影响,必须结合皇权制度进行综合考察。从汉武帝"废黜百家,独尊儒术"后,儒家文化就成为官方的意识形态。一体化政治结构意味着让儒家意识形态和皇权制度互相沟通,相互耦合,让儒家意识形态为皇权制度提供权威的思想文化元素,因此该权威核心具有"准政教合一"色彩。陈晓枫(2017)研究认为,从控制性话语的内容来看,儒家经典当中浓厚的泛道德化色彩,大量的道德义务内容,带有强烈的一般宗教戒律的特征。这种道德义务原则上以孝为基础性观念，但其终极目的却是顺从政权。正如马克斯·韦伯在《儒教与道教》①中指出，在由以皇权为核心的"三作"权威地位的自然推导之下，身为臣民唯一的选择与正道便是遵规守纪、谨小慎微地"作臣""作子""作徒"。所以怀疑皇权权威者，在伦理上则是绝不被容忍的。正因如此，皇权自然拥有对儒家经典的权威解释权和话语权。这种解释无疑是有利于一体化政治结构和"仁政"的政治制度的。儒家经典是读书人受教育必须学习的重要内容，也是读书人参加科举考试的内容，而皇权拥有对儒家经典的权威解释权和话语权，因此，读书人在受教育的过程中自然地接受了皇权所解释的儒家价值观和核心理念。儒家文化、皇权制度与企业家精神在历史上一直处于博弈状态。当皇权控制较弱时，皇权对儒家价值观的解释权和话语权就较弱，儒家文化中有利于企业家精神形成的价值观得到社会广泛认可，企业家精神开始呈现，工商业能得到较好的发展；当皇权控制较强时，皇权对儒家价值观的解释权和话语权就较强，儒家文化中不利于企业家精神形成的元素被快速放大，同时，皇权制度为了政权的稳定，就会全面控制生产资料，必然会成为一个经济组织参与社会经济活动，就会有自己的利益需求，必然会与民争利，从而必然会从社会价值观和经济制度两个方面压抑民间工商业的发展和企业家精神的萌芽和发扬光大。

笔者把企业家精神的核心归纳为"创新、合作、节俭、自强"。笔者认为，儒家文化对企业家精神的形成具有积极的作用：

第一，"礼治"为企业家精神的形成创造一个良好的外部环境。因为企业家精神的核心是创新精神，企业家创新的目的就是为了追逐更高的利润。为了追求利润，企业家会依据自己所掌握的信息展开充分的经济计算，不仅通过不同的方案比较从而采取行动，而且也会根据外部环境的变化不断调整自己的行动。这样，通过企业家的行动，各种分散的信息得以传递。市场在这些信息的传递中发挥重要的媒介作用，而动力机制则是竞争。任何竞争都基于一定的规则。你要获得更多的利润，你就必须遵守一定的市场规则参与市场，为客户提供更好的产品或服务，要想获得利润，就必须给予，必须遵守相应的"道"。儒家的"礼治"有利于对市场参与者的行为形成一定的约束，促使市场参与者守相应的"道"。

---

① 韦伯. 儒教与道教 [M]. 南京：江苏人民出版社，2003.

第二，儒家文化在为企业家精神的形成创造一个良好的外部环境的同时，也提供内在的激励。儒家文化靠等级划分制度来完成社会治理，其标准就是"君子"，我们称之为儒家的君子理想。在儒家文化里，一个人具有仁爱之心，又能约束自己，道德高尚，就被视为君子，而相反地，损人利己者被视为小人。君子是遵守社会道德、等级、规范的人；君子是一个利他主义者，或者说，是一个考虑长远，不注重眼前利益的人，是一个有耐心的人；君子是一个谦让的人，是一个"不争"的人；君子是一个合作的人。这种"君子"激励对于企业家精神的形成和完善具有积极作用。

第三，儒家文化为企业家合作精神提供了丰厚的营养。首先，儒家的"理性人"的理性属于沟通行为的参与者的理性化，即沟通理性。沟通理性有利于促进契约各参与方的沟通与合作以及契约的执行。契约理论还必须假定一个道德原则的有效性，儒家"理性人"为经济学"理性人"提供了这个道德原则，也就是忠信原则。儒家这种基于沟通行为与道德内涵的理性能促进合作。其次，儒家以"和"为贵。不同的事务相互为"他"，"以他平他"即聚合不同的事务而得其平衡，这样就能创造出新的事务。如果追求简单的同一，就不能产生新事物了。这不正是强调合作与创新吗？而合作与创新精神是企业家精神的重要组成部分。

第四，儒家文化把节俭视为美德。儒家文化鼓励人们节俭积蓄，引导人们以钱生钱。节俭在儒家文化中以伦理道德出现，积累财富在儒家文化看来是一种高尚的行为。

第五，儒家文化高扬主体意识——"志不可夺""刚健自强"。有人认为儒家文化中个性不张扬、主体性不强，甚至压抑人的独立自主精神，限制了人的独立自由思想，这实在是对儒家文化的误解，是对中国历史文化传统与思想精神的不了解，而某些人这样说，是有意对儒家文化妖魔化。笔者认为，中国的"儒家人格"从古到今都非常重视个性的张扬与主体性的挺立，孟子就讲的大丈夫浩然之气藐视堂高数仞的诸侯，陆象山讲的吾心便是宇宙仰头天上望无我这般人，王阳明先生讲的豪杰精神狂者胸次良知呈现顶天立地，这种自由精神与我们现在讲的企业家人格和精神丝毫不矛盾。在《论语》中，孔子的许多学生都表现出了贫贱不移、威武不屈、三军可以夺帅、匹夫不可以夺志的崇高精神。

儒家文化蕴含着丰富的企业家精神的基因，对企业家精神的形成具有积极的作用。当然，儒家文化本身具有双重性，有些方面对企业家精神的形成往往具有消极作用，而这些消极的元素与皇权制度更容易结合从而被皇权制度所利用。这些消极的元素主要有：

首先，儒家文化重义轻利，这对企业家精神的形成有一定的消极作用。追求利润是企业家精神的本质特征，是企业家才能发挥作用所要达到的目的。儒家自孔子开始，就有一种倾向，即只问行为本身的正当与否，而不问这行为是否有利。"君子喻于义，小人喻于利（《论语·里仁》），这分明把义与利上升到道德上对立的高度。被尊为亚圣的孟子反功利态度较孔子更甚，这在孟子与梁惠王的对话中表现得淋漓尽致。墨家虽强调利，但同样地注重"义"。墨子所言的"利"，从来都是"国家百姓人民之大利"，而不是儒家在价值上所轻看的"利"，墨家所看重的利是公利，儒家所鄙视的是私利。由先秦的早期儒家发展至于宋、明的儒家，社会产生了一场新的思想运动，那便是被称为理学的新儒学。新儒学提出了理与欲一对新概念。理与欲的区别蕴含着大公与私欲的对立。在宋、明理学家那里，程颐语道"理者天下之至公"，人欲则不过是私欲而已。尽管诸家对理、欲的态度和观点存在差异，但有一个共同特点同样是"去私"。由于儒家强调"去私"，在这种"去私"的文化传统中显然产生不出个人权利。由于皇权对儒家经典和儒家思想具有绝对的解释权和话语权，肯定会朝着有利于皇权制度的方向去解释，这种"去私"被皇权制度强化，就会为政府与民争利提供正当性，皇权就会以"公利"的名义垄断经济资源，否定民间社会追求"私利"的正当性，这显然不利于企业家精神的形成。

其次，儒家的价值观认为"义务先于权利"。西方社会自近代以来非常强调个人权利的优先性。但是在儒家文化中，则强调义务的优先性。而强调个人权利是企业家精神形成的重要元素。这种"义务先于权利"的价值观被皇权制度解释和强化，身为臣民唯一的选择与正道便是遵分循纪，不能伸张自己的权利。老百姓的权利就会被彻底剥夺，财产权也不会有任何保障，这无疑会阻碍企业家精神的形成。

最后，儒家的价值观认为"群体高于个人"。企业家才能总是竞争的，一旦发现利润机会就要采取行动。因此，每个逐利的企业家都会积极主动地去发现和利用各种潜在机会，这就要体现个人的价值。哈耶克认为，由背后的偏好和稀缺性数据决定的社会最优性这一观念在原则上并没有问题，但这个最优性不应该成为制定社会政策的主要参考标准，因为关注这个社会最优性的信息从来都不是给定的；相反，对一个社会而言，重要的问题不是如何运用这种知识获得某种社会最优性，而是将分散在整个经济中的信息动员起来①。要把这些分散的信息动员起来，就需要发挥企业家的作用，发挥企业家的个人主观能动性和创造性，体现企业家的个人价值。儒家文化认为个人价值不能高于社群价值，社会远比个人重要。儒家文化强调个人与群体的交融、个人对群体的义务，强调社群整体利益的重要性，这对企业家精神的形成显然具有消极作用。尤其是这种"群体高于个人"的价值观一旦被皇权制度强化，就进一步使皇权制度处于至高无上的地位，个人只能永远臣服在皇权制度之下，儒家文化所高扬的主体自强意识就会被彻底阉割。而自强精神是企业家精神的重要内涵，这无疑也阉割了企业家精神。

我们研究儒家文化对中国历史上企业家精神的影响发现，在历史上，凡是皇权制度强势时，儒家文化中对企业家精神形成具有积极作用的价值观和核心理念因为对皇权制度不利往往受到压制，而儒家文化中对企业家精神发扬光大具有消极影响的元素因为对皇权制度有利往往被放大；在皇权制度相对弱势的朝代，儒家文化中对企业家精神形成具有积极作用的价值观和核心理念因为受皇权制度压制较弱，在社会中被认可的程度大大提高，从而促进了当时的企业家精神的发扬光大，而儒家文化中对企业家精神发扬光大具有消极影响的元素往往随着皇权制度的弱势而弱化。

二、中国历史上各个时期企业家精神：儒家文化的影响

（一）先秦时期的企业家精神

先秦时期是儒家文化的形成时期，是儒家思想发展的第一次浪潮，但当时还是诸子百家争鸣的时代，墨家、道家影响也很大，儒家还没有被作为政治化的意识形态。作为儒家文化开山鼻祖的孔子，生活的时代是混乱无道的。在这样一个混乱时代，孔子一生都在追寻，他周游列国，寻找一个能实施他主张的人，能力挽狂澜于既倒。儒家另一位重要代表人物孟子继承了孔子"为政以德"的思想，提出了著名的"民本""仁政""王道"思想。为了实现平治天下的抱负，孟子和孔子一样，周游列国、宣扬仁政，力劝当时的当权者施行仁义之道、平治国家、安定百姓。孟子主张对公有土地进行改革，将土地分给农民，建立小农经济生产方式。他的"无

---

① 柯兹纳. 市场过程的含义 [M]. 冯兴元，等译. 北京：中国社会科学出版社，2012：15.

第五章 儒家文化、企业家精神与公司治理 | 67

恒产者无恒心"的论断及轻徭薄赋的主张对农业和工商业的发展和企业家精神的成长都是非常有益的。但战国时期的统治者并没有接受以孔孟为代表的儒家思想，尤其是孟子还被梁惠王指责为"迂远而阔于事情"①。可见，在先秦时期，儒家文化对政治、经济和社会的影响十分有限，当然也对当时企业家精神的形成影响较小。由于先秦时期还没有出现大一统的皇权制度，社会自由度很高，思想活跃，企业家精神得到释放，出现了如吕不韦、子贡、范蠡等大商人。

（二）秦、汉时期的企业家精神

从秦朝开始建立了大一统的皇权制度。秦朝以"重农抑商"为本，把商人与罪犯看作同类，企业家精神无疑没有任何生存的空间。在秦朝儒家文化处于被扼杀的地位，但秦朝的历史很短，儒家文化极少对企业家精神的形成产生影响。

在汉代，对待工商业的态度，完全取决于皇权制度的需要，当国家政权需要工商业发展时，就会允许商人活动，称国家不与民争利，这时，在儒家传统之中，存在的"藏富于民""轻徭薄赋""不与民争利"的思想和观念就会被宣传和传播。在汉代《盐铁论》中所载贤良与文学的议论中就体现了这些思想和观念。这种对工商业实行宽松政策可以说是"休养生息"，也可以说是"放任自流"，实行了70年，主要在文帝和景帝时期，史称"文景之治"。当工商业发展过快，统治者认为影响到皇权制度的稳定时，就会抑制工商业的发展，这时的官方意识形态就会强调儒家文化的"重义轻利""节欲""义务先于权利"以及"群体高于个人"等价值观。汉初实行"无为而治"的政策时，出现了很多大商人，如卓氏、程郑、孔氏、曹邴氏、刁闲、师史、任氏、无盐氏、诸田、杜氏等，都富比王侯。"大者倾郡、中者倾县、下者倾乡里"的商人不可胜数，出现了"农不如工，工不如商，刺绣文不如倚市门"的局面（司马迁《史记·货殖列传》）。到了汉武帝时期，武帝认为让这种情况放任自流，使之发展下去，对国家政权的稳定存在威胁，就开始实行盐铁专卖、收回造币权和没收大商人的财产等政策。从总体上看，汉朝对商人还是持歧视态度，如禁止商人着丝乘车，仕宦为吏，不许商人购买土地，以及采取重税、重赋对商人进行盘剥。由于汉武帝"废黜百家，独尊儒术"，从汉武帝开始，儒家文

① 司马迁. 史记·孟子荀卿列传 [M] //史记：第三卷. 北京：中华书局，2011：2065.

化对企业家精神还是产生了重要影响，只不过由于皇权制度强势，儒家文化中不利于企业家精神形成的元素的作用在放大，对企业家精神的形成主要产生的是消极影响。汉武帝时期的大儒司马迁认为："富者，人之情性，所不学而俱欲者也。"意思就是，追求富是人之常情，社会上各种人物都是围绕物质利益而忙碌奔波。这就是承认追求财富的正当性。这代表了儒家文化有利于企业家精神形成的积极元素。但是这些对企业家精神形成具有积极作用的价值观和核心理念在强势的皇权制度下受到压制，而儒家文化中"重义轻利""节欲""义务先于权利"以及"群体高于个人"等价值观就会异化成皇权至上、国家主义等不利于企业家精神形成的消极元素。

（三）唐、宋时期的企业家精神

唐代，是中国文明记忆中一段被精心雕刻过的辉煌时光，是以"盛"冠之的朝代，是为"盛唐"。除先秦外，中唐与魏晋、明末是中国古代思想领域中三个比较开放和自由的时期。儒家文化还遭遇外来文化尤其是佛教文化的冲击。这三个时期又各有特点，以世袭门阀贵族为基础，魏晋带着更多的哲理思辨色彩，理论创造和思想解放突出。明朝中叶主要是市民文学繁荣和浪漫主义思潮涌现，标志着接近资本主义的近代意识的出现。从中唐到北宋则是世俗地主在整个文化思想领域内的多样化的全面开拓和成熟。杜甫、颜真卿、韩愈这些为后期传统文艺定规立法的巨匠们，其审美理想中渗透了儒家思想。他们要求在比较通俗和具有规范的形式里，表达出富有现实内容的社会理想和政治伦理主张，这是一种时代阶级的共同倾向。可见，从中唐到北宋，儒家文化对整个社会的影响是非常深远的。

唐初诸帝对商人的压抑是不假颜色的。开国皇帝李渊规定"工商杂类，不得预于士伍"①。国家对商业活动管理得非常严格。唐政府征当铺典当税、粮食买卖税"四取其一"，高达25%；商贾的财产税，每缗税二十。对于民间商人，唐太宗也与其父亲一样，主张将之排斥在主流社会，特别是政治圈之外。他曾嘱咐重臣房玄龄："朝廷的各种官位，都是为贤人们准备的，那些工商杂流，即便人才出众，也只可以让他们多多发财，一定不能授以官职，使得他们能够与贤人君子并肩而立，同席而食。"②这些对民间商人的压制是中国皇权的"惯性思维"，但是出于皇权统治自身的需

---

① 《旧唐书》卷48，《食货志》，第6册：2089。
② 《旧唐书·曹确传》："朕设此官员，以待贤士。工商杂色之流，假令术逾侪类，止可厚给财物，必不可超授官秩，与朝贤君子比肩而立，同坐而食。"

要，在局势艰难的时候，在具体经济政策上又不得不放松压制。据《隋书·地理志》记载，隋末唐初，全国人口约为 4 600 万人，比东汉末年的 7 200 万人还少了三分之一，国贫民穷，亟须休养生息。李渊开国后，大手一挥，把一切山泽税、盐税统统废罢，之前由国家专营的盐、铁、酒等产业全数放纵民众自主经营，民间一片欢腾①。公元 626 年（武德九年）8 月，李世民即位后，当月就颁布诏令，说经商牟利是老百姓的本业，所以要改革前弊，以满足民众的需要，下令把潼关以东的关卡全部停废，以让货物自由交易②。唐朝受儒家文化影响较大，尽管皇权对工商业仍然采取压制的态度，但出于政权自身的需要，还是实施了一些对工商业发展具有促进作用的经济政策。这时，在民间社会，儒家文化对企业家精神形成具有积极作用的价值观和核心理念受到的压制就较小，民间工商业相对繁荣。

宋代整个地主士大夫知识分子的境况有了很大的提高，文臣学士、墨客骚人取得了前所未有的优越地位。宋代文官多，官俸高，大臣傲，赏赐重，重文轻武，提倡文化。在这样的大环境下，儒学有了很大的复兴。有学者认为，宋代堪称中国的文艺复兴时代。儒家复兴，影响力向下贯穿至今（施展，2017）。儒家学说在宋代经过朱熹等人发展成为理学。儒学发展成为理学后，已带有浓厚的禁欲主义色彩。二程说："大抵人有身，便有自私之理，宜其与道难一。"他并明确声称："无人欲即皆天理。"（《遗书》卷 3、卷 15）朱熹继承了二程的"道心"即天理的思想，认为天理与人欲是对立的，"未有天理人欲夹杂者"（《朱子语类》卷 13）。这种禁欲主义显然是不利于企业家精神的形成的。

在儒家经济思想史上，富民论是一个比较新鲜的观点。这个观点在宋代就已经开始流行。宋代苏辙认为王安石变法过分损害了富民，因此曾表示过下面的意见：

（今）州县之间，随其大小，皆有富民，此理势之所必至。所谓"物之不齐，物之情也"。然州县赖之以为强，国家恃之以为固，非所当忧，亦非所当去也。能使富民安其富而不横，贫者安其贫而不匮，贫富相恃，

---

① 《隋书·食货志》："罢酒坊，通盐池盐井与百姓共之，远近大悦。"

② 武德九年诏："通财鬻货，生民常业。关梁之设，襟要斯在，义止惩奸，无取苛暴。近世拘刻，禁御滋章，非所以绥安百姓，怀来万邦者也。其潼关以东，缘河诸关，悉宜停废。不得须禁。"（《唐会要》卷 86）

以为长久，而天下定矣①。

苏辙以贫富不齐为"理势之所必至"，又公然主张国家应保障富民，使能"安其富"。苏轼、司马光也持有相近的观点。这对宋代商人阶层的兴起无疑具有积极作用。

宋代是中国历史上工商业最发达的时期，但同时也是商人地位被贬低最厉害的时期。因为在这个时期，宋代理学盛行，衰落的儒学注入了佛教、道教思想得以复活。崇尚儒学的统治阶级，利用手中的权力和地位，执行传统的抑商政策，多方面鄙视商人阶级。但宋代是中国历史上唯一不长期实行"抑商"政策的朝代，儒生也不以经商为耻。因此，宋代拥有历史较长的企业家精神的传统。在宋代，中国已经成为一个复杂的经济体，拥有与同时代的世界其他国家相比更为完善的市场结构。法国学者谢和耐断定："从 11 世纪至 13 世纪，中国社会的整体结构逐渐发生变化，在上层精英和民众集团之间，一个极不同又极其活跃的阶层出现了，并开始占据日益重要的地位，这个阶层就是商人。这股新兴的势力慢慢地削弱了中国社会的基础。从这个意义上，在宋代时期尤其在 13 世纪，透出了中国的近代曙光。"②

国内外的史学家用大量的史料证明，宋代日趋精细的工商体系的完善是世界第一的，具有比同时代的欧洲更高的发达程度。著名历史学家傅依凌曾描述说："举凡大商业所需要的许多配备和机构，差不多都一一完成了。详言之，在商人中，出现了坐贾、客商、牙侩等，各产业部门都有他们在活动，为了便利大商业的进行，像货币金融及其他的辅助机关——塌房、廊房、堆垛场、柜房、钱铺、金银铺、兑房、寄附铺、交引铺等机构，以及商业经营上所必要的簿记、商用数字、珠算等，亦无不出现于这一时期，较之同时代的欧洲商业有极大的进步。"③ 中国史学界形成了一个较为一致的观点：宋代民营工商业的平均规模已经达到最高峰，宋以后，许多行业反而是规模愈来愈小。为什么宋代的企业家精神能得到一定的呈现呢？这主要因为宋代的皇权专制政权相对弱势，儒家文化中不利于企业家精神形成的元素的作用没有被放大，儒家文化中对企业家精神形成具有积极作用的价值观和核心理念在社会中被认可的程度大大提高。

① 苏辙. 栾城集. 四部丛刊初编缩本，三集卷八《诗病五事》，715 页。
② 谢和耐. 蒙元入侵前夜的中国日常生活 [M]. 北京：北京大学出版社，2008.
③ 傅依凌. 明清时代商人及商业资本 [M]. 北京：中华书局，2007.

尽管宋代工商业发达，具有较强的企业家精神，但是否出现过大企业家呢？答案是否定的。据当代宋史学者汪圣铎的研究，宋代知名度最高的商人是朱冲和朱勔父子。《宋史》为朱勔立了传，不过入的是《佞幸传》。朱冲是一个穷汉出身的小军官，级别是三班奉职（无品，大约相当于今天的连长或排长），后来因卖药赚了钱成为暴发户。他的儿子朱勔则官运亨通，一直做官做到了节度使。朱家的真正发迹，主要还是因为当官。难怪汪圣铎感叹："我寻找宋代大商人的路走得好苦，找到的商人或者不够大，或者没有事迹，甚至不少连完整的姓名都搞不清。跟先秦的吕不韦、子贡、范蠡如何能比。"[1] 笔者认为，这还应该归咎于皇权制度。尽管宋代皇权制度相对弱势，但皇权制度对工商业的抑制并没有完全停止，只是不长期实行"抑商"政策而已。

（四）元时期的企业家精神

元代以儒家思想行治国平天下之道。元中期恢复了科举考试。1311 年元政府下诏规定汉人职官子孙承荫，须考试一经一史，考试合格者直接任职，免去见习期。1313 年元政府颁诏并在其后的两年中首次实行的新考试制度，显然有利于理学家的观点。考试科目重经学而轻文学。元政府还指定朱熹集注的《四书》为所有参试者的标准用书，并以朱熹和其他宋儒注释的《五经》为汉人参试者的标准用书。这一变化有助于确定理学的国家正统学说的地位，具有超出元代本身的意义，并被后来的明、清两代基本沿袭下来（萧启庆，1998）[2]。在经济政策上，元代重农不抑商。莫里斯·罗沙比（1998）认为，商人可能是从忽必烈的政策中获益最大的阶层。由于儒家士大夫不赞同贸易，中国各王朝对商人施加大量的限制。但是忽必烈没有这种偏见，并且实际上给予了商人很高的地位[3]。笔者认为，这也与元代统治者本身的生活经历有关，他们来自草原，习惯的是游牧生活，而农耕必须以定居为条件，因此，他们对农业在维持专制统治的作用认识有限，就没有重农抑商的思维定式。另外，出于生态原因，草原上的物产有限，有一些必需品游牧者只能从中原获取，这时候就需要贸易。因此，

---

① 转引自吴晓波. 浩荡两千年：中国企业公元前 7 世纪—1869 年 [M]. 北京：中信出版社，2012：145.

② 傅德波，崔瑞德. 剑桥中国辽西夏金元史 907—1368 年 [M]. 北京：中国社会科学出版社，1998：523.

③ 同②：458.

元代的统治者自身的生活经历使他们认识到工商业的重要性。可见，在元代，儒家文化中对企业家精神形成具有积极作用的价值观和核心理念因为受皇权制度压制较弱，在社会中被认可的程度大大提高，从而促进了当时的企业家精神的发扬光大，而儒家文化中对企业家精神发扬光大具有消极影响的元素往往随着皇权制度对商人支持的而弱化。

（五）明、清时期的企业家精神

"不患寡而患不均，不患贫而患不安。"一直是儒家在有关财富分配方面的最高原则，这在明、清时期开始发生了转向。明、清时期儒家开始流露出另一种关怀，即怎样在分配公平的大原则下对富户也加以适当的保护。黄绾在16世纪著《明道编》中对这一观点进行了深入的阐释。他说：

今之论治者，见民日就贫，海内虚耗，不思其本，皆为巨室大家吞并所致，故欲裁富患贫，裁贵惠贱，裁大惠小；不知皆为王民，皆当一体视之。在天下，惟患其不能富，不能贫，不能大，乌可设意裁之，以为抑豪强、惠小民哉？纵使致公，亦非王道所宜也①。

明、清时期的富民论也反映了当时的儒家已对政府在社会经济活动中的作用有了新的认识，不再寄希望于朝廷积极地有所作为，而是要求政府不对民间致富的活动加以干预。黄宗羲论"财计"，除了"轻其赋敛"外，还明确提出了"工商皆本"，不能"妄议抑之"的大原则。黄宗羲的"工商皆本"与西方近代的资本主义精神十分接近。梁启超在《史记·货值列传今义》一文中重申《周礼》"保富"之义，并说："泰西尤视富人为国之元气。"②

在明、清时期，儒家文化的另一个转向就是对"私"的价值的肯定。这与富民论的发展是互相关联的。余英时（2012）认为，王阳明的心学以"良知"为人人所具有，从某种意义上说，这是把"天理"个人化，也就是"私"化了。顾炎武的公私观对清代中叶以后的儒家思想有重要影响。顾氏在《日知录》中对"有公而无私"的观念进行了有力驳斥。龚自珍也写了一篇《论私》，彻底攻击"大公无私"之说。儒家对私的价值的肯定对于我们理解清末民初"个人自主"的观念颇有关系，即儒者个人的社会存在的问题。清末民初"个人自主"的观念当然源于西方关于个人自由和权利的思想，特别是西方哲学家霍布斯（Hobbes）、洛克（Locke）、穆勒

---

① 黄绾. 明道编：卷四 [M]. 北京：中华书局，1959：45.
② 梁启超. 饮冰室文集：之二 [M]. 昆明：云南教育出版社，2001：39-40.

（Mill）等提出的个人主义哲学。清末民初儒家的这种"个人自主"的思想也进一步彰显了儒家的人文主义关怀。因为人文主义的核心是个人主义，它强调人类个性本身的价值、人的尊严及个人的权利，并把关心人的事业，保护人的个性放在第一位，这些思想无疑是有利于企业家精神形成的，但也无疑是对皇权专制的挑战。

明、清时期是中国君主专制的高峰时期，也是中央集权的高峰时期。其间，统治者继续推行"重农抑商"政策，不仅阻止人们对从事工商业的职业选择，压制了商人的求利动机，而且塑造了一种特殊的国民心理，即"鄙视商人，视经商为贱业"。由于长期受到社会的歧视，商人本身对自己职业和自身的价值产生了自卑感。很多商人想方设法改变自己的身份，脱离商人阶层。明清之际，捐纳之风大开，商人进入士绅阶层的机会增多了。一些或受利益刺激，或被迫选择了经商职业的人，在致富以后，有的很快将其利润以至所有的商业资本用来购买土地，成为地主；有的通过培养子弟读书参加科举考试的途径改变商人身份；有的则直接通过捐纳，跻身士绅阶层。可见，这一时期儒家文化在促进企业家精神形成方面与皇权专制政权存在着激烈的博弈，一方面是儒家文化对有利于企业家精神形成的价值观和核心理念的弘扬，另一方面是皇权专制政权对商人的疯狂打压。

中日甲午战争后，列强对中国的侵凌空前凶猛。一大批知识分子为谋国家的富强，积极推动中国制度改革。康有为就是其中的杰出代表。康有为积极推动的百日维新，在变法的内容中，教育学术方面的内容主要有：

国是诏发布之日，首命举办京师大学堂，派孙家鼐管理，节制各省学堂，所有书院、祠庙、义学、社学一律改为兼习中学、西学的学堂，省会设高等学堂，郡县设中等学堂，州县设小学。奖励私人兴学，劝导海外华侨开办。设翻译、医学、农务、商学、路、矿、茶务、蚕桑速成学堂。派宗室出洋游历，挑选学生赴东洋游学。废八股，乡会试及生童岁；科考试，改试历史、政治、时务及四书、五经，讲求以实学、实政为主。停止朝考，殿试后即可授职，定期举行经济特科。设译书局，派梁启超办理。颁著书及发明给奖章程，命保荐精专制造，格致人才，印行冯桂芬的《校邠庐抗议》及张之洞的《劝学篇》[①]。

---

① 郭廷以. 近代中国史纲 [M]. 上海：格致出版社、上海人民出版社，2009：215.

经济建设方面主要有：

康有为曾谓西人"以商贾灭人，民亡而国随之"，中国必须讲求富国养民之法，以工商立国。以往的制造企业为官办，率多减料，敷衍欺饰，今后应"纵民为之"。本此原则，诏命设铁路矿务总局、农工商总局，各省设分局。广设农会，刊农报、购农器，订奖励学艺、农业程序，编译外洋农学各书，采中西各法，切实开垦。独立开辟地利者，给予特赏。颁制器、振兴工艺给奖章程，就各地物产设立工厂。各省设商务局、商会，保护商务，推广口岸商埠。弛八旗经商之禁，命习士农工商。订开屯徙户，计口授田新章①。

从教育学术和经济建设两方面的内容来看，似乎给人一种印象，即儒家文化不利于经济建设，也不利于企业家精神的形成。因为科举考试的主要内容是儒家经典，要发展工商业就必须改革科举考试，引进西学。这实在是对儒家文化的一种误解。儒家从来不把自己标榜成能包医百病的灵丹妙药，也从来不排斥西学。是否引进西学以及是否容许民间工商业发展完全是由皇权制度的统治者说了算。

1903 年前后清政府开始实行新政，中国开始学习西方发展工商业，重农抑商一下子转变为鼓励新式工商业。1903 年 4 月，清政府派载振、袁世凯、伍廷芳制定商律，各大中城市纷纷成立商团、商会。1903 年年底，商部奏准颁行《奖励华商公司章程》。清末开始了中国历史上史无前例的重商主义运动。重商主义运动在 1906 年 10 月达到高潮。清廷商部（一个月后改为农工商部）颁布了勋商章程，依据投资现代新型工业的数额大小，分别封授不同等级勋号和官阶品衔。凡投资 2 000 万两以上者，不但可以被封为一等子爵，还可以当农工商部的头等顾问，并赏以一品顶戴及双龙金牌。投资在 80 万两以上、30 万两以上、10 万两以上者，分别授予三品、四品、五品衔②。可见，传统的以官抑商，一下子转变为以官位等级奖励商人投资了，这是一种鼓励商业资金向新兴产业转化的重商主义政策。这无疑有利于促进工商业发展和企业家精神的形成，但我们也进一步认识到中国企业发展的历史就是一部政商博弈史，中国历史上企业家精神是被抑制还是发扬光大始终取决于政府对工商业发展的态度。

---

① 郭廷以. 近代中国史纲 [M]. 上海：格致出版社、上海人民出版社，2009：215.
② 金观涛，刘青峰. 开放中的变迁：再论中国社会超稳定结构 [M]. 北京：法律出版社，2011：99.

（六）"五四"运动以来的企业家精神

"五四"运动以来，中国新知识分子出现过"整体性反传统主义"的倾向，他们虽然也承认传统中有好的东西，但却不加分析地认为它们非中国文化所特有，儒家的伦理中心主义被破除，儒家遭遇了被清算的命运。金观涛和刘青峰（2011）认为，伦理中心主义的儒家文化，一直把伦理视为优于知识，因而对知识的尊重和纯粹求知热情在中国文化中一直受压抑，基于知识论的大胆怀疑和批判伦理的超越意识也难以发展。笔者认为，从这个视角来看，不得不承认儒家的伦理中心主义对企业家精神的形成是有一定的抑制作用和消极影响的。因为企业家精神的核心之一是创新精神，但创新精神又必须建立在对知识的尊重和批判精神之上。在新文化运动以前，中国知识分子曾努力学习西方资本主义，社会主义思想虽然已介绍到中国，但影响还十分有限。新文化运动后期，随着"平等"成为政治制度与经济制度的评价标准，社会主义思潮汹涌而至。儒家本来就是一种以道德为终极关怀的理想主义，这种道德理想主义以家庭为本位，强调个人道德修养，追求成仁、成圣。儒家文化本来就具有集体主义价值取向，在儒家道德具体内容被抛弃后，深受儒家文化影响的知识分子特有的价值观就很自然地异化为一种群体的道德理想主义，最终指向集体主义。这种集体主义的价值取向是不利于企业家精神形成的。笔者一直强调市场经济的哲学起源是个人主义和自由主义，这也应该是企业家精神的哲学起源。新中国成立后，社会主义计划经济体制在中国逐步建立起来，中国大一统的政治结构被进一步强化并走向了极致，其政治结构是一个从中央直统到县以下每一个村（城市每一个居民区）的庞大官员结构。经济结构则是和社会主义意识形态与政治控制相适应的计划型工业和合作化农业。这种以集体主义为原则的社会主义也成为不可动摇的官方意识形态。这段时期，以计划经济为主，没有实行市场经济，企业家精神也无从谈起。

20 世纪 70 年代末，儒家开始在中国复兴，儒家文化中有利于企业家精神形成的文化基因开始发挥作用，企业家精神开始绽放出新的时代光彩。秋风（2012）从文化地理学的角度分析了儒家治理秩序。他认为，根据晚近以来儒家文化保存并且发挥治理作用的程度，中国可划分为三大地区：钱塘江以南地区，包括宁波以南之沿海地区，也包括皖南、江西等地；江南地区，也即长江下游地区；除此以外地区为广义上的北方。排除个别大城市，这三个地区中，儒家文化在钱塘江以南地区保存得最为完整,长江下游地区次之,北方又次之。我们看到,20世纪70年代中后期以来,儒家价值和制度之复兴在钱塘江以南地区也比江南、更比北方强劲,恰恰是借助这一价值和制度基础,该地区的现代化进程最快,由此形成的整体性社会秩序也最为健全。笔者认为,儒家文化使这些地区形成的社会资本没有遭受大的破坏,商业文明的基因保得比较完好,有利于企业家精神形成的文化基因还在,从而在改革开放以后企业家精神能迅速发扬和传播,大量优秀企业家不断涌现。

第三节　企业家精神与公司治理

一、企业家精神能促进有效的公司董事会的形成

企业家精神能促进有效的董事会的形成。有效的董事会具有以下共同特征:展现健康的文化(不傲慢自负);勤勉尽责;信息畅通;很大程度的独立性;定期召开会议;合理协调职责与措施;拥有高质量的专家和顾问。首先,有效的董事会应该具有健康的文化,健康的董事会文化应该表现出尊重、信任与坦诚的良性循环。董事们相互信任,坦率讨论艰难的议题,交流信息、做出决策并实施有效监督。而"创新、合作、节俭、自强"的企业家精神对于健康的董事会文化的形成具有积极作用。董事与管理人员及其他利益相关者的交流方式,对公司治理将产生重要的影响。董事会内部的交流必须畅通。最有效的董事会应勤勉敬业且把握分寸,既要对管理层的工作提供引导和监督,又要避免对管理层产生消极、限制或干扰作用。其次,有效的董事会应该勤勉尽责。为首席执行官及其管理团队提供可利用的有益洞察与建议。董事会应明确其工作是代表股东监督首席执行官及公司业绩。

二、企业家精神为上市公司治理创造了竞争的市场环境

奥地利学派经济学家米塞斯从人的行为中提炼出企业家精神,进而建立了一套企业家才能理论:能够充分利用市场中的分散知识的能力就是企业家才能。奥地利学派用"企业家"一词指任何能够发现和把握机会"以调整当前行为而实现未来目标的人"。企业家的任务是在市场中发现和创造知识(及其所带来的盈利机会)。米塞斯的企业家才能理论被其学生柯

兹纳所传承和发展。柯兹纳指出,企业家精神的要旨在于能够"立即注意到利润机会,而这些利润机会之所以还在,是因为原有市场参与者最初的无知,这些利润机会之所以持续,是因为原有市场参与者不能从市场实践中学习。于是,这组企业家将以此前没有发现有人在支付的高价从出售者手中买入,然后,他们将以更高的价格出售这些产品,而购买这些产品的人此前没有发现有卖者在以更低的价格出售产品。"相应的,企业家要素体现为"学习和利用持续的市场信息流以生成市场过程的能力"。柯兹纳一以贯之、持续地阐述了自己对市场过程的理解。他认为,市场过程提供了系统性的力量,而这种力量通过企业家的警觉被启动,从而有助于降低相互性无知的程度。柯兹纳还认为,企业家行为是明显不同于最大化行为的特殊行为,企业家为追求利润而注意到他人漏掉的机会,这种机会往往表现为一种买卖差价的形式,企业家寻找获利机会的无意识结果也会导致市场接近于均衡。

三、企业家精神有利于降低公司治理中委托—代理关系所产生的逆向选择和道德风险问题

我国上市公司治理要解决的问题是如何保证管理者按照股东的利益要求来行事。这种观点正好与委托—代理理论相吻合。委托人(股东)必须解决逆向选择问题,即选出优秀的管理者。他们还必须解决道德风险问题,即督促管理者努力工作并严格依据股东利益要求行事,例如,承担适当的风险,不寻求私人利益等。公司治理就是指设计一系列制度,以使管理者将所有利益相关者的福利引入企业之中(Tirole,1999)。要选出优秀的管理者,首先必须研究到底谁适合做管理者。管理者必须对自己的行为负责,而只有拥有企业剩余索取权的人才会对自己的行为负责。现代企业理论认为,享有剩余索取权的人也应该享有剩余控制权;同样,拥有剩余控制权的人,也应该拥有剩余索取权(Milgrom & Roberts,1994;张维迎,1999)。或者说,为了激励有剩余控制权的人努力工作,做出帕累托最优的决策,就必须让他拥有剩余索取权。这就是如何保证真正有企业家才能的人管理企业的问题。企业存在的理由是它可以使得最具有企业家能力的人进行专业化决策。企业家精神可以提高企业家专业化决策的能力。

四、企业家精神有利于构建和谐的公司治理关系

首先,企业家敢于承担社会责任的精神有利于构建和谐的公司治理关

系。日本企业家涩泽荣一说："我将《论语》视为商业的《圣经》，努力不偏离孔子指示的正道。至于我在事业上的见解，我认为首先必须考虑社会上多数人的利益，而不是自己一个人的利益；为了给社会整体带来利益，前提是给事业打下牢固的基础，使其兴旺发达、繁荣昌盛。"涩泽荣一秉持的是一种敢于承担社会责任的态度。这种态度有利于公司治理中利益相关者的和谐。在上市公司治理中，存在着股东主导模式和利益相关者模式两种主要模式。股东主导模式就是在上市公司治理中，经理人是对股东，而不是对所有利益相关者负责的治理模式。该模式认为，股东是经理决策大部分风险的承担者和企业的所有者，股东不仅具有监督经理人的积极性，而且具有与其他利益相关者相比更高的监督效率。张维迎认为股东利益容易加总和经理人向股东负责的治理模式下，企业价值的易于衡量性构成公司以股东价值最大化为目标的两个必要条件。二者共同决定了股东价值最大化成为公司治理的效率标准，从而揭示了公司治理实践中股东主导模式成为流行模式的原因。

五、企业家精神能促进公司治理创新

经济学家如阿罗、哈耶克、斯蒂格利茨等，都将创新理解为信息/知识的生产，认为创新实质上是关于生产方式如何从一种形式转换为另一种形式的信息，或者说可以将创新活动视为一个获取特定的新信息/知识的过程。汪毅霖认为，虽然任何个人和企业家都无法单独完成创新，仍可坚持人民是历史的创造者，但辩证地说，我们也不可否认，某些先进者在创新中确实起了带头作用。按照熊彼特、哈耶克、米塞斯、诺斯等经济学家的观点，这些创新的带头人就是所谓的企业家，他们的工作就是找到新思想并将它们付诸实施。按照哈耶克的洞见，知识并非静态给定的，而是分散的、默会的、不断更新的，先有知识的新组合才会有生产手段的新组合即创新，而知识的运用、存续和生产所依赖的是从无序到协调的自发、动态市场过程。这就是说，创新是自发秩序而非理性建构的结果。公司治理需要创新，包括公司治理制度、公司治理模式、公司的组织架构等方面的创新。

第四节　小结

儒家文化蕴含着丰富的企业家精神，"创新、合作、节俭、自强"是企业家精神的核心。一个国家的经济繁荣离不开企业家精神，国家文化的不同，尤其是企业家文化会导致经济增长水平的不同。因此，我们必须弘扬儒家文化，提高企业经营者的道德修养。

我们从儒家文化的影响的视角研究中国历史上的企业家精神。回望中国历史，皇权制度对儒家文化拥有绝对的毋庸置疑的解释权和话语权，凡是皇权制度强势的朝代，儒家文化中对企业家精神形成具有积极作用的价值观和核心理念由于对皇权制度不利而往往受到压制，而儒家文化中对企业家精神发扬光大具有消极影响的因素由于对皇权制度有利而往往被放大；在皇权制度相对弱势的朝代，由于皇权制度对儒家文化的解释权和话语权的权威下降，儒家文化中对企业家精神形成具有积极作用的价值观和核心理念在社会中被认可的程度大大提高，从而促进了当时的企业家精神的发扬光大，而儒家文化中对企业家精神发扬光大具有消极影响的因素往往被弱化。我国的经济繁荣离不开企业家精神，儒家文化蕴含着"创新、合作、节俭、自强"的企业家精神。我们必须承认儒家文化的主流价值地位，弘扬儒家文化中有利于企业家精神形成的积极因素，提高企业经营者的道德修养，为当代企业家精神的形成创造一个民主、自由、法治的社会环境。

第六章 儒家文化、社会资本的形成与上市公司治理

第一节 儒家文化与社会资本的形成

一、儒家文化对社会资本形成的作用

什么是社会资本呢？社会资本通常涉及一系列准则、关系网和组织，通过那些人们获得有助于做出决定的及确切表达政策的权力和资源。关于社会资本最著名、从某种程度上讲也是最严格的定义是帕特南给出的（帕特南，1993；帕特南 等，1993）。帕特南把社会资本看作对社区生产能力有影响的人们之间所构成的一系列"横向联系"。这些联系包括"公民的约束网"和社会准则。构成该概念的基础是两个假设：第一是关系网和准则以经验为依据相互联系；第二是它们具有重要的经济学影响。在该定义中，社会资本的主要特征是它促进了协会成员相互利益的协调与合作（帕特南，1993）。约瑟夫·E.斯蒂格利茨（Joseph E. Stiglitz，2005）认为社会资本至少包含四个方面的确切内容：第一，社会资本是一种达成的共识，它在一定程度上是产生凝聚力、认知力和共同意志的社会纽带。第二，可以将社会资本看作关系网的集合，是社会学家过去经常称为人们被社会化或者希望被社会化的"社会组织"。第三，社会资本是声誉的聚集和区分途径。个人投资于声誉（资本的不确定类型），是因为它减少了交易成本并有助于打破进入各种生产和交易关系的障碍。最后，社会资本包括管理者通过他们的管理风格、动机和支配权、工作实践、雇佣决定、争端解决机制和营销体系等发展起来的组织资本。诺曼·厄普霍夫（Norman Uphoff，2005）通过区别相互关联的两种分类现象来有效理解社会资本：①结构性分类；②认知性分类。结构性分类与各种社会组织相联系，尤其是作用、规则、先例和程序以及大量有助于合作的网络，特别是互利集体行动（MBCA），因为它是社会资本带来的好处。认知性分类是从智力过程及其引起的思想中得来的，被文化和意识形态加强，特别是有助于合作行动和互利集体行动的标准、价值、态度和信仰。

社会资本形成的途径是多样的，有亲族、宗教、经济、政权等多种途径。乔纳森·H. 特纳（Jonathan H. Turner，2005）研究认为当以某种血统规则构建起来的扩展了的家族和更大的亲族结构真正代表着某种形式的社会资本时，这种资本几乎总是被地方化和特定化，即被与地理位置和组织家庭活动的社团——组群单元联结起来。此外，这种资本将会维持建立在强调对家庭亲属的爱、忠诚和责任的符号基础之上扩展了的家庭规则和交易媒介的主体地位。弗朗西斯·福山认为，在家族式社会中，自愿结社的水平往往较低，没有亲缘关系的人们之间缺乏相互信任的基础，如华人信奉的儒家思想的核心就是把家庭纽带提升到其他社会纽带之上①。笔者认为，弗朗西斯·福山认为儒家文化重视家庭和血缘关系，是有一定的道理的，但认为儒家文化影响了更大范围的社会资本的形成这一观点并不一定正确。韩巍（2004）研究认为，信任的"情景性"本身就是信任的特点所在，我们可以比较不同社会中的信任，却不容易说谁的信任比别人的更好或更差。这也是文化研究的基本态度。如果把信任看作人与人之间的一种互动关系，那么寻求对中国人"信任"状况的切实把握的途径，也就嵌入在中国人的交往过程中。笔者认为，儒家文化在促进社会资本形成的方式上就体现在"中国人的交往过程"中，因此，有其自身的特点和优势。

在中国社会中，人们主要采用以交往经验（包括个人声誉及过去交往情况）为基础的，以及个人特性（包括两人特有的既定关系）为基础的信任建构方式，而很少采用以制度为基础的方式。其中，从关系入手来发展信任又是最为重要的一个手段。儒家文化正是以某种血统规则和家族关系来构建社会资本的，这是因为，儒家文化产生于农耕时代。在传统的农业社会，人口流动的范围和规模受到很大的限制，一个或几个家族往往都居住在一个村落，男女也大都与本村或与附近的村落的异性建立婚姻关系，

---

① 艾伯利. 市民社会基础读本：美国市民社会讨论经典文选 [M]. 林猛，施雪飞，雪聪，译. 北京：商务印书馆，2012：333.

因此，人们交往的范围较小，很多人相互之间存在某种特有的既定关系（家族亲属关系），人与人之间合作的范围较小，熟人之间的重复博弈就成为人与人之间增加信任及合作的重要方式，人们注重家族和血缘关系的合作，也成为儒家文化影响下社会资本形成的重要特征。

在我国历史上，农业先开始发展，工商业是后来逐步发展起来的。从经济史的角度来看，有了农业的发展就自然而然地产生了商业活动，有了商业活动就自然而然地产生货币制度。在夏、商、周时代，谷物的种类就已经很多，加上农具、家畜和日用品的生产，再加上人的劳力，就形成了社会财富。产品有了剩余就产生了交易，交易可以物与物交易，但物物交易不方便，也限制了交易的范围，因此，需要交易媒介。在那个时代，尽管存在交易活动，但市场狭小且不完备，人际关系网络解决交换问题。市场发展和深化会逐步打破家族关系网络，家族血缘关系的价值以及通过家族血缘关系形成的社会资本的价值下降了。中国历史上货币的出现及广泛使用就一定程度上反映了社会资本形成的规模和范围。郑也夫（2015）认为货币是人类建立的第一个抽象的"系统信任"，它接替和取代了若干具体的"人际信任"的功能。

儒家文化作为一个开放的系统，自我"体现"一个不断扩大的人际网络，处于一个动态的过程中，而社会是个人托身的团体。自我与社会之间的互换，不断地重新制定出积极参与相互劝诫的仪则。这种互换从个人的以及集体的自我超越的角度界定了儒家自我实现的精神，最终将逐步实现抛弃亲族群落组群特征、文化符号制度进而普遍化交换媒介并采用其他制度形态组群特征、文化符号和媒介意愿作为社会资本的重要来源。一旦行为人能够实现这种转化，他们会更加乐于并能够：①作为独立主体进入劳动力市场；②服从于依据供求法则运行的市场固有的竞争性本质，并且接受各种市场力量形成的"价格"决定；③为工作的种种目标使自己商品化；④使用非家庭性的普遍化媒介，诸如组织非亲族性交易的货币和理性——合法权威。我们看到，在中国向市场经济转型和现代化转型的过程中，以上四个方面的转化正在发生。

结合约瑟夫·E.斯蒂格利茨（2005）对社会资本内容的概括，笔者认为，在中国历史上，儒家文化对社会资本形成的作用主要表现在以下四个方面：第一，儒家文化使人们达成共识，从而产生社会凝聚力，成为连接人们的社会纽带。第二，儒家文化作为一个开放的系统，自我"体现"一个不断扩大的人际网络,从而在更大的范围形成社会资本。第三,儒家文化能形成激励机制,激励人们养成君子人格,这样,每个人都注重在个人声誉上的投资,减少了交易成本并有助于打破进入各种生产和交易关系的障碍。第四,儒家文化能规范和协调组织成员的行为,促进组织资本的形成。组织资本能降低组织的交易成本,提高组织的效率。

二、儒家文化促进社会资本形成的具体途径

(一)儒家文化通过约束人的过度自私行为来促进社会资本的形成

社会资本的形成最根本的就是要约束人的过度自私行为。人性本善还是本恶是一个古老的问题。性善论是孟子对儒学的一大贡献,荀子则言人性本恶,但孟子的性善论实为儒家哲学、伦理学、政治学之基础。在现代,善与恶的争论在相当程度上被利己与利他的争论取代,因为这两个问题在本质上近似,而后者比前者更易界定。

生物学在人的本性是利己还是利他的问题上提供了新视角。生物的历史就是进化的历史。进化依赖自然选择。基因像程序一样决定了它的携带者的行为方式,并靠着基因的传递和遗传的稳定性,将这一行为特征传递给下一代。假设一个群体中有一些带有无条件利他基因的个体,利他行为会使这些个体牺牲或减少自身生存和繁殖的机会,即使这些趋向是微弱的,时间却可以将其后果无穷放大,以至最终,群体中利他的基因,在严酷的自然选择的剪刀下,渐渐减少,直至消亡(郑也夫,2015)。可见,生物学的解释没有给利他行为留下多少余地。那是否意味着利他行为就不存在呢?从我们的观察来看,还是有很多利他行为,它们是如何穿过自然选择的"剪刀"的呢?又是以什么方式保持和传递利他行为呢?围绕利他行为,理论家们建立了三种解释:亲族选择、互惠的利他行为、群体选择。第一种解释是"亲族选择"(kin selection),即发生在亲族间的利他行为的自然选择作用。第二种解释是"互惠的利他行为"。这一理论由特里弗斯(Trivers)于1971年率先提出。其认为,这种互惠性利他可能在一群动物或两种动物的长期交往过程中建立。特里弗斯同多数社会生物学家一样,以其动物社会行为的研究成功地透视着人类。他认为,互惠利他是人类合作的基础,这也就是现代博弈论讲的重复博弈建立信任关系。第三种解释就是由温-爱德华兹(Wynne-Edwards)首先提出的群体选择(group selection)。这一理论认为群体可以作为利他性的进化选择单位,即

具有利他性的群体，因为内部的合作而比利己的种群获得更大的生物学上的利益，并因此更有可能在竞争中生存和繁衍。这一理论非常诱人，但还是引起了激烈的争论和非议，因为它无法雄辩地解释动物的进化。在非血缘的动物社会中，尽管利他性有望使该群体在进化上优于利己的群体，但其内部的利己者却因为生存和遗传上的优势必然占据上风。什么力量能保持非血缘群体内部的利他性能够占据上风呢？是文化的力量。一切民族的早期文化中几乎无例外地带有禁忌和律令，其目的与功能在于打击极端利己，建立规范，使一个非血缘群体不沿着生物学的轨迹回归自私。从此，规范与价值观一直是一切文化中的最重要的组成部分。什么是规范？规范就是人们制定和共同遵守的行为准则。规范的主要内容是习俗和道德。什么是习俗？习俗是指个人一致遵守的任何规则，包括从社会规范中派生出来的规则。什么是道德？道德是社会规范的重要组成部分。"道德是个人利益冲突的产物。"① 道德的产生是为了扩大人类有限的理性和有限的同情心，进一步说是要严格限制人类自然气质中固有的破坏倾向②。道德的使命在于造就一种广泛的利他。然而，就本性而言，人是利己的，这是一个残酷的事实。

从亲族选择、互惠和群体选择三种解释来看，儒家文化都是有利于利他行为的形成的。

首先，从亲族选择来看，儒家注重血缘关系。亲族利他不是靠理性和功利，靠的是血缘亲情和同情心，也就是孟子所说的"恻隐之心"。这种同情心不仅以亲族利他的效果启发了互惠利他，不仅在互惠和群体扩大所拓宽了的人际关系中发展着，它还在其后与冷漠的理性的对峙中促进了道德的进化。它与理性对立、竞争，而又交融着。道德型利他不是无源之水，它是在源于亲族利他和互惠利他的同情心和理性的基础上，开始其艰难的西西弗斯历程的（郑也夫，2015）。儒家文化正是通过这种利他行为来拓宽它的人际关系，推广它的道德伦理。著名社会学家费孝通（1998）曾经用"差序格局""自家人与外人"区分中国人的亲疏远近，也就是说，人们总是以自己或家庭为核心，"像水中的波纹一样，向外面一层层逐渐扩展的，愈推愈远，愈推愈薄"，由此构造出人们关系深浅的"差序格局"。"家人"在传统的中国社会中，可以说为人们的一切关系构造了一个

---

① 梯利. 伦理学概论［M］. 何意，译. 北京：中国人民大学出版社，1987：176-177.
② 彼彻姆. 哲学的伦理学［M］. 雷克勤，译. 北京：中国社会科学出版社，1990：37-40.

最基本的样板。"家人"既有血缘关系，又有最为频繁的交往；既有最强的感情纽带，又有最对等的工具性交换（例如，代际互报），成为一个以"自己人"为特征的关系类别。

其次，从互惠利他来看，儒家文化也是有利于利他行为的形成的。我们知道，互惠利他是有条件的，它只能发生在稳定的小团体的重复交往中。稳定的社会生活，即使不奢望利他，至少要求克己。儒家文化推崇的是非正式制度，强调的是"关系本位"，关系本位文化的最大特点就是重人情，何谓"人情"？即梁漱溟所谓的"一啼一笑，彼此相和答；一痛一痒，彼此相体念"的"亲情世界"。人情，说穿了是指人与人之间情感上的联结。人情讲究的是你来我往，互利互惠，这就要求"克己复礼"。作为一种非正式制度安排，在中国传统社会中，"礼"比"法"在解决人际关系问题时更有效。按照古人的说法，礼的主要功能是限制人的欲望，从而确立社会秩序。儒家一再强调，"礼"是顺应人情而作的："礼义以为器，人情以为田。"（《礼记·礼运》）；"人情者，圣王之田也，修礼以耕之……"（《礼记·礼运》）；"凡礼之大体，体天地，法四时，则阴阳，顺人情，故谓之礼。"（《礼记·丧服四制》）可见，从互惠利他的角度来看，儒家的"礼"是有利于利他行为形成的。

最后，从群体选择来看，儒家文化开始了它艰难地改造人的本性的挑战。它必须如此，否则我们就必须放弃组织和社会，龟缩到血缘和密切互动的小群体中去。儒家形成于封建制的夕阳时代，孔子和他的弟子们保留了对封建制的美好记忆。孔子生活的时代也真像他所说的那样——礼崩乐坏，他为之伤心不已。为此，他提出"仁"这样一个伟大观念。此一观念乃是人际相互信任的人性根基所在。《中庸》对"仁"有一个最为简练的解释："仁者，人也。"（《礼记正义·中庸》）郑玄注曰："人也，读如'相人偶'之人，以人意向存问之言。""仁"就是相互把对方当成与自己相同的人对待。此即孔子"吾道一以贯之"（《论语·里仁篇》）的"道"。亚当·斯密在《道德情操论》中所讨论的"通情"（symphony）能力，与此接近。基于这样的本心之仁，人们之间即可以相互信任。儒家用以处理人际关系的两种基本范式，"己欲立而立人，己欲达而达人"（《论语·雍也篇》）之忠与"己所不欲，勿施于人"（《论语·颜渊篇》）之恕，都是"仁"的体现。立人、达人，必以对对方的信任为前提，而勿施于人则体现了对对方的尊重。有了这样的尊重，也就可以获得对方的信任，从而建立起相互的信任。用现代经济学的语言，就是形成了社会资本。

（二）儒家文化通过在社交网络中养成君子人格来促进社会资本的形成

儒家文化中的"五伦"是五种最基本的人我关系，反映了历史上社会资本形成的一种秩序。儒家的五伦包括父子、君臣、夫妇、长幼、朋友。杜维明（2008）认为，这五种最基本的人我关系的义涵主要包括：

第一，儒家强调以自我修养为中心，但并不减损集体的努力，集体努力是使家庭、社群、国家和天下变得合乎人道或充分人性化所必需的。

第二，作为一个开放的系统，自我"体现"一个不断扩大的人际网络，处于一个动态的过程中，而社会是个人托身的团体。自我与社会之间的互换，不断地重新制定出积极参与相互劝诫的仪则。这种互换从个人的以及集体的自我超越的角度界定了儒家自我实现的精神。

第三，当自我克服了自我中心而成为真正人性的，家庭也必须克服裙带关系而成为真正人性的。依此类推，社群也必须克服地方主义、国家必须克服种族主义、天下必须克服人类中心主义，而成为真正人性的。在儒家无所不包的人文主义之下，经转化的自我既个人地也集体地超越了利己主义、裙带主义、地方主义、种族主义和人类中心主义，使"万物皆备于我"（《孟子·尽心上》）。

（三）阅读和学习"五经"等儒家典籍，促进社会资本的形成

儒家努力地向上提升人心并坚信一个相互信任的社会是可以期待的。儒家的"五经"就是促进人们相互信任的重要典籍，学习"五经"也恰恰成为历史上儒家文化促进社会资本形成的方式和途径。

《诗经》通过诗、乐的方式，让人沉浸在自我与他人以及自我与文化的内在共鸣之中。我们知道，诗言志，且诗乐不分家。《今文尚书·尧典》记舜的话，命夔典乐，教胄子，又道："诗言志，歌永言，律和声；八音克谐，无相夺伦，神人以和。"郑玄注云："诗所以言人之志意也。永，长也，歌又所以长言诗之意。声之曲折，又长言而为之。声中律乃为和。"闻一多先生在《歌与诗》里说："志有三个意义：一，记忆；二，记录；三，怀抱。"可见，诗歌纯化人的感觉和情绪，使之成为人性的艺术表现。理解诗歌就是走进这些集体的感情中。正如《论语》所说的那样，当孩子受到诗歌感动时，他们就已经踏上理解自己，尤其是理解自己内在情感的

道路上了。社会资本的形成有一个积累的过程，通过诗歌的形式，人们走进集体的感情中，形成共同的规范、价值、态度和信仰。

《尚书》象征政治上的理解方式，它为人世的统治勾勒出伦理的基础。传说中的三代圣王（尧、舜、禹）无不以德为治。他们睿智、孝顺、勤勉，这使他们能够创造出一种基于责任和信任的政治文化。对《尚书》的学习可以培养人的诚信，陶冶人的德行。

《礼记》通过社会的理解方式，促进人们相互信任。《礼记》所象征的社会的理解方式，界定社会并不是基于契约关系的纯粹的竞争系统，而是一个重视交流以诚相待的信赖共同体。在儒家文化中，礼与关于人际沟通的社会理解有密切的关系。礼所涉及的不只是外在形式，而是人群内部以语言和非语言形式所进行的一切交往，在人际交往中建立相互信任关系。

《春秋》通过历史的理解方式，强调集体记忆对于社群自我认同的重要性。历史意识是孔子思想的特征。孔子自称述而好古，孔子清楚地表明历史意识不仅是他个人的爱好，而且是自知所必需的。

《周易》把占卜、命理以及伦理洞见结合在一起。按照这种强调"变易"的哲学，宇宙是阴阳鼓荡之下的大化流行，阴阳既相互补充，又相互冲突，永远互相影响。天地是大化流行的结果，呈现出生机勃勃和有机统一。君子受到天地生生不息和自然和谐的启发，必然会以永不懈怠的自我努力来仿效"天人合一"的最高准则①。

三、儒家文化对社会资本形成的作用：历史视角

据较为可信的古典文献记载，质朴刚健的周人建立了封建制。封建制的本质是自由人之间通过契约形成人身性君臣关系，所谓"委质为臣"。这一君臣共同体构成最基本的社会单元，在这样的社会单元中，人们相互把自己的全部交付给对方。因此，这个时代最为重要的美德是忠与信。经由封建的契约所建立的忠与信，也许是有史以来最为强烈的人际信任关系。互信是共同体得以维系的关键。所有人通过这种互信关系相互连接起来，从最基层的井田，经过邦国，一直到天下，并且可以无限扩展。这也是中国历史上较早形成的社会资本。如果统计王朝的寿命，周是最为漫长的，维持了约莫700年，这就是信任的力量，也就是社会资本的作用。

---

① 杜维明. 儒教［M］. 上海：上海古籍出版社，2008：97-103.

在春秋后期，即孔子的时代，封建秩序开始松动，周的礼乐制度开始衰落。到战国时代，封建统治的大厦基本坍塌。封建君臣之间的信任网络开始解体，进入了孔子所谓的"礼崩乐坏"的时代，孔子则提出要"克己复礼"。这个"礼"就是封建治理高度依赖的规则。只有理解了封建制，我们才能明白儒家在说什么，在追求什么，也才能理解儒家文化在社会资本形成中是如何发挥作用的。在专制的王权制即将出现之际，孔子主张"复礼"，其用意就是回归封建，而孔子心目中的封建制之核心原理，就是"君使臣以礼，臣事君以忠"（《论语·八佾篇》）。秦始皇统一六国后，建立了秦帝国，秦统治者把人民视同潜在的敌人，还强制人民相互成为敌人，武力统治不够，还要加上文化的统治；物质的缴械不够，还要加上思想的缴械，把人的原子化的存在制度化了，把不信任变成这个国家的"宪法"。随着封建制解体，人民相互的信任本已弱化，秦统治者则完全禁止人们相互信任。在这样的制度下，人与人之间完全没有信任，只有短期的利益计算，即使亲人之间也完全没有信任可言。这样的国度，是无法保持基本秩序的；这样的社会，因为没有形成足够的社会资本，也注定会土崩瓦解。短命的秦帝国二世而亡，是历史的必然。

伴随着秦帝国的灭亡，汉初以后两千年，人们相互信任的传统获得了文化、历史和政治上的正当性，得以主张自己、建设自己、扩展自己，而这个传统的坚守者正是儒家。汉武帝"废黜百家，独尊儒术"，儒家文化成为社会主流的价值观。儒家开始在已经相互疏离的人们之间重建相互信任、合作关系，开始了以自己的方式构建社会资本的艰难之旅。儒家努力地向上提升人心，并相信一个相互信任的社会是可以期待的。因此，传统中国社会，虽然经历了多次改朝换代，但大体上尚能维持人际的基本信任，人们得以进行正常的合作、交易，由此形成了一种基于信任的社会结构及支持它的价值、信仰体系。因此，中国社会并没有出现大分裂，华夏文明得以延续。这就是儒家文化的力量，这就是社会资本的作用。

从19世纪末开始，中国人启动构建现代国家的事业。"五四"运动中提出打倒"孔家店"，知识分子及一些社会精英把中国的落后归咎于中国既有的价值体系及其所支持的社会结构——儒家文化及据以构建的社会秩序，据此发起了一场持续了大半个世纪的全盘性反传统文化的思想、社会运动。中国传统风俗、文化逐渐被强行瓦解，人们赖以相互信任的文化传统不复存在，以儒家文化形塑的社会资本就消解了。改革开放以来，我们在文化上曾面临这样的抉择：是全盘西化还是继承和发扬中国传统文化的精华，并使之与现代西方先进文化有机结合起来。

随着我国市场经济的发展及经济、金融全球化的加快，社会资本也会重构和深化。在这个过程中，儒家文化可以发挥更加积极的作用，使家庭、社群、国家和天下变得合乎人道或充分人性化，致力于建设一个开放的、不断扩大的、讲诚信的，互助合作的人际关系网络，从而在我国建立与现代市场经济相适应的现代工商文明，最终使中国实现向现代国家转型。

第二节　社会资本的形成与上市公司治理

一、社会资本及形成

弗朗西斯·福山认为，社会资本所指的，则是当信任在某个社会或社会的某些区域广泛存在之后产生的一种能力；从规模最小、最为基础的社会群体"家庭"，直到规模最大的群体"民族"，它在各种类型的群体中都有体现。他还进一步指出，与其他人力资本相比，社会资本的一个不同在于，它的创造和传递需要借助宗教、传统和历史习惯这样的文化机制来实现①。

社会资本所要求的社会网络不一定非要采取正式的组织形式，如果一个社会里的人们愿意信任其他人，包括陌生人，这个社会里的人实际上就构成了一个无形的、巨大的社会网络；人们之间的互信就是一种资源。因此，社会信任是社会资本的重要组成部分。不少人把社会信任看作一种文化现象。凡是将社会信任解释为文化现象的人都或多或少相信，信任是社会文化密码的一部分，而文化密码像基因一样是以某种神秘的方式世代相传的。弗朗西斯·福山认为信任来自"遗传的伦理习惯"，是本社会共享的道德规范产物。福山把世界上的国家分为两类，一类是高信任度社会，另一类是低信任度社会。福山（2016）认为，在家族式社会中，自愿结社的水平往往较低，没有亲缘关系的人们之间缺乏相互信任的基础。不过，

---

①　艾伯利. 市民社会基础读本：美国市民社会讨论经典文选［M］. 林猛，施雪飞，雷聪，译. 北京：商务印书馆，2012：330.

福山整套关于高信任度社会及低信任度社会的理论并没有任何实证基础，只是建立在他个人的印象基础上，只是想当然而已。王绍光（2008）根据伊格哈特主持的"世界价值调查"这个数据平台进行了跨国比较，得出了以下结论：第一，不同国家之间社会信任度差距甚大。社会信任度可以高至 65% 以上，也可以低至 10% 以下，最高与最低之间的差距是 55%。第二，似乎难以发现带规律性的分布。伊格哈特曾依据早年的数据断言，受新教和儒家学说影响的国家比受天主教、东正教、伊斯兰教影响的国家更容易产生信任，但 2000 年对伊朗所做的调查颠覆了这个看法。在伊朗，65% 的人认为大多数人值得信任，在世界各国中排第三，仅略低于丹麦与瑞典。不仅伊朗如此，同属伊斯兰教的沙特阿拉伯和伊拉克也是高信任度社会。实证研究都毫无例外地证明，相对世界上大多数国家而言，中国是一个高信任度国家。在被调查的 41 个国家中，中国相信大多数人值得信任的比例达到 60%，仅次于瑞典、挪威、芬兰，排列第四。这也证明了福山关于中国是一个低信任度的社会的观点是站不住脚的，也为笔者关于儒家文化有利于促进社会资本的形成的观点提供了一定的实证支持。胡少华（2016）研究认为，在中国社会中，人们主要采用以交往经验（包括个人声誉及过去交往情况）为基础的，以及个人特性（包括两人特有的既定关系）为基础的信任建构方式，而很少采用以制度为基础的方式。其中，从关系入手来发展信任又是最为重要的一个手段。儒家文化正是以某种血统规则和家族关系来构建社会资本。

社会资本的形成与其他人力资本的形成途径是不同的。社会资本不是由理性的投资决策来获取的。一个人可以选择投资常规的人力资本，比如上大学或接受各种专业培训，但为了获得社会资本，他首先需要接受社群的道德规范，然后在此背景下发展出忠诚、正直、可靠等美德，同时，群体还必须拥有共同的道德规范，以使信任能够遍布于全体成员。因此，社会资本不能单靠个人的力量来获取，它的基础是社会美德而非个人美德。相比于其他人力资本而言，这种社会性倾向更难培养出来；同时，也正因为它建立在伦理习惯的基础上，所以一旦形成就不容易改变、衰败。

二、基于新古典经济学的公司治理理论的缺陷

伯利和米恩斯在影响深远的《现代公司与私有财产》一书中指出，现代公司由职业经理人来经营，而他们一般不会对分散的股东负责（Berle &

Means，1932）。这就产生了一个问题，如何保证管理者按照股东的利益要求行事？公司治理问题由此产生，那么何为公司治理呢？"更一般地说，我们可以将公司治理定义为一系列措施，这些措施可以保证投资者（出资人、股东或债权人）从其投资中得到回报。"（Shleifer & Vishny，1997）近年来，一个更为广泛的公司治理定义逐渐发展起来，这个定义涉及利益相关者群体（Kay，1996）。除了股东，企业还有许多其他利益相关者：雇员、顾客、供应商以及社区等，他们的利益也必须得到重视。这样，公司治理就是指设计一系列制度，以使管理者将所有利益相关者的福利引入企业之中（Tirole，1999）。可见，公司治理理论是建立在理性人假设、信息不对称和委托代理理论的基础之上的。由于信息不对称和代理问题的存在，道德风险和逆向选择就可能出现。

传统的上市公司治理理论是建立在新古典主义经济学之上的。但在解释公司治理问题上，建立在新古典主义经济学基础上的公司治理理论虽然具有较强的解释力，但也存在明显不足。因为其以理性、自私的行为作为理论基础，但忽视了文化、习俗和道德等非正式制度的影响。从新古典经济学的逻辑来看，解决公司治理中的道德风险和逆向选择问题的对策就是提供激励。激励可以是物质上的，也可以是职业前途上的，但激励的基础是会计数据。由于管理者可以在数据上造假，激励合约的执行难免会出现问题。可见，按照新古典经济学的逻辑解决上市公司治理问题虽然可行，但也存在明显的缺陷和不足。祝涛（2006）研究认为，参照新古典经济学的分析结论，可以推断出有关公司内部治理影响因素的二八法则，即80%为权威和正式的规范，20%为文化因素和由此产生的非正式规范。

三、社会资本的形成对上市公司治理的作用

（一）社会资本的形成能降低上市公司治理的交易成本

法律机制的实施，明显是假设存在大量的正式制度，包括拥有充分救济措施、专业人事、司法系统及司法独立。在我国，目前这些正式制度并不十分完善，尤其是司法独立的程度还有待提高，这还有赖于进一步的司法改革。公司利益相关者以社会资本的形式，换句话说，就是公司利益相关者之间建立信任与合作，能降低上市公司治理的交易成本。上市公司积累的社会资本为利益相关者的持续互动提供了基础平台和支撑，确保了利

益相关者自我约束和良性互动机制的建立，势必降低代理成本，有效解决上市公司治理中面临的难题。

要使管理者在会计数据上不造假，管理者首先必须承担诚信的道德义务。在上市公司治理中，管理者承担讲诚信的道德义务不但是激励机制有效发挥作用的基础，也是法律机制有效实施的基础。诚实守信是人类能够生存与发展的基本前提，也是正确而有效的公司治理的基本前提。路德说："我觉得在尘世中没有什么比分裂整个人类社会的谎言和背信弃义更为有害的恶行了。因为谎言和背信弃义先是分裂人们的心灵；当人心被分裂之后，它又会分裂人们的手，而当人们合作之手也被分割了的时候，我们还能做什么呢?"[①] 子贡向孔子问政治，孔子说："足食，足兵，民信之矣。"如果必须去掉两个，只剩一个，孔子就选了信，他说："自古皆有死，民无信不立。"（《论语·颜渊篇》）可见，诚信对于一个社会是多么重要。

在上市公司治理中，经理人对股东承担信托责任，信托责任是为了保护股东免受经理人和控制股东机会主义行为的侵害，保护股东权益尤其是小股东权益的重要支柱。信托责任的实施一靠经理人的道德自律，二靠相关法律的有效实施。美国政府通过证券交易委员会的严刑峻法来监管，确保经理人承担信托责任。为了有效和客观地评价一家上市公司，透明的会计体系可以减少客观评价的成本，而且小股东享有集体诉讼的权利，因此更能强化经理人的信托责任。我们应该知道，透明的会计体系是建立在经理人讲诚信的基础之上的。美国政府为了强化信托责任，在"安然事件"和"世通事件"发生之后，就要求公司经理人就企业的账目真实性进行宣誓。这也说明经理人的诚信对于其履行信托责任的重要性。

（二）社会资本的形成能缓解利益相关者的冲突，构建和谐的公司治理关系

公司治理中利益相关者的冲突主要包括：①经理层与股东之间的冲突；②大股东与中小股东之间的冲突；③股东、经理层与债权人之间的冲突；④公司与客户之间的冲突；⑤公司与政府之间的冲突；⑥股东与公司员工之间的冲突；⑦公司与社区之间的冲突等。这些冲突的存在不但会增

---

① 路德. 论善功 [M] //包尔生. 伦理学体系. 何怀宏, 译. 北京：中国社会科学出版社，1988：579.

加公司治理的代理成本，降低公司治理的效率，甚至会影响公司正常的经营管理。经济合作与发展组织（OECD）在 2004 版的《公司治理准则》中汲取了相关的管理理念，从仅仅局限于调整股东、董事会和经营层之间的有关授权、监控和制约的权力游戏，到关注组成经济、企业发展的各方利益相关者的平衡协调，要达到平衡协调利益相关者的目的。

社会资本的作用，主要体现在其可以提高社会诚信水平，进而促进人们相互间的合作。社会资本强调的是陌生人之间的信任与合作。信任是基于个体或组织对他人、组织或物品属性的积极评价，或者对某人或组织的某个陈述的真实性的确认而对其产生的依从感或认同感。上市公司各利益相关者之间的信任有利于构建和谐的上市公司治理环境，缓解利益相关者的冲突，构建和谐的公司治理关系。

（三）社会资本的形成能影响上市公司的股权结构，从而形成更加开放的、更大规模的公司组织

社会资本的形成能推动公司所有权分散化，社会资本的形成能降低股权分散所产生的代理成本，也就是说，如果没有形成较为雄厚的社会资本，股权分散所产生的代理成本就会非常昂贵，那么集中的所有权将会继续存在下去。一方面，大的控股股东通过控制经理人从小股东身上牟取利益（Shleifer & Vishny，1986；1997）；另一方面，经理人为了私利偏离公司利润最大化目标或者减少有价值的管理激励，大股东的利益就会受到伤害（Shleifer & Vishny，1997；Burkart et al.，1997）。根据 Roe（1994）的研究，在美国，为了获得自治权，管理层积极促成鼓励所有权分散化的政策。在欧洲大陆，内部人和拥有控制权的家族为了维护自身地位，也会对政策施加影响。对投资者的保护程度和所有权集中程度之间的负相关关系（La Porta et al.，1999）也许并不是由外部法律体系所导致的，而是许多拥有控制权的内部人活动的结果。弗朗西斯·福山（2016）的研究认为社会资本对于经济组织的活力和规模有着重要的影响。他认为其中的原因是社会资本能促使非亲属通过职业和功能达成合作关系。笔者认为，从公司股权结构来看，社会资本的形成能促进公司从社会吸收资本，如通过公开上市或股权向家族外成员转让的方式，突破家族资本的限制，从而形成更加开放的、更大规模的公司组织。随着互联网的发展，"互联网+"成为很多企业的必然选择，那么社会资本就更加重要。如果互联网的参与者遵守一套

非正式的规则，而不需要谈判、裁决和执行等日常支出，则基于"互联网+"的经济组织的交易成本可以大幅降低。

（四）社会资本的形成能促使上市公司治理转变为高效的管理

欧洲著名的管理大师和管理教育家弗雷德蒙德·马利克（2013）认为，要谈高效的公司治理，只能从对管理者的要求和从企业整体系统的作用能力来谈。他还说，公司治理必须同企业政策和企业战略构成一个整体，成为企业领导正确决策的基础。Lin（1999）认为，社会资本是嵌入于一种社会结构中，在目的性行动中摄取或动员资源，其理论模型包括社会资本的投资、摄取、回报三个循环往复的过程。在上市公司经理人的个人社会资本与企业社会资本相互作用的动态过程中，经理人与股东、员工等利益相关者建立彼此信任及默契合作的关系，从而提高了经理人作为公司管理者的领导力和公司内部各层级的执行力，也提高了公司政策及公司战略的执行力。这个过程正是经理人社会资本投资、摄取和回报的过程。公司战略是企业整体的战略总纲，是企业最高管理层指导和控制企业一切行为的最高行动纲领。在上市公司治理中，能有效地执行公司战略，无疑极大地提高了上市公司管理效率，即社会资本的形成能促使上市公司治理转变为高效的管理。同时，社会资本的形成有利于在管理沟通中达成共识，提高上市公司的运作效率，从而促使上市公司治理转变为高效的管理。

（五）上市公司内部的社会资本积累可以转化为上市公司的组织资本，从而提高上市公司的凝聚力、运作效率和产出水平

组织资本是在生产经营和管理活动中，通过长期实践积累起来的，不依赖于个体而存在，内含于组织中的实现共享的资源或资产。它依托于组织成员所拥有的知识、技能和经验，形式多样，既包括企业知识库、标准、文档资料等信息类组织资本，又包括产权与治理机构、组织流程、组织制度等流程类组织资本和价值观、组织惯例、文化氛围等文化类组织资本，这些组织资本一旦与组织其他资源结合不仅为企业创造利润，而且能为企业赢得竞争优势。

上市公司内部的社会资本积累能转化为上市公司的组织资本，上市公司组织资本具有以下作用：一是能激励占有这种核心资源的权力主体，把其再度组织起来并形成一种凝聚力，以保证上市公司的完整性。企业的性质是一个历史演进的动态化概念。从理论抽象上看，企业是一个权力关系

的组织网络；从实践上来看，这一权力关系将因企业内部核心资产的变化呈现不同的形态。伴随着对现代企业委托—代理问题的讨论和企业竞争环境的变化，企业的性质也发生了巨大的变化。在推动现代企业性质变化的诸多因素中，上市公司中控制资产使用的人力资本相对于物质资产重要性的提升，使得垂直一体化企业很难继续保持其完整性。这是因为，它削弱了源于物质资产所有权的科层命令体系，一度使上市公司内部的权力结构呈现扁平化。对上市公司剩余的控制也不再限于物质资本的所有者和管理阶层。这种新型企业就是所谓的"后现代企业"。在后现代企业中，随着企业内部权力关系的分散化，上市公司治理问题的核心必然转到如何激励占有这种核心资源的权力主体，把其再度组织起来并形成一种凝聚力，以保证企业的完整性，这就凸显了上市公司组织资本的作用。二是能在同样的资本和劳动投入的情况下，通过相互协调配合提高效率，从而提高产出水平。上市公司的组织资本是影响其产生效率和合约安排的一种实质性要素（向显湖，胡少华，2009）。

（六）社会资本能减少市场失灵，为上市公司治理创造一个良好的外部环境

社会资本有助于避免与不充分或者不准确信息相关的市场失灵。经济活动参与者通常由于缺乏需要的信息或者由于一个经济活动参与者从其他经济活动参与者传递错误信息中受益而做出无效决定。社会资本有助于传播充分和正确的信息，以使市场参与者做出合适、有效的决定。经济活动参与者不协调或者机会主义行为也会导致市场失灵，有效社会资本能够克服这些问题。微观和宏观层面的社会资本的互补性不仅影响了经济效果而且具有相互强化的作用。宏观机构能够为微观机构提供一个能动的发展和繁荣的环境。相应地，微观机构有助于维系地方和国家机构的稳定。宏观机构与微观机构两个层面成功相互作用的关键是共同的价值观、准则及相互信任。在资本市场上，社会资本有助于传播充分和正确的信息，减少上市公司股东与经理人之间的信息不对称，防止因信息不对称而产生的逆向选择和道德风险，对完善上市公司治理无疑具有积极作用。

第三节 小结

我国社会正处于经济转型、社会转型和各种社会矛盾凸显的时期，我国上市公司治理也正处在这样一个环境中。在这一时期，在信息提供方面，旧体制的功能逐渐减弱，但新制度的功能尚未完善。社会资本的形成能克服基于新古典经济学的公司治理理论存在的缺陷，对完善上市公司治理具有积极的作用。儒家文化有利于促进社会资本的形成，因此，我们应该弘扬儒家文化中诚信、和谐、合作等核心价值观，为我国资本市场发展积累丰富的社会资本，从而促进我国资本市场健康发展和上市公司治理的完善。

第七章　儒家文化、信誉机制
与上市公司治理

　　法律与信誉是维持市场有序运行的两个有效机制，也是完善上市公司治理的两个重要途径。在上市公司治理中，股东与经理人之间存在委托代理关系和信息不对称，上市公司的信息披露质量也会影响股东与上市公司之间的信息不对称程度。信誉机制有利于克服信息不对称所产生的逆向选择和道德风险。儒家文化能促进信誉机制的形成，并通过多边惩罚机制促进信誉机制发挥作用，从而克服我国上市公司治理中经理人的逆向选择和道德风险，提高我国上市公司治理水平。

第一节　儒家文化与信誉机制的内在联系

　　一个社会的制度的形成离不开其赖以存在的社会。制度的组成部分不仅反映了文化和社会，而且构成了文化和社会的组成部分。文化不仅为社会成员共享，而且被社会成员内化在其中。每一种文化都有其独特的标记或符号。某种文化的经久不衰的关切，它在价值上的偏好与取舍在很大程度上表明了这种文化的特质。在现代社会学中，霍曼斯（Homans，1961）、朗（Wrong，1961）和格拉诺维特（Granovetter，1985）研究了关于社会交往行为的重要性，对其他社会性反应的信念，或者是遵守一个特定行为而导致尊严丧失。塔尔科特·帕森斯（Talcott Parsons，1951）强调规范在激励行为上的重要性，因为它影响了人们的内在效应。心理学家把受内在激励的行动定义为这样一种情形：尽管采取该行动没有任何报酬，但是为了行动本身的价值，该行动仍然会被采纳（Frey，1997）。规范的内化，或者说行为标准转化成一个人的超我，本质上意味着一个内在惩罚体系的形成，这个内在体系与外在体系支持着相同的行为。在该理论中，"价值和规范被当作是稳定的社会秩序的基础"（Scott，1995）。

社会规范是社会中普遍认可和遵守的行为准则，它的执行机制是多元化的，我们称之为"多方执行"（multi-party enforcement），包括自我道德约束、信誉机制和非当事人对其的态度和评价等。当某种价值观内化为个人道德时行为时，就会形成自我道德约束；当社会规范是通过当事人之间的信誉来维持时，就成为信誉机制；当一个人在社会中由于不遵守某种社会规范而得不到他人的尊重和认可甚至成为孤家寡人、众矢之的时，他就会失去许多与他人合作的机会。社会规范具有激励合作、协调预期和传递信号的功能。

那么，我们如何来理解信誉机制呢？笔者认为信誉机制也是一种制度，它是参与人长期重复博弈所形成一种注重信誉的制度，它代表了实际参与博弈的当事人自我维系的基本预期，是一种均衡现象。信誉机制作为一种均衡现象，对人们的策略选择构成影响。

儒家文化在长期的历史过程中已经内化为中国人的一套价值规范。儒家以仁道的原则为文明社会的基本价值规范。就其内在意蕴而言，孔子所提出的仁道原则不仅要求把人视为目的，而且意味着确认人具有行仁的能力："为仁由己，而由人乎哉？"（《论语·颜渊》）"有能一日用其力于仁矣乎？我未见力不足者。"（《论语·里仁》）为仁主要是履行道德规范。孔子认为，人不仅仅是被尊重、被爱的对象，而且是给人以仁爱的主体。作为道德主体的人，蕴含着自主的力量，一种非外在强制所能左右的力量。这就是规范的内化。

讲信誉是儒家的核心价值观。儒家把"仁、义、礼、智、信"作为"立人"五德。孔子讲："人而无信，不知其可也。大车无輗，小车无軏，其何以行之哉？"孟子讲："诚者天之道也，思诚者人之道也。至诚而不动者，未之有也；不诚，未有能动者也。"（《孟子·离娄上》）在《论语·为政》中，子贡问孔子治国之道，孔子答曰："足食，足兵，民信之矣。"子贡又问：如果不得已，要在这三者中去掉一个，那么先去哪个呢？孔子答曰："去兵。"子贡再问，如果不得已，再要去掉一个，应去哪个呢？孔子回答说："去食。"孔子接着说，"自古皆有死，民无信不立。"（《论语·颜渊》）在治国之道上，孔子把信誉（信用）放在兵强马壮、甚至丰衣足食之上。

为什么信誉如此重要，甚至比带来安全和秩序的军队以及维持生命的粮食还重要呢？新制度经济学的交易成本理论可以对此做出解释。企业不讲信誉会导致交易成本的提高。对于企业的经营者来说，如果消费者怀疑他们的信誉，在购买商品时就越挑剔，经营者将更难对付，经营者的成本提高了；而就消费者来说，由于对商家的信誉怀疑使他们要花费较多的时间和精力选择商品，购买成本也提高了。所谓信用或信誉，就是信守已经做出的承诺，遵守已经签订的契约。新制度经济学用交易费用的概念分析了人与人之间的合作关系，尤其是契约关系。

"诚实守信"的行为准则实际就是博弈论讲的重复博弈的声誉机制。儒家文化把它作为行为准则，现代博弈论则严格证明，它是个人的长远利益所在。儒家文化对于一个社会信誉机制的形成具有积极的作用。在一个受儒家文化影响的社会，儒家文化讲信誉的核心价值观可以内化为社会成员的基本价值规范，这种规范会激励社会成员在日常交往和合作中选择讲信誉，从而有利于整个社会信誉机制的形成，而信誉机制能降低交易成本，促进社会成员之间的合作。

第二节　儒家文化促进信誉机制形成的具体途径

首先，儒家文化通过促进社会资本的形成从而促进信誉机制的形成。儒家文化通过约束人的过度自私行为、在社交网络中养成君子人格、阅读和学习"五经"等儒家典籍等方式来促进社会资本的形成（胡少华，2016）。什么是社会资本呢？约瑟夫·E. 斯蒂格利茨（2005）认为社会资本至少包含四个方面的确切内容：第一，社会资本是一种达成的共识，它在一定程度上是产生凝聚力、认知力和共同意志的社会纽带。第二，可以将社会资本看作关系网的集合，是社会学家过去经常称为人们被社会化或者希望被社会化的"社会组织"。第三，社会资本是声誉的聚集和区分途径。个人投资于声誉（资本的不确定类型），是因为它减少了交易成本并有助于打破进入各种生产和交易关系的障碍。第四，社会资本包括管理者通过他们的管理风格、动机和支配权、工作实践、雇佣决定、争端解决机制和营销体系等发展起来的组织资本。如果参与人同时参加一个能够产生足够规模的社会资本的社会交易博弈，合作性规范就可能出现，每个参与者都有充分的激励遵守合作性规范，否则，将被其他参与者拒绝与其交易；每个参与者对交易博弈中不合作行为的严重后果的关注，又使得所有参与者都愿意在交易中惩罚违约者，这样，信誉机制就可能形成。可见，社会资本为信誉机制的形成和运行提供了激励和保障。

其次，儒家文化中讲信誉的文化信念促进了信誉机制的形成。儒家文化把讲信誉作为一种文化信念进行传承。所谓的文化信念是社会中全体成员共有的观念与想法，它支配着人们之间以及人与神及其他集团之间的互动。文化信念又是文化的一部分。文化信念不同于知识，不能通过实证去发现，也无法通过分析去证明。文化信念经过社会化过程会变得统一起来，并为人们所共知。在这个过程中，文化得到统一、维持和传播①。一旦人们在相互交往中达致了某种"共享的意义"，道德原则、社会伦理和文化信念也就内含在其中了。文化信念构成了对经济参与人行为的制度性约束。儒家讲诚信的文化信念，在长期的历史过程中形成，并成为社会交往和经济交易中参与人的制度性约束，这就促进了信誉机制的形成并有效发挥作用。

再次，儒家文化中集体主义文化信念能促进集体（多边）惩罚机制的形成，从而使信誉机制能有效发挥作用。儒家另一个文化信念认为社群比个人重要。个人只是个体，社群小一点来讲是家庭、家族、宗族、社区，更大的则是国家和民族。可见儒家文化是一种注重集体的文化，或者说集体主义文化。集体主义文化所形成的集体（多边）惩罚机制使讲信誉成为对社群每个成员的内在激励。在一个集体主义文化信念的社会里，不讲信誉的行为会受到集体惩罚，不讲信誉的人将付出更大的代价。

最后，儒家文化将"君子"身份作为激励机制来强化信誉机制。在儒家文化中，"君子"不是先天给予的身份，而是做人的标准。一个人具有仁爱之心，讲诚信，道德高尚就可以被视为君子。在孔子看来，所谓君子正是能克服囚徒困境中机会主义行为的人。讲信誉是儒家的核心价值观。无疑，不讲信誉的人是不能成为君子的。儒家认为"人皆可以为尧舜"，君子并不是天生的，而是通过自己的努力实现的。儒家的"君子"身份就

---

① 格雷夫. 大裂变：中世纪贸易制度比较和西方的兴起 [M]//郑江淮，等译. 北京：中信出版社，2008：197-198.

是激励人讲诚信、讲信誉的激励机制。奖励君子的最好办法就是集"位、禄、名"于一体，所谓"大德必得其位，必得其禄，必得其名，必得其寿"（《中庸》），"为仁者宜在高位"（《孟子》）。

第三节　儒家文化、信誉机制对完善我国上市公司治理的作用

资本市场的发展离不开信誉机制，资本市场中上市公司当然也离不开信誉机制，要完善我国上市公司的治理更离不开信誉机制。在什么情况下，上市公司的经理人会选择讲信誉呢？儒家文化对经理人讲信誉有什么影响呢？下面通过建立数学模型对这个问题进行研究。

考虑我国的股票市场是一个相对比较成熟的市场，在这个市场中，信息的传播基本有效，已经形成了职业经理人市场。假设有 M 个上市公司和 A 个经理，且上市公司的数量少于职业经理人数量，股票市场是无穷期存在的。

一、儒家文化、信誉机制与上市公司治理中经理与股东的代理关系

在上市公司治理中，股东是委托人，上市公司经理是代理人，股东把上市公司资产委托给代理人——经理来经营，如何使代理人——经理保持诚实、讲信誉，努力为委托人——股东努力工作是上市公司治理中必须研究和考虑的问题。一般来说，经理人对股东具有忠实义务。忠实义务就是为了保护上市公司股东免受经理人机会主义行为的侵害。

我们假设上市公司股东和经理的存续期都无限长，经理具有时间贴现因子 δ，没有被雇佣的经理每一期得到的保留效用为 $\bar{w} \geqslant 0$。每期一个经理只能被一家上市公司雇佣，且每一家上市公司也只能雇佣一名经理。上市公司雇佣经理是随机的。

不雇佣经理的上市公司获得的收益 $k > 0$，上市公司从与经理的合作中得到的收益为 γ。上市公司的股东决定向其雇佣的代理人——经理支付多少工资（$W \geqslant 0$）。因为经理负责上市公司的日常经营及管理，所以有理由相信经理能够保证得到他的工资。被雇佣的经理自己能决定是诚实、讲信誉还是进行欺诈，且经理的行为是公共信息。如果经理诚实、讲信

誉，那么上市公司股东的收益为 $\gamma - W$，经理的收益为 W。如果经理进行欺诈的话，他的收益就是 $\alpha > 0$，上市公司股东的收益为 $\gamma - \alpha$。假设 $\gamma > k + \overline{w}$，即上市公司从与经理合作中获得的收益大于不合作双方的总收益，合作是有效率的；当 $\gamma > \alpha > \overline{w}$，经理欺诈会使上市公司股东受到损失，但经理会选择欺诈而不是选择获得保留效应；当 $k > \gamma - \alpha$，上市公司股东会选择不雇佣经理并获得收益 k，而不是选择被代理人——经理欺诈。给定这些收益，上市公司股东能够决定是否终止与经理的关系。当然，如果发生不可控的因素（如政治动荡、战争或巨大自然灾害等）使上市公司无法继续经营，使得上市公司股东不得不终止与经理的委托代理关系，假设出现这种情况的概率为 τ。

假定博弈过程是人所共知的常识。假定经理"如果欺骗，就被上市公司股东解雇；如果讲信誉，就会继续受雇"，我们这里要研究的是，所有上市公司愿意支付给经理的最低工资达到什么水平，经理才会把讲信誉当成其最优选择？

我们先定义一个未被雇佣的经理，他在上一期表现讲信誉，从而作为一个讲信誉的经理人被上市公司雇佣。我们用 h_h 表示他当期被雇佣的概率。我们再定义一个未被雇佣的经理，他曾在上一期因欺诈被上市公司当作骗子，他在当期被雇佣的概率为 h_c。

命题 1：在上市公司治理中，儒家文化讲信誉的文化信念能形成信誉机制，降低经理讲信誉的成本，即降低经理选择讲信誉的最低工资水平。

我们把该命题模型化如下：

假定 $\delta \in (0, 1)$，且 $h_c < 1$。最优工资水平，即支付给经理并能使其将保持讲信誉作为最优选择的最低工资为 $W^* = w(\delta, h_h, h_c, \tau, \overline{w}, \alpha) > \overline{w}$，其中，$w$ 随着 δ 和 h_h 单调递减，随着 h_c，τ，$\overline{w}$ 和 α 单调递增。

现将该命题证明如下：

对于一个给定的 h_h 和 h_c，为了说明讲信誉是经理的最优选择，只要证明在工资为 W^* 的情况下，经理在某一期中欺诈得不到任何好处。这里，用 V_h 表示经理一旦被雇佣就保持讲信誉的终身期望效用的现值；V_h^u 表示一个未被雇佣的讲信誉的经理的终身期望效应；V_c^u 表示一个未被雇佣的不讲信誉的人终身期望效用，但如果他被雇佣，他会在未来讲信誉。注意，这三个表达式只考虑来自下一期及最后的收入（第一期是失业的）。

经理一旦被雇佣就讲信誉的终身期望效用的现值：

$$V_h = W^* + \delta(1 - \tau)V_h + \tau V_h^u$$

经理为一个未被雇佣的讲信誉的人的终身期望收益：

$$V_h^u = \delta h_h V_h + \delta(1 - h_h)(\bar{w} + \delta V_h^u)$$

代理人为一个未被雇佣的不讲信誉的人的终身期望收益：

$$V_c^u = \delta h_c V_h + \delta(1 - h_c)(\bar{w} + \delta V_c^u)$$

行骗一次产生的收益为 $\alpha + V_c^u$，如果 $V_h^u \geqslant \alpha + V_c^u$，经理就不会行骗，而是选择讲信誉。代入并重新整理这些条件，发现当且仅当：

$$W \geqslant (T - \delta \tau H_h)\{\alpha/(1 - \delta H_c) + \delta \bar{w}[p_c/(1 - \delta H_c) - \tau p_h]\} = W^*,$$

其中，$T = 1 - \delta(1 - \tau)$；$H_i = h_i/[1 - \delta^2(1 - h^2)]$，$i = h, c$；$p_i = (1 - h_i)/[1 - \delta^2(1 - h_i)]$，$i = h, c$。

由于事实上 $h_c \leqslant h_h$，w 的性质可以直接从这个表达式中得出。证毕。

儒家文化信念能形成多边惩罚机制，促使作为代理人的上市公司经理能讲信誉努力为委托人工作。促使经理讲信誉的激励在于，得到继续被雇佣和被解雇。如果经理因欺骗股东未被雇佣和经理讲信誉被雇佣的终身期望效用之差大于经理从一个时期的欺诈中所获得的收益，那么经理的最优反应就是讲信誉。只要经理能够得到至少 W^* 的工资水平，他的最优策略选择就是讲信誉。确保经理人讲信誉的最低工资会随着讲信誉的经理相对于不讲信誉的经理（δ 和 h_h）获得的终生预期效用的增加而降低，随着不讲信誉的经理相对的终生预期效用的增加而增加（h_c，τ，$\bar{w}$，α）。

如果按照 Hofstede（1991）的观点把文化划分为个人主义和集体主义（IND）、权力距离（PD）、不确定性的规避（UA）、男子气质还是女子气质（MAS）及长期导向维度（LTO），那么，儒家文化的特征应该包括集体主义、权力距离大、高不确定性规避、男子气质及长期导向维度。儒家文化中集体主义的文化信念会对策略组合产生影响。在集体主义文化信念下，每个上市公司股东都有可能对其他上市公司股东与经理之间发生的任何事做出反应，而在个人主义文化信念下，这样的情况可能不会出现。儒家文化认为信誉是非常重要的，在这种重视信誉的文化信念与儒家的集体主义文化信念下，且由于信息共享，上市公司股东绝不会雇佣有欺诈行为的经理人，这会成为所有上市公司股东选聘经理的共识。在个人主义策略下，上市公司股东随机选择一个尚未被雇佣的经理人。在集体主义策略下，上市公司的股东绝不会雇佣不讲信誉的经理人，而是随机地从没有过欺诈行为的经理人中选择一个经理。只要经理能获得至少 W^* 的工资水平，那么他的策略选择就是讲信誉。在集体主义文化信念下，经理人讲信誉作为最有选择的最低工资 W^* 比个人主义文化信念下会更低，因此，在信奉儒家文化的社会里，上市公司股东能以比个人主义文化信念的社会里更低的工资使讲信誉成为经理人的最优选择，也就是说，在上市公司治理中，儒家文化信念能降低作为股东代理人的经理讲信誉的成本，即降低经理选择讲信誉的最低工资水平。

二、儒家文化、信誉机制与上市公司信息披露质量

在上市公司中，存在多重委托—代理关系。如果作为委托人的股东不能观测到作为代理人的经理的行动，为了激励经理选择上市公司股东所希望的行动，上市公司股东必须根据可观测的行动结果来奖励经理。这样的激励机制被称为"显性激励机制"（explicit incentive mechanism）。在上市公司治理中，作为经理的代理人提供给股东可观测的行动结果的具体方式就是定期或不定期地对外披露上市公司经营的相关信息。信息披露在上市公司治理中发挥着重要的作用，高质量的信息披露可以降低上市公司经理的道德风险和机会主义行为。从信息披露策略来看，信息披露会产生经济后果甚至影响经理自身的利益，而且在现实世界中，信息往往是不完全的，因此，在上市公司信息披露中，一些上市公司经理人可能进行虚假信息披露来欺骗投资者。上市公司选择会计师、审计师及律师等所谓"看门人"的权力往往掌握在经理而不是股东手中，这也为经理进行虚假信息披露创造了条件。那么，如何杜绝上市公司的虚假信息披露呢？笔者认为，儒家文化中的集体主义信念所形成多边惩罚策略，能一定程度杜绝上市公司的虚假信息披露。

命题2：儒家文化信念促进多边惩罚策略形成，多边惩罚策略下，上市公司股东严格偏好于雇佣没有进行虚假信息披露的经理人，因此，儒家文化能一定程度上杜绝上市公司虚假信息披露。

现将该命题证明如下：

在多边惩罚策略下，如果一个曾经进行虚假信息披露的上市公司经理在这一期进行虚假信息披露或进行真实信息披露并且未被雇佣，他将重新被雇佣的概率是 $h_c^c = h_c^h = 0$；对于一个从来没有进行虚假信息披露的上市公司经理，$h_h^h = \tau M/[A(1-\tau)M] > 0$。这里，$h_c^c$ 为曾经进行虚假信息披露在这一期继续进行虚假信息披露将被重新雇佣的概率，h_c^h 为曾经进行虚假信

息披露在这一期进行真实信息披露将被重新雇佣的概率，h_h^h 为从来没有进行虚假信息披露，这一期也没有进行虚假信息披露的经理人被重新聘用的概率，τ 为上市公司股东解聘经理的概率，M 为需要聘用经理的上市公司的数量，A 为经理的数量，且 $M < A$。对于进行虚假信息披露的经理的最优工资是 $W_c^* = w(., h_h^c = 0, h_c^c = 0)$；对于一个没有进行虚假信息披露的经理人的最优工资是 $W_h^* = w(., h_h^c > 0, h_c^c = 0)$。这样，对于没有进行虚假信息披露的经理人和进行虚假信息披露的经理人而言，有 $h_c \leqslant h_h$，这里，h_c 表示经理人在上一期进行虚假信息披露，他在当期获得聘用的概率，h_h 表示经理人在上一期未进行虚假信息披露，他在当期获得聘用的概率。由命题 1 中可推出 $W_c^* > W_h^*$，具体推导如下：

在集体主义策略下，进行虚假信息披露的经理被雇佣的概率为 h_c^c，没有进行虚假信息披露的经理被雇佣的概率为 h_h^c。在这个策略下，$h_c^c = 0$，因为进行虚假信息披露的经理预计自己不会被再雇佣；因为没有进行虚假信息披露的经理人在未来会被重新雇佣，$h_h^c = \tau M / [A(1 - \tau) M] > 0$。对于有虚假信息披露的经理人来说，其最优工资为 $w(\cdot, h_h^c = 0, h_c^c = 0)$，对没有进行过虚假信息披露的经理人来说，其最优工资为 $w(\cdot, h_h^c > 0, h_c^c = 0)$。函数 w 随着 h_h 递减，因此 $W_c^* > W_h^*$，这意味着上市公司股东会偏好于聘用从来没有进行过虚假信息披露的经理而不聘用一个曾经有过虚假信息披露行为的经理，即在多边惩罚策略下，上市公司股东严格偏好于雇佣没有进行虚假信息披露的经理人，仅仅是因为进行虚假信息披露的经理不会被其他上市公司股东所聘用。没有进行虚假信息披露的经理可以预期在将来被聘用，而曾经进行虚假信息披露的经理则没有希望在将来被聘用。因为最优工资是将来被聘用概率的减函数，所以进行虚假信息披露的经理的最优工资高于诚实的经理的最优工资。因此，上市公司股东更愿意聘用没有进行虚假信息披露的经理。在资本市场中，上市公司股东观察到的将来的预期行为与每个经理最优工资之间的关系，确保了不同上市公司股东们行动激励的一致性。股东们解聘经理人的可能性与上市公司必须支付给经理的最优工资及经理人与其他上市公司预期的未来关系有关。这就使得有过虚假信息披露的经理的最优工资高于没有进行过虚假信息披露的经理的工资，原因是惩罚与经理过去的行为无关，但回报却不是这样的。因此，尽管经理的策略并不要求他去欺骗违反集体惩罚机制的上市公司股东们，以及过去曾经有过欺骗行为的经理并不能说明他就是一个不称职的经理，上市公司股东们还是会发现，遵守这种多边惩罚机制是最优的。儒家文化信念促进了多边惩罚策略的形成，因此，儒家文化能一定程度上杜绝虚假信息披露，提高上市公司信息披露的质量。

第四节　小结

儒家文化与信誉机制存在密切的联系。儒家文化在长期的历史过程中已经内化为中国人的一套价值规范，儒家讲诚信的文化信念促进了信誉机制的形成和有效发挥作用。在我国上市公司治理中，儒家文化信念能降低作为股东代理人的经理讲信誉的成本。儒家文化信念促进多边惩罚策略形成，在多边惩罚策略下，上市公司股东严格偏好于雇佣没有进行虚假信息披露的经理，因此，儒家文化能一定程度上杜绝上市公司虚假信息披露。综上，儒家文化及其所形成的信誉机制有利于降低作为股东代理人的经理讲信誉的成本，提高上市公司信息披露的质量，从而对完善我国上市公司治理发挥积极作用。

第八章 儒家文化、中国的法律传统与上市公司治理

第一节 儒家文化与中国的法律传统

2011 年 4 月，我国立法部门和权威学术机构同时宣布，截至 2010 年，以宪法为统帅，以宪法相关法、民法商法等多个法律部门的法律为主干，由法律、行政法规、地方性法规等多个层次的法律规范构成的"中国特色社会主义法律体系"已经形成，国家各个主要方面实现了有法可依。

什么是法律？从根本上说，法律就是一个共同体的生活方式的抽象化表达。共同体的生活方式就是这个共同体的文化。与一个共同体的文化基本契合，符合共同体生活逻辑的法律才是适合这个共同体的真正的法律，也才是实施起来最有效率的法律。

文化对法律传统的影响被学术界称为"法律文化论"，在这方面，梁治平是国内有代表性的学者。梁治平在 20 世纪 80 年代所做的"法律文化"研究在中国法律史研究中构成了一种具有相当独特意义的理论模式，进而对当时的整个中国法学的研究产生了相当重要的影响①。尽管邓正来对梁治平的学术观点进行了批判，但邓正来（2011）也不得不承认法律哲学的根本问题，同一切文化性质的"身份"问题和政治性质的"认同"问题一样，都来自活生生的具体的世界空间的体验：来自中国法律制度于当下的具体有限的时间性，同时也来自中国法律制度所负载的历史经验和文

---

① 梁治平的相关研究成果主要包括《法辩：中国法的过去、现在与未来》论文集以及《寻求自然秩序的和谐：中国传统法律文化研究》。

化记忆。

儒家文化是一种源远流长的文化，代表了中国人的核心价值观，这套核心价值观是跟中国人的历史文化处境和生存条件相符合的，它和中国人生存的历史环境、历史条件、生产方式、交往方式是融合在一起的，因此符合当时中国社会的需要，成为中国文化的主体部分。在中国历史上，儒家文化对理解中国的政治制度、政治文化和法律传统起到了很重要的作用。本章试图对儒家文化对中国的法律传统的影响这一问题进行探讨。

一、儒家语言与中国的法律传统

人类语言在人类政治、经济和社会交往中乃至在各种社会的制度变迁中有着重要作用。韦森（2014）研究认为，在人类社会生活形式变迁的历史长河中，不同社群、族群和社会的习惯、习俗、惯例、社会规范与制度之所以有种种差异且在某些方面差异巨大，可能与不同社群与族群所使用的语言有着千丝万缕的联系。要研究儒家语言对中国法律传统的影响，必须首先了解儒家语言形成的过程。英国著名语言学家大卫·克里斯托曾经提出了"说—听"（口语）、"写—读"（书面语）和"做—看"（手势语）这三种语言存在形式说（Crystal，1997）。尽管语言有三种存在形式，但语言活动所产生的社会秩序及其构形投射在社会的法律或其他正式制度规则上，则主要通过书写语言来进行和完成的。我们知道，汉字是图像文字，西方使用的是拼音文字，如英语、法语、德语等。法国著名哲学家利柯（Ricoeur，1976）认为，在人们用图像文字与拼音文字认识、表达和理论复现世界时，使用图像文字与使用拼音文字的人们相比，具有重大认识论上的差异的：象形文字是用图像编辑的抽象图式而构筑起来的"景象"，而拼音文字则是用"表意"（meanings）而解释出来的文本而构筑出来的世界的"情形"。要研究儒家语言对中国法律传统的影响，我们必须研究汉语的沿革史与儒家文化形成过程中的相互影响及儒家语言的形成过程。据汉语语言史学家的考证，早在先秦时代，汉民族就有了自己共同语言。春秋时期，汉民族的共同语言被称为"雅言"（见孔子《论语·述而》）。到了汉代，汉民族的共同语言被称为"通语"（见西汉杨雄《方言》）。其到了明代被称为"官话"，辛亥革命后被称为"国语"。先秦之后，随着汉民族口语的发展演变，书面语逐步脱离了口语，从而书面语被称作"文言文"。学术界一般认为，到了春秋战国时期，汉文字语言才真正发达起来并逐步普遍化，而这一时期也正是儒家文化开始形成的阶段。可以说，汉文字语言的普遍化与儒家文化的形成是紧密联系在一起的，这也体现在一些具体的汉文字上。据何新（1987）在《战国文化史新论：关于传统文化与中国现代化》一书中的考证，在汉语中，"管"字从"官"，并且，"官"和"管"是一回事。在《荀子·儒教》中，还有"圣人也者，道之管也"的说法，从"管"字中可以看到儒家的政治理想，即期盼有贤君明相来以德和以礼治理国家的美好愿望。这样在汉语中体现儒家精神的汉字可以说是不胜枚举。因此，可以说汉字的书写语言系统与儒家礼俗文化相结合形成了儒家语言。在汉武帝"废黜百家，独尊儒术"以后，学识字和受教育本身成了儒家思想濡化的过程，因为受教育的重要内容就是对儒家经典如《诗》《书》《礼》《易》《春秋》等的学习。科举制度又强化了这一过程。这就是儒家语言产生和形成的过程。

早在 18 世纪初，德国著名语言学家洪堡特就指出："在这方面，汉语是一个极为奇特的例子。那是一种几乎不具备任何通常意义的语法的语言，却拥有大量的文献，其历史长达数千年之久。"（Humbodt，2001）他还举例说，孔夫子及其学派用古汉语所写的著作的文体，至今仍为所有伟大的哲学和史学作品普遍采用，但在这种文体中，"语法关系仅仅由词序或独立的词来表达；读者往往不得不凭上下文去猜测，某个词应该被理解为名词、形容词或动词，还是语助词"。他接着指出，"关于汉语的古文体，甚至那些一般说来对中国人的文献评价甚高的人也不得不承认，这种文体是含混不清且不连贯的（agerissen），因此，随之而起的、应能更好地适应生活需要的文体便致力于使原有问题变得更加清晰明确、丰富多样"。韦森（2014）认为："到底是汉语语言内在词语语义和句法结构的这种灵活多变性塑造了传统中国非法理化的社会生活形式特征，还是传统中国的礼俗社会本身就蕴含和型构了汉语的这个典型特征，看来是难说得清楚的，或者说这里我们还难以理清孰为因，孰为果——这显然又回到维特根斯坦怀疑论式的语言的内在规则和生活形式相互涵衍的人'遵守规则的悖论'问题中去了。"他接着指出："汉语内在语法、句法结构和词义的这种灵活性、多变性、情景性和模糊性，与传统中国社会的礼俗社会的生活形式型构特征是'同构的'，或者说'配套的'，这却是一个显见的事实。"基于以上分析，笔者把这种古汉语定义为儒家语言。英国历史学家古奇（Gooch）在他的著作《十九世纪的历史学与历史学家》中转述了萨维尼的这一鲜明的见解，并且表达了对萨维尼下列观点的赞赏：法律像语言一样，是民族生活的表现；它是从民族的经验与需要，经过自然的过程而成长起来的。法学家不能被称为法律的制定者，正如语法家不能被称为语言的创造者一样：他们只是发现了群众生活所创造的东西。这些创造物一部分仍然是习惯，而其他部分则变为"法律"。有学者对汉代立法的形式和语言特点进行了分析，认为汉代律令的语言特点反映了不同形式法律的性质特征，折射出其中所包含的立意不同的儒、法思想文化源流（徐世虹，1997）。苏力（2013）研究了"书同文"和"官话"这两项文化制度对于中国国家形成的重要性。他认为，文字有利于法令和制度的统一，建立有效率的精英官僚统治；也有利于超越时空汇集和积累各地甚至众人的政治经验。因此，春秋以后，文字下移在各诸侯国都已非常显著和普遍，既包括孔子广招学生——礼（其实也就是社会规范意义的法）下庶人，也包括各国先后颁布的以刑法为主的成文法。可见，儒家语言对中国的法律传统是具有一定影响的。儒家语言以达意为主，注重风格和韵味。这与西方语言在语法和语意方面都非常明晰有很大不同。这在儒家经典中充分体现出来了，正因如此，儒家经典如《论语》等就有不同的解释。没有"规范"的语法形式，词的意义和用法非常灵活多变，这无疑给中国古代社会的习俗和惯例的制度化进程带来诸多不便和障碍。正因如此，与汉语特征关联着的，与儒家文化相伴的儒家语言以及人们的思维和生活形式，同向共生性地趋向于维系一个注重人际关系和依礼治国，以德为政的伦理社会，这也决定了中国传统社会不是一个法治社会。

二、儒家的人性论与中国的法律传统

中国最早的思想家是尧舜时代的皋陶，其法律思想在中国古代占据重要地位。皋陶认为：人间治理之一切规则、制度，并非出自某人的欲望或意志，从根本上讲，人间治理的奥秘蕴藏于"天道"之中。最好的治理就是顺乎人之常性的治理，顺乎人性的治理。顺乎人性的治理之道不仅是正义的，也是合乎情理的。班固在《汉书·刑法志》中清楚地指出，立法的基本原则乃是"则天道，缘民情"。这样的原则贯穿于历代立法中。

不同法律文化原始性的区别，最早期的一种区别，就是"性善论"和"性恶论"的区别，而这两种不同的文化后来决定了两种不同的发展途径。在西方，尤其是西方的宗教，主张"性恶论"，他们认为人有原始的罪恶属性，人生而有罪，还把它划分为"七宗罪"：饕餮、贪婪、懒惰、淫欲、傲慢、嫉妒和暴怒，由于是与生俱来的，所以有时也被称为"原罪"。

基于儒家的人性论，中国的法律传统具有以下几个特点：

（一）礼法合治

从学理的角度看，法是对人类社会中人与人、人与自然、人与社会关系的一种调整，使人类的活动有序化、规范化、文明化。法应该是人本位的，应当与人性是相通的。礼治与法治结合成为中国一个重要的法律传统。礼治从"人性善"出发，主张以张扬人的社会属性的方法来维持社会秩序。法从"人性恶"出发，主张以"利"诱民，以刑罚治民。礼与法在冲突与互补的过程中，共同完成维护社会生活秩序和王朝统治秩序的使命。儒家学说中一个非常重要的分支就是礼学，正统的十三经中就有《周礼》《仪礼》《礼记》三部。从性质上讲，礼是习惯法体系，也是一种全能法律，覆盖了人们生活的各个方面。正如《礼记》开篇所说："夫礼者，所以定亲疏，决嫌疑，别同异，明是非也……道德仁义，非礼不成，教训正俗，非礼不备。分争辩讼，非礼不决。君臣上下父子兄弟，非礼不定。宦学事师，非礼不亲。班朝治军，莅官行法，非礼威严不行。祷祠祭祀，供给鬼神，非礼不诚不庄。"（《礼记·典礼上》）

汉中期以来的中国，政府仅满足于制定刑律以及行政法规，如《汉律》《唐律》《大清律》等基本上都是刑律。历史上的法家基于绝对依靠权力的国家主义信念，所设计的法律制度基本上表现为政府官员自上而下地以"刑律"管治民众，用刑罚惩罚民众。

儒家对人性较为乐观，相信社会的自我治理倾向与潜能。孔子说过："道之以政，齐之以刑，民免而无耻。道之以德，齐之以礼，有耻且格。"（《论语·为政》）孔子比较了两种不同的社会治理模式的效果，第一种为政府自上而下地以刑罚恐吓和管治民众，第二种则是依靠民众的道德自觉与作为自发形成的习惯法的礼在社会治理中发挥作用。第一种治理的模式基本上可以认为是历史上法家的治理模式，第二种治理模式是儒家所主张的治理模式。儒家并不反对制度约束和刑罚，孔子曾经说过："听讼，吾犹人也。必也使无讼乎。"（《论语·颜渊》）

荀子以儒家自居，是继孔子、孟子之后的最有影响的儒家代表人物，但他的思想却超越了孔孟。他不但改造了孔孟的"礼治"，而且修正了法家的"法治"，且把看似水火不相容的东西融为一体，成为儒家儒法合治、礼法统一的开创者。荀子对礼的改造主要表现在：首先，荀子吸收了法家的"尚贤使能"即建立官僚政体的主张，以清除"礼治"在政体领域内的根基；其次，荀子把"礼治"仅仅局限在家族社会的范围内，使礼仅仅作为宗法家族的行为规范在宗法家族领域内发挥作用。这样一来，就把孔孟的国家与家族一气呵成的一元化的礼，改造成国家与家族相分的二元化的新礼①。荀子主张打破宗法血缘身份制度，以人们的才能品德来决定其社会身份，以人们的行为来决定赏罚，其口号便是"尚贤使能"。荀子之礼是宗法社会行为规范和伦理观念。荀子对法家专任刑罚，以力服人的酷烈政策提出严厉的批评，他批评法家一味"严令繁刑"而不讲"仁义礼治"，是不求本而索其末。荀子用儒家的"德治""仁义"批评并修正法家的"严刑酷罚"，其原因一方面来自他对统治与被统治阶级相互依存、相互转化的深刻认识，即《荀子·哀公》所谓的"君者，舟也，庶人者，水也。水则载舟、水则覆舟"。另一方面，还在于他对人性有着与法家不同的看法。法家认为人皆自私自利，"好利恶害"，而且这种本性难以改变，道德教化不起作用，故只能靠"赏罚二柄"。荀子认为，人有"性恶"的一面，但这种"先天"的本性可以通过"后天"的实践和自我改造而加以改变，并且可以成为尧舜禹那样的圣人。在荀子看来，礼与法都是社会历史的产物，都是为着解决人们现实生活中的问题而产生的。荀子认为，从社会公用的角度来看，礼与法所起的作用是完全一样的。荀子之"礼"已经从靠内心感情和舆论调节的道德观念，演变成靠国家机器来维系的法律规范，把他认为仅仅局限在家族社会范围内的"礼治"得到国家政权的支持，使原先相分离的"礼"和"法"终于合并为一体了，即"隆礼重法"。正如陈顾远先生所说："与其说我国往昔完全为人治，倒不如说是礼治；礼治乃是现代所说的法治的根本，其结果'使统治的人不知有法而能行法，使被治的人不知有法而守法'。"②

学术界公认，从汉代开始，借助以儒术为知识背景的律学家的努力，中国的法律经历了一个儒家化过程。有学者认为，法律儒家化过程完成于

---

① 张国华，饶鑫贤. 中国法律思想史纲：上册 [M]. 兰州：甘肃人民出版社，1984：118.

② 陈顾远. 法治与礼治之史的观察 [M] //范忠信. 中国文化与中国法系：陈顾远法律史论集. 北京：中国政法大学出版社，2006：253.

北朝，集大成于唐律。儒家化过程的核心就是"以礼入法"①。秋风（2009）认为儒家的国家、法律观念中其实包含了与法治、"宪政"同构、兼容或者接近的观念、精神、价值。尤其是在法律实证主义、国家主义曾经占据支配地位的知识、政治环境中，儒家的原创性思考有助于我们更好地理解法律的性质，法律与道德、习俗的关系，法律与权力的关系，有助于我们更准确地评估法律、习惯、道德等多元因素在社会治理中的功能。

（二）亲亲相隐

"亲亲相隐"是隋律和唐律中规定的一个诉讼原则，意为同居在一个家庭内的人犯了罪可以互相隐瞒，不必承当举告和举证责任。汉代叫作"亲亲得相首匿"，"首匿"即是包庇、隐瞒的意思。这是符合儒家的人性论的。孔子听说楚国有个憨直的人，其父亲偷羊，他去检举，便说："吾党之直者异于是：父为子隐，子为父隐。一直在其中矣。"（《论语·子路》）"亲亲相隐"的原则就是根据孔子的这条语录发展而成的。这一法律文化现象在人类历史上有其自身的地位和价值，它是儒家人性论在法律制度中的体现。如果一国的法律鼓励亲属间的告发，强迫亲属和挚友之间互证其罪，赞扬送子归案的父母，不但是对人性的嘲弄，也是制度的缺憾。

（三）无讼

儒家将人固有之品性谓之天性，如孟子云："尽其心者，知其性也；知其性则知天矣。"（《孟子·尽心》）这种知性便可以知天的思想正是以人性与天性相通，天道与人道相合的信念作为基础的。儒家这种天与人相通乃至相合的思想其实就是一种天人合一的思想。天道本和谐，因此人道也要和谐。在社会关系中，中国古代的和谐观念演化为一个具体原则，那就是"无讼"。按照"争财曰讼"的说法，无讼的前提是不争。要实现不争的目的，就需要在礼的名义下依循礼的原则来进行。礼要求父慈子孝，兄友弟恭，夫义妇听，长惠幼顺，倘人人如此，社会的和谐就有了保障，无讼的目的就能实现。

欲民无讼，先要教民，使遵循礼义，忍让谦和。儒家文化相信道德教化可以奏效，着眼于一般情形，更普遍的做法是以言辞相劝，晓以大义，

---

① 瞿同祖. 中国法律之儒家化［M］//瞿同祖. 瞿同祖法学论著选. 北京：中国政法大学出版社，1998.

使讼者退而自责，甘心息讼，倘有不从，便以威刑相加。所以使民息讼，这是审理寻常词讼的基本原则，也是中国法律史上一种悠久的传统。

三、儒家的核心价值观与中国的法律传统

（一）义务本位与中国的法律传统

研究儒家价值观对中国法律传统的影响属于"法律文化论"的研究进路。梁治平在 20 世纪 80 年代开始了从文化的视角对中国法律史的研究。他从一开始就试图强调中西"文化类型"决定中西法律制度或具体规定的差异。他认为："法律，作为社会的有组织的暴力，或者某种专门的社会控制手段，原是所有文明共存的现象。然而正如文明本身可以划分为不同类型一样，从属于不同文明的法律也各不相同。不同的人群以不同的方式看待和解释世界，他们评判事物的标准不同，据以行动的准则，以及因此而形成的行为模式也大不相同。由这里，不但产生了特定的文化样式，也产生了各种不同的法的精神。"①

儒家文化的价值观与西方近代的价值观相比，有四个基本特点：第一个特点是"责任先于自由"。中国文化的价值观很强调个人对他人、对社群，乃至对自然所负有的责任，体现出强烈的责任意识。第二个特点是"义务先于权利"。西方社会自近代以来非常强调个人权利的优先性。但是在儒家文化中，则强调义务的优先性。第三个特点是"群体高于个人"。儒家文化认为个人价值不能高于社群价值，社会远比个人重要。儒家文化强调个人与群体的交融、个人对群体的义务，强调社群整体利益的重要性。第四个特点是"和谐高于冲突"。比起西方文化，儒家文化更强调世界的和谐。儒家文化注重以和为贵，强调追求多样性的和谐。可见，受儒家文化影响的中国法律传统是"义务本位"。由于中国古代受儒家文化影响很深，中国古代社会缺乏权利的观念，法律则自始与权利无缘。作为一种暴力工具，古代法与刑同义；作为一种统治者控制人民的手段，它是"王者之政"。在中国历史上，法律是君主驾驭其臣民的"衔辔棰策"，它所涉及的仅仅是并且只能是治与被治的关系。可以说，在儒家文化当中，从来没有一个与西方文化中的"权利"正相对应的范畴、概念和词汇，没有受法律保护的个人权利，有的只是秩序、责任、等级与和谐等观念支配

---

① 梁治平. 寻求自然秩序中的和谐：中国传统法律文化研究 [M]. 北京：商务印书馆，2013：1.

之下的种种义务和相互间的妥协。

（二）义利观与中国的法律传统

儒家自孔子开始，就有一种倾向，即只问行为本身的正当与否，而不问这行为是否有利。"君子喻于义，小人喻于利"（《论语·里仁》），这分明把义与利上升到道德上对立的高度。被尊为亚圣的孟子反功利态度较孔子更甚，这在孟子与梁惠王的对话中表现得淋漓尽致（《孟子·梁惠王》）。墨家虽强调利，但同样地注重"义"。墨子所言的"利"，从来都是"国家百姓人民之大利"，而不是儒家在价值上所轻看的"利"，墨家所看重的利是公利，儒家所鄙视的是私利。法家任法而且颇重功利，这与儒家有很大的不同，但是，法家废私的立场比儒家还坚决、彻底。在韩非子那里，私的对立面是公，是法，是"公法""官府之法"。韩非子作《八说》，历数私利之种种危害。所以说，法家言利，但不言私利。道家崇尚自然，以返璞归真为旨趣，因此，对于纯属人为的义、利采取不屑的态度。老子就提出："绝圣弃智""绝仁弃义""绝巧弃利"。道家似乎以义利两忘为修养之最高境界。可见，尽管诸家对义、利的态度存在差异，但有一个共同的特点就是"去私"。理学家程颐说得很透彻："义与利，只是个公与私也"①。

权利观念是一个经过长时期提炼发展出来的概念，每一代人都在其中注入了新鲜的内容。在罗马法中，权利的概念还不十分明确，但包含了丰富的内涵。16 世纪至 17 世纪，权利概念才开始逐步明确。在自然法理论中，权利被看成自然状态中的人对拥有某些东西和做某些事情的要求；而在实证法的理论中，它逐步被看成受到法律承认和保护的各类利益。尽管不同时代的人对权利概念和内涵的理解存在差异，但都有一个共同点就是承认私、私利、私欲及其满足的合理性。2 000 多年来，当西方人为私欲的满足提供一种尽可能合理的秩序，并使之不断完善的时候，在中国历史上一直占主导地位的儒家文化则一直在宣扬"去私"，这就注定在中国的法律传统中无私权，无"个人"，无私法，无对于私有财产权的尊重。

（三）孝道与中国法律传统

儒家重视孝道，儒家孝道文化对中国的法律传统产生了一定的影响。在儒家文化中，"孝"是一切道德的根本。因为儒家文化是尊祖敬宗的文

---

① 张岱年. 中国哲学大纲［M］. 北京：中国社会科学出版社，2004：394.

化，其基本的原则便是这个"孝"字。孔子本人对孝悌原则一向推崇备至。《论语》中"孝"字出现了 19 次，可见"孝"在圣人心目中的重要地位。子曰："……君子务本，本立而道生。孝弟也者，其为仁之本与！"（《论语·学而》）孟子所谓"无父无君，是禽兽也"，视孝为、忠为立人之本。《孝经》云："夫孝，德之本也，教之所由生也。身体发肤，受之父母，不敢毁伤，孝之始也。立身行道，扬名于后世，以显父母，孝之终也。夫孝，始于事亲，中于事君，终于立身。"在儒家文化中，一个人最基本的身份首先表现为某个家的成员，而在家这样一个伦理实体中，个人主义意义上的人是根本不存在的。《礼记·曲礼》曰：父母在，"不有私财"。《礼记·坊记》亦云："父母在不敢有其身，不敢私其财"。儒家文化之所以强调"父母在不敢有其身，不敢私其财"，是因为在儒家看来，有其身、私其财的做法都是违背孝道的。在唐、宋、明、清代诸朝法律里，父母在及居丧期，别籍异财都被认为是严重的犯罪而列名于"十恶"。可见，儒家礼法不遗余力地维护家的完整性和以"孝"为核心的家庭秩序，对个人权利包括个人财产权是持否定态度的。

（四）有公法无私法

学术界普遍认为，私法的概念为罗马人的独创。一般认为，这个概念最早出自罗马著名法学家乌尔比安。他认为，有关罗马国家的法为"公法"，有关罗马人的法为"私法"①。私法的诞生是建立个人权利平等的基础之上，没有私权平等的普遍化就不会有私法的发达。古代罗马人把法律分为公法和私法，进而将几乎全部的智慧和精力贡献于私法，表明他们的文化对个人与社会、个人与个人以及人与物诸关系的特殊看法。

中国的法律传统中有公法无私法与儒家文化的影响有着很大的关系，主要体现在三个方面：一是儒家文化重视家庭和家族，轻视甚至不承认个人的存在；二是重义务轻权利；三是重义轻利。

在一个以家族为基本单位的社会里，不承认个人的存在，也没有纯粹的"个人"行为，更没有真正基于个人的契约关系。个人被束缚在家族的身份网络之中，没有独立的意志，没有自己的财产，甚至不能自由支配自己的身体。在财产权方面，家长对于家产和族产的管理虽然有很大的权

---

① 一般所谓私法，主要指用以调整所有权、债、婚姻、家庭和继承关系的法律，约略相当于今之所谓民法、商法。历史上，划分公法与私法的标准不尽相同，但是这一分类一直延续至今，对现代法律的发展有着巨大的影响。

限，但也往往不能自由处分。归根到底，家长处分财产也必须符合家族的规则和惯例。在中国古代，"产不出户"及"亲邻先买权"实际已成为民俗、惯例和规则。有现代学者研究明、清时代永安农村（黄历村）的土地买卖契约，发现此村中地权的转移，受让人不是宗亲，便是姻亲①。无疑，儒家家族文化的存在阻碍了财产的自由转让和流转，这种基于血亲关系确立的原则、惯例和规则阻碍了契约精神和工商文明的形成。可见，儒家文化不外是家的文化、孝的文化，它不承认"个人"的存在，孤立而平等的个人不但是普遍性道德的出发点，而且也是诸如私法、民法那种具有普遍性意义之法律的基点。身份的原则支配一切，个人没有法律上抽象平等的人格，没有自由合意而独自创造的新的社会契约关系，也没有完整的财产权利。在这样的情形下，私法无疑是不可能发达的。

在中国古代，人际关系的核心是人伦。这种人伦强调人与人之间亲疏远近、尊卑高下所形成的义务。《礼记·礼运》所提到的人际关系有五：君臣、父子、兄弟、夫妇、长幼。儒家自孔子开始，就有一种重义轻利的倾向，即只问行为本身的正当与否，而不问这种行为是否有利。《礼记·礼运》所谓"大道之行也，天下为公"，这就注定儒家文化无私权，无"个人"，无私法，无对于财产权的尊重。

中国古代法典皆为刑律，刑罚是国家专擅的权力。法律关系的普遍刑事化反映了统治关系的普遍化。中国历史上将法仅仅理解为统治者的命令，把运用法律仅仅看成一种政治行为和道德行为，他们的法律便只能是刑律。因此，中国的法律传统只能是有公法无私法。在中国历史上，国家是高于一切的，它完全控制了政治和经济生活，从而阻止了"市民社会"这样一个自主领域的出现。占统治地位的方式也把任何可能含有变革种子的"异常的"次要团体同化了。纵观中国古代法律，摧抑商人力量和剥夺商人财富的法令很多，相反，反映商人利益的法律却几乎没有。在中国历史上，商人从来不曾强大到能够将自己的利益系统反映到法律中去的程度，他们始终处于受压抑和不成熟的状态。政商关系始终处于一种博弈的状态，其根本原因就在于有公法无私法。

---

① 傅衣凌. 明清农村社会经济 [M]. 上海：三联书店，1961：22-23.

第二节　中国的法律传统与上市公司治理

19 世纪的历史法学派认为，一个民族的法乃是该民族以往历史和精神的产物，一如其语言和习惯。梁治平（1986）认为，这个命题在下面的意义上是正确的：作为文化要素的法和语言，都从各自的一方面反映出文化整体的特点。换言之，民族法与民族语言同是民族历史文化的产物，具有这种特定历史文化的鲜明性格。儒家文化影响下的中国法律传统具有以下几个重要特征：一是礼法合治；二是亲亲相隐；三是主张无讼；四是有公法无私法；五是重义务轻个人权利。这些特征对我国上市公司治理也会产生了一定的影响。本节试图对这个问题进行探讨。

一、我国的法律传统、法律移植与法制现代化

於兴中（2015）认为，中国的法律传统和美国的法律传统所指的内涵并不相同。我们说美国的法律传统时，指的是美国整个的法律文化。法律传统在美国是完完全全的传统，是社会生活中最主要的方面，是一种制度设计。而中国的法律传统和美国不一样，它是中国历史上曾经存在的一些和法律有关的文化现象。法律在中国并不是最主要的文化传统，也不是解决纠纷的主要传统制度。法律在中国的文化里面，没有形成一个独立的系统，就好比人的身体，不是一个完整的身躯，可能只是一只胳膊。可见，中国法律传统的以上几个重要特征也只是一些和法律有关的文化现象。我们研究中国的法律传统对我国上市公司治理的影响就是研究我国历史上与法律有关的文化现象对我国上市公司治理的影响。那么法律移植是否有可能性呢？这有两种不同的观点：一种是认为可行，另一种是认为不可行。前者主要认为法律代表了集体智慧、集体高度抽象的理性；后者认为法律是不可移植的，因为法律具有地方性、民族性。早在 19 世纪，在德国打算制定民法典时，萨维尼就强调法律应该是民族文化积淀和民族传统习惯的反映，不应该把他完全法典化，或者从某一个地方抄一些法律条款过来。法律应该有自己的文化历史生命。我们应该认识到受儒家文化影响的我国的法律传统拥有"生命"以后所可能获致的丰富的生命逻辑，以及法律制度在其自身的发展过程中所存在的种种偶然性和其他因素在整个的历史进

程中对法律制度的实践所产生的各种影响，比如自然条件、意识形态、人口、其他相应的制度安排、经济等因素。我们不能受"现代化范式"的支配，直接把西方的法律制度及其背后的文化或价值转换成具有评价中国法律传统的功效及其道德优劣的判断标准。季卫东（1999）认为，中国传统文化中的许多基本现象和话语是不能用"现代与传统"这种二分观予以审视的，因为中国法更适合一种三分关系的分析框架。因此，这种状况表明，需要有超越上述"现代化对抗传统法"两分化图式的新观点，而这就决定了后现代法学在中国法制现代化过程中的地位和作用①。季卫东认为，从理论上讲，"如果说后现代法学具有把被现代切割抛弃的有价值的传统因素重新拣回来的一面"，那么，后现代法学对于中国法治建设就可能具有这样两项作用：一是有助于中国学者判断如何在传统中进行取舍以及如何把传统中应予保留的那些因素重新组合起来；二是有助于中国学者探索中国固有法与西方现代法间可以嫁接的地方，进而开拓出改革和发展的多种途径②。笔者认为，中国的法制现代化是一项艰巨的任务，但随着中国社会转型的基本完成，法制现代化又是一项必须完成的任务，因为中国必须建立一套现代的法律体系以保证市场经济的有效运行和顺利发展。笔者认为，中国公司治理相关的法律制度既要从西方直接移植，也应该结合中国的法律传统及中国的社会现实。我们要实现现代法治，既要从中国的法律传统中汲取精华，也要进行法律移植，融会贯通。事实上，目前中国与上市公司治理相关的法律制度，如公司法、证券法等，在向西方借鉴的同时，也应该结合中国的法律传统。我们通过借鉴、思考和比较，可能会发现到底什么样的法律制度是正确的、好的、有用的以及能提高中国上市公司的法治水平的。

二、中国宪法的集体主义品格对上市公司治理的影响

以儒家文化为主体的中国传统文化 2 500 多年来对中国社会产生了深远的影响。儒家文化具有重义轻利、重群体轻个体，以集体为本位的价值取向对中国宪法的品格形成有着十分重要的影响。陈明辉（2017）认为，

---

① 季卫东. 面向 21 世纪的法与社会 [M] //法律秩序的建构. 北京：中国政法大学出版社，1999：398-399.

② 邓正来. 中国法学向何处去？——建构"中国法律理想途径"时代的论纲 [M]. 北京：商务印书馆，2011：215.

自"五四"运动传入并逐渐占据了主导地位的社会主义文化，其根本价值取向是以集体主义为原则的。因此，奠基于中国传统文化和社会主义文化基础之上的中国宪法必定继承了传统文化和社会主义文化的集体主义价值取向，从而区别于以自由主义为文化土壤的西方宪法。他进一步研究认为，集体主义价值取向下的宪法在组织共同体，在处理个体与共同体关系的过程中，强调个体与共同体的利益一致性，侧重共同体的价值优先性，要求个体价值追求服务共同体的整体目标，并在个体与共同体冲突时要求个体服从集体价值原则（陈明辉，2017）。经济权利是宪法权利的重要内容之一。经济权利主要包括公民的个人财产权、劳动权、休息权、获得物质帮助权（又称为社会保障权）①。我国宪法的集体主义品格通常将经济权利视为人民整体的利益，以示与资本主义重视个人经济权利意识相对抗。基于这样的价值取向，集体权利在中国宪法上往往优先于个人权利。集体权利在中国宪法上往往以"公共财产"和"公共利益"的面貌出现，《中华人民共和国宪法》第 7 条、第 9 条、第 12 条规定："国有经济，即社会主义全民所有制经济"；"……自然资源，都属于国家所有，即全民所有"；"社会主义的公共财产神圣不可侵犯。国家保护社会主义公共财产。禁止任何组织或者个人用任何手段侵占或者破坏国家的和集体的财产"。而保护公民的私人财产使用的是"公民的合法的私有财产不受侵犯"，并且设置了一个前提是"国家依照法律规定保护公民的私有财产权和继承权"。可见，公共财产的地位高于私有财产。公民的个人财产权属于经济权利，从地位上看，是宪法权利的重要内容之一。正如美国学者比尔德（1984）所说："宪法在基本上是一项经济文件，它的基本观念是：基本的私人财产权先于政府而存在，在道德上不受人民多数的干涉。"② 我国宪法的集体主义品格使财产的公有和私有长期以来被严重地政治化了，并且公有财产的大小成为衡量社会是否是社会主义的重要标准。

经济自由权是市场经济的另一个基础性条件。经济自由涉及的范围十分广泛，从企业的进入自由、退出自由，到个人的契约自由和职业自由等。有的学者认为："个人和企业不受国家干预而自由从事经济活动的程

---

① 许崇德. 宪法学 [M]. 北京：高等教育出版社，2000：362；董和平，韩大元，李树忠. 宪法学 [M]. 北京：法律出版社，2000：399.

② 比尔德. 美国宪法的经济观 [M]. 何希齐，译. 北京：商务印书馆，1984：226.

度，必然和该国的政治经济意识形态的原则紧密相关"①。柯武刚和史漫飞（2000）认为，经济制度的转型能否成功，转型中的经济能否实现繁荣，与个体能否得到宪法确认的经济自由权密切相关。市场经济的核心是竞争机制，资本市场的发展是以竞争为前提的。要完善上市公司治理，离不开竞争的外部环境。竞争的外部环境包括产品市场的竞争、控制权市场的竞争、经理市场的竞争等。而竞争环境的形成必须承认经济个体的独立人格、经济自由和财产权。我国的法律传统存在轻视个人权利，这是不利于对经济自由实施法律保护的，当然也不利于我国上市公司治理的完善。

我国宪法的集体主义品格对我国上市公司治理产生了一定的影响，表现在法律意义上，就是公有财产与私有财产未得到平等保护。首先，我国证券市场对投资者的保护还须加强，广大投资者，尤其是中小投资者的合法权益受到侵害的事件可谓层出不穷。在投资者保护的立法方面，不完善主要表现在民事责任的性质不明确、未放宽案件受理条件及诉讼机制不完善等方面。在司法方面，我国证券民事赔偿案件的诉讼经历了驳回起诉、暂不受理、有条件受理及实际操作几个阶段。在实际操作阶段，由于多种原因影响，根本无法彻底地有效遏制和打击证券违法行为，广大中小投资者的投资权益无法得到有效保障，影响了我国证券市场自我发展、自我改良机制的建立和完善，以致证券违法行为和证券纠纷频频发生。其次，不完善表现在公有财产也未得到有效的保护。宪法的集体主义品格导致权利意识缺失，在权利意识缺失的环境下，对公有财产不可能实施有效的保护。在我国上市公司治理中，部分相关人员以权谋私，代理人的道德败坏和内部人控制（insider control），导致国有股权的权益也未得到有效的保护。内部人控制的手段可谓层出不穷，举其要者：关联交易、贪污与回扣、超额的在职消费、提高薪酬、安排亲信、短期业绩行为等。尤其在上市公司并购重组过程中，国有股权被贱卖的事件大量出现，导致国有资产严重流失。最后，不完善表现在经济自由权未得到有效的保护。例如，控制权市场理论认为，公司的敌意收购有助于解决所有者与公司控制权的分离而产生的公司经营权缺乏监督的问题，从而有利于完善上市公司治理。要约收购作为一种在西方证券市场成熟的并购方式，在我国的发展却并非一帆风顺。笔者认为，要约收购在我国发展缓慢，从本质上看，反映了经

---

① 亨金，罗森塔尔. 宪政与权利 [M]. 郑戈，译. 上海：三联书店，1996：165.

济自由权未得到有效保护，因为要约收购比协议收购更市场化，需要对经济自由权实施更大程度的保护。

三、重义务轻个人权利的法律传统对我国上市公司治理的影响

我国具有重义务轻个人权利的法律传统，也就是我国的法律传统是"义务本位"的。义务本位的法律传统以义务为法的逻辑起点、轴心、重心去安排权利义务关系。义务本位的法律主要把法律作为以制裁为机制的社会控制工具，它使社会成员被动地接受既定的成规、社会政策和法律。西方法律制度是"权利本位"的。权利本位的法律主题是以激励为机制的社会调整，它鼓励人们以积极的公民意识热情而理智地参与法律生活和社会公共事务。在西方学术史上，权利有先天与后天之分，即自然权利观和实证主义权利观这两大类。自然权利观强调人的权利先于后天的制度因而具有不可剥夺的神圣性；实证主义权利观则强调权利实现的可能性及其与法律主权者的密切关系，强调权利的后天性和实证性。於兴中（2015）认为权利是以功利理性为基础的，它有两个鲜明的特点：一是它与利益的关系，即承认逐利的正当性；二是其与外在规则的关系，即权利的可数性。从权利的主体角度，可以将权利分为个人权利与集体权利。个人权利是指以个人名义享有的各种权利；集体权利是指社会集合体，包括国家、阶级、民族、政党、社会团体等所享有的权利。我国具有重义务轻个人权利的法律传统。在我国上市公司治理中，应该把权利与义务有机地结合起来。这是因为"权利"和"义务"之间存在着结构上的相关关系、数量上的等值关系、功能上的互补关系和价值上的主次关系。我国法律传统重义务轻个人权利正是忽视了"权利"和"义务"之间的这些关系，这是不利于我国上市公司治理结构的完善的。因此，我们一方面要重视义务，同时也要积极学习西方重视权利的法律观念。上市公司因为股权相对分散，公司所有权与控制权在更大程度上得到了分离，控制股东、经理人掌握了更大的控制权，不但滥权的可能性更大，且损害投资者更广，所以一方面要强调对股东权利的保护，另一方面又要强调控制股东、经理人必须承担的义务和责任。比如，上市公司的公开信息披露制度既是为了保护股东的权利，也是对经理人承担责任和义务的监督。控制股东的诚信义务的法理基础在于权利义务相一致的原则。又如在上市公司治理中，控制股东享有的控制权乃特殊权利，控制股东通过行使控制权而支配公司，进而有可能实

施损害公司、其他股东及公司债权人利益的行为。为控制股东特设的诚信义务就是防止其滥用控制权，凡滥用控制权的行为就是违反了控制股东诚信义务。

儒家文化影响下的中国法律传统具有重义务的传统，在我国上市公司治理中应该体现这种法律传统，具体可以通过加强上市公司信息披露来继承和弘扬这种法律传统。中国证监会于 2006 年制定的《上市公司信息披露管理办法》对发行人或者上市公司负有披露义务的信息进行了界定，在第 11 条规定在一级市场，发行人应当在招股说明书中披露"对投资者作出投资决策有重大影响的信息"；在第 19 条中规定在二级市场，上市公司应当在定期报告中披露"对投资者作出投资决策有重大影响的信息"；在第 30 条规定若"发生可能对上市公司证券及其衍生品种交易价格产生较大影响的重大事件，投资者尚未得知时"，上市公司则应当通过临时报告的形式进行披露，说明事件的起因、目前的状态和可能产生的影响。我国证券市场关于上市公司违背信息披露义务的法律责任制度总体上是建立在"投资者保护"这一政策目标之上的。自 20 世纪 60 年代"公司社会责任"这一概念在全球范围开始广泛流传之后，上市公司自愿披露其生产经营活动对环境所造成影响的相关信息逐步成为一种趋势和潮流。黄韬和乐清月（2017）认为，上市公司环境信息披露的受益者是全体社会公众，因此这类信息带有了某种"公共信息"的色彩。

四、有公法无私法的法律传统对我国上市公司治理的影响

儒家文化具有重视家庭和家族、轻视甚至不承认个人的存在、重义务轻权利、重义轻利等特征。这些特征决定了中国的法律传统有公法无私法，但我国现在的法律制度延承自大陆法系国家。经典的大陆法系国家（如法国和德国）对一国法律体系的理解受公法与私法理论界分的影响很大。私法的诞生是建立个人权利平等的基础之上，没有私权平等的普遍化就不会有私法的发达。古代罗马人把法律分为公法和私法，进而将几乎全部的智慧和精力贡献于私法，表明他们的文化对个人与社会，个人与个人以及人与物诸关系的特殊看法。在法国，"公法即所有适用于国家的法律规则，在我们的学说中即为适用于统治者及公务员的法律规则，适用于他们的彼此联系及他们与一般个人关系的法律规则。即国家的客观法，德国

人称之为 Staatsrecht"①。在对公民权利保护方面，公法保护与私法保护存在相对界限。与宪法设立了排除国家权力进入公民权利领域的禁区的作用有所不同的是，民法上的财产权则主要属于公民对抗公民或私人对抗私人的一种权利，由此形成了作为平等主体的私人之间的财产关系。也就是说，宪法对公民财产权的保护不能代替民法的保护，反之，民法的保护也不能代替宪法的保护。公法与私法对财产权的保护是平行保护和配合保护的关系，两者的界限是相对的，作用是互补的。

我国上市公司治理需要对所有股东、债权人及其他利益相关者的权利进行平等保护，这既需要公法发挥作用，也需要私法发挥作用。我国的法律传统有公法无私法，这不利于法律在完善我国上市公司治理中发挥作用，这就需要学习和借鉴西方国家重视私法的法律传统。现代公司理论认为，公司是一系列利益相关者契约的集合。私法原则即契约原则。契约产生于人的理性在追求自己利益时的精确计算，这也凸显了私法对完善我国上市公司治理的重要性。但是我们也应该认识到，诚信是私法有效发挥作用的基础，有了诚信这一道德基础，法律才能有效发挥作用。从根本上讲，我国上市公司治理就是要解决上市公司利益相关之间的契约执行问题。经济学的契约理论是建立在经济学"理性人"假设基础之上的，但契约本身并不足以保证签约各方某项权利或义务的成立和执行。为了保证契约中当事人的权利和义务的成立并执行，需要契约签约各方之间的沟通。胡少华（2017）认为，儒家的"理性人"的理性显然属于沟通行为参与者的理性化，有利于促进契约各参与方的沟通与合作以及契约的执行。契约理论还必须假定一个道德原则的有效性，儒家"理性人"为经济学"理性人"提供了这个道德原则，也就是忠信原则。可见，儒家文化影响下的法律传统有公法无私法是不利于法律在完善我国上市公司治理中发挥作用的，但儒家的"理性人"有利于促进我国上市公司利益相关者的沟通及契约的执行，从而促进我国上市公司治理的完善。

五、发挥法律和社会规范在完善我国上市公司治理中的替代和互补作用

我国具有"礼法合治"的法律传统，这里的"礼"就是社会规范。社

---

① 狄骥. 宪法学教程［M］. 王文利，等译. 沈阳：辽海出版社、春风文艺出版社，1999：30.

会规范是社会中普遍认可和遵守的行为准则，它的执行机制是多元化的，我们称之为"多方执行"（multi-party enforcement），包括自我道德约束、信誉机制和非当事人对其的态度和评价等。当某种价值观内化为个人道德行为时，就会形成自我道德约束；当社会规范是通过当事人之间的信誉来维持时，就成为信誉机制；当一个人在社会中由于不遵守某种社会规范而得不到他人的尊重和认可甚至成为孤家寡人、众矢之的时，他就会失去许多与他人合作的机会。社会规范具有激励合作、协调预期和传递信号的功能。

法律与社会规范的关系研究一直是西方法学界、经济学界及其他社会科学界的热点。近年来，我国学术界也开始重视这方面的研究。不少研究者认为，法律的作用被大大高估了，社会规范而非法律规范才是社会秩序的主要支撑力量（mainstay of social control）；特别是，如果法律与人们普遍认可的社会规范不一致的话，法律的作用将是非常有限的。在上市公司治理方面，一些学者已经把社会规范的功效作为讨论的中心，并形成"公司行为更多的是由社会规范而不是由法律规则来塑造和决定的"观点，甚至还指出，法院不应该对公司的内部行为和决策进行严格监督，因为社会规范能够有效地规制公司行为。笔者认为，比较法律和社会规范哪个重要既是无解的，也是没有重要意义的，法律和社会规范在很大程度上存在着相互替代性。替代性表现在：如果有很好的社会规范，就不需要法律，儒家主张无讼，就是基于这样的理念；如果有很好的法律，也可以不要社会规范。事实上，社会规范不可能完美无缺，法律也不可能尽善尽美，因此，更多的情况是，法律与社会规范互补。互补是指：如果法律与社会规范是兼容的，社会规范将降低法律的执行成本；反之，法律的执行成本就会高昂。在我国上市公司治理中，由于我国公司治理的相关法律制度还很不完善，社会规范能发挥重要的作用，弥补法律治理的不足。法律文明秩序有其不可否认的优点，但绝不是最理想的或唯一的选择（於兴中，2015）。儒家的道德文明秩序可以转化为法律文明秩序，或者说被法律文明秩序取代，但儒家道德文明秩序能为法律文明秩序赋予其意义。我们没有放弃儒家道德文明秩序而仅仅拥抱现代法律文明秩序的必要，因为走向法律文明秩序并不意味着一定要放弃道德文明秩序。法治与德治并行不悖更符合我国的实际，也符合我国上市公司治理的实际。发挥法律和社会规范在完善我国上市公司治理中的替代和互补作用，能促进我国上市公司治理的完善，提升我国上市公司治理的水平。

六、将儒家理性纳入理性思维的轨道有利于提高我国上市公司法律治理的有效性

现代法学理论的核心问题是如何在不求助于神圣假设条件的情况下实现法的正当性。对于民法的基本原则来讲，就是要使其发挥功能实现法的正当性而不被视为一种神圣假设，这就必须使其理性化。在民法的发展历史上，罗马法所体现的理性是现代民法法典化的重要基础。现代民法法典化的过程是一个理性的过程。但这个"理性"是工具主义的，即工具理性。法律解释的直接目的在于法的适用，而法的解释必须具备可重复性，尽管这种可预见的重复性不具有绝对意义。但法律的可重复性是历史的概念，法律的历史性特征决定了法律在时间维度上的流变性。可见工具理性不可能解决民法需要解决的所有问题。学者们认为，法律解释学不能简单地排斥法律解释的方法论，而应在指出其局限性的基础上强调反思的重要性（梁治平，1998）。这种基于哲学解释学之上的反思，最主要的问题也许就是如何在强调创造性、想象力和历史性的同时保持法律的客观性。笔者认为，这种强调反思的重要性就是儒家讲的慎思。据说，孔子的门徒曾子每天在三个问题上进行自省："为人谋而不忠乎？与朋友交而不信乎？传不习乎？"（《论语·学而》）杜维明（2013）认为，这种通过不断探查人的内在自我而增进人的道德自我发展的努力，既不是对纯属隐私式的私人真理之自我陶醉的寻求，也不是对孤立的经验之个人主义式的自吹自擂。毋宁说，它是修身的一种形式，同时也是协调人际关系的群体行为。如何保持法律的客观性呢？波斯纳（1994）认为存在三种意义上的客观性，较强烈的本位论上的符合外部事实的客观性、科学意义上的可重复性、合乎情理的交谈意义上的客观性，而只有将法律的客观性定义为合乎情理的交谈意义上的客观性时，我们才能在自然法学和法律虚无主义之间就各个疑难问题找到一个中间立场。钟清（2002）认为，波斯纳对于交谈意义的客观性概念的启发性不在于指出法律的客观性隶属于前者，而在于揭明交谈意义的客观性必须有足够的说服力、不任性、非个人化和非政治化的特点，因而必须在权威与信仰之外独立寻求有说服力的证据，而这正是理性精神的表现。笔者认为波斯纳所说的合乎情理的交谈意义上的客观性正是儒家意义上的理性。胡少华（2017）认为儒家"理性人"的理性是

一种更为广义或丰富的理性概念，这个较为广义的理性概念的基础就是人类的沟通行为，沟通行为的最终目标就是参与者们达成一种了解或同意。这种了解或同意也应该具有钟清所说的具有说服力、不任性、非个人化和非政治化的特点。因此，笔者认为在我国公司治理的相关法律及公司治理的司法实践中，将儒家理性纳入理性思维的轨道，对于我国公司治理的相关法律更适应我国公司治理的实际及法律治理的司法实践具有重要意义，也有利于提高我国上市公司法律治理的水平。

七、鼓励和支持当事人通过仲裁程序解决证券损害赔偿纠纷

儒家文化影响下的中国法律传统具有礼法合治及主张无讼的传统，也就是说能够不通过法律手段解决的民事纠纷尽量不通过法律手段解决。在证券民事纠纷解决机制的选择方面，诉讼和非诉讼可以结合起来。仲裁是非诉讼的一种，根据其在争议发生前或争议发生后所达成的协议，自愿将该争议提交中立的第三者进行裁判的争议解决制度和方式。这样一种财产权益纠纷的民间性裁判制度，最能充分体现当事人意思自治原则，具有保密性、经济性、独立性和快捷性等特点。当事人选择仲裁解决证券违法违规的损害赔偿案件是可取的。通过仲裁程序解决证券损害赔偿纠纷需要第三方与当事人之间进行广泛的沟通，儒家的沟通理性有利于当事人选择仲裁解决证券违法违规的损害赔偿案件。

第三节　小结

儒家文化与中国的法律传统主要包括以下内容：

第一，儒家文化由天道—自然—和谐的信仰出发，创造出一套自己的核心价值体系。儒家文化注重人与人的和谐和人与自然的和谐。人道与天道相通相合，天道就在人心中，并且是人间全部道德的最后依据。几千年来中国的法律传统是顺乎"天道"，立法的基本原则是"则天道，缘民情"。中国过去 100 多年间法律体系的建立过程，可以说是一个法律移植过程，从日本、德国乃至瑞士、新加坡等国进行移植，但对我国固有诸多礼俗及法律传统往往视而不见，整个立法过程贯穿着一种"国家主义的法律观"，如此立法，确实可以在短期形成相当完整的法律体系，但是，这

些法律体系存在与中国的法律传统断裂的缺陷，从而产生负面影响。

第二，儒家文化影响下的中国法律传统具有以下几个重要特征：一是礼法合治；二是亲亲相隐；三是主张无讼；四是有公法无私法；五是重义务轻个人权利。当今中国的立法一方面要对中国优秀的法律传统进行继受，另一方面又要认识到中国法律传统中有公法无私法、重义务轻个人权利等内在缺陷，吸收西方国家重视个人权利、私法以及尊重财产权等现代法治不可或缺的关键元素，在我国建立现代法律体系。

第三，中国的法律体系如何才能完善呢？立法的根本原则应该是什么呢？当然是人性。皋陶所阐述的华夏主流法律观："天叙有典，天秩有礼，天命有德，天讨有罪。"用现代话语说，法律的终极渊源在于天，即法律是天意，也就是人民意志的体现，在于人之常性。立法的根本原则就是"则天道，缘民情"。从哲学视角来说，就是要让法律尽可能地顺乎人性。理智而有效的现代法律体系构建应该致力于将作为习惯法的儒家礼俗体系予以正规化、普遍化，对业已存在的法律体系进行"新生转进"，使中国实现向现代法治国家转型。

我国的法律传统对于我国上市公司治理具有重要的影响，因此，要提升我国上市公司的治理水平，必须采取以下对策：

第一，我国公司治理相关的法律制度既要从西方直接移植，也应该结合我国的法律传统及我国的社会现实，只有这样才能促进我国法律现代化，提高我国上市公司法律治理的有效性。

第二，受儒家文化影响的我国宪法的集体主义品格对我国上市公司法律治理产生了一定的影响，就是私有财产与公有财产未得到平等保护以及经济自由权未得到有效的保护，这样弱化了对广大中小股东权益的保护，不利于提升我国上市公司治理水平。因此，在我国上市公司治理中，要强调私有财产与公有财产平等保护以及对经济自由权的保护。

第三，我国重义务轻个人权利的法律传统忽略了"权利"和"义务"之间存在着结构上的相关关系、数量上的等值关系、功能上的互补关系和价值上的主次关系，这是不利于我国上市公司治理结构的完善的。因此，在我国上市公司治理中，要加强对各利益相关者权利的保护。

第四，有公法无私法的法律传统不利于发挥法律在完善我国上市公司治理中的作用的，公法与私法对财产权的保护是平行保护和配合保护的关系，两者的界限是相对的，作用是互补的。这就需要学习和借鉴西方国家重视私法的法律传统，提升我国上市公司的法律治理水平。

第五，发挥法律和社会规范在完善我国上市公司治理中的替代和互补作用有利于提升我国上市公司治理水平。

第六，将儒家理性纳入理性思维的轨道对于我国公司治理的相关法律更适应我国公司治理的实际及法律治理的司法实践具有重要意义，有利于提高我国上市公司法律治理的水平。

第七，鼓励和支持当事人通过仲裁程序解决证券损害赔偿纠纷。儒家的沟通理性有利于提高当事人使用仲裁方式解决证券违法违规的损害赔偿案件的有效性。

第九章　儒家文化、法治环境与上市公司治理

第一节　儒家文化、法治环境与上市公司治理的理论分析

一、儒家文化对完善我国上市公司治理具有积极的作用

（一）儒家文化的价值取向对完善我国上市公司治理具有积极作用，但也有一些负面影响

完善上市公司治理需要完善法治，而一个诚实的社会是实现法治的前提。於兴中（2015）认为，法治的敌人已经不仅仅是强权专制、宗教迫害或不受约束的人治，而是不诚实的人和不诚实的社会。如果一个社会充满了欺骗和谎言，而且这种欺骗和谎言不仅仅在于社会民众和个人之中，而且成为一种制度性的、一贯的和大面积的实践，那么在这种社会要完善法治就十分艰难，甚至可以说毫无希望。因为在人的智慧和欲望面前，法律是十分脆弱的，有时甚至是苍白无力的。儒家文化的核心价值观之一就是人必须诚实，而诚实社会是实现法治的前提。完善上市公司治理需要完善法治，所以儒家文化的核心价值观之一——诚实，是有利于完善上市公司治理的。

儒家文化的另一个价值取向是重集体轻个人，重义务轻权利。我们知道，权利社会是建立在个人基础之上的。中国社会长期受儒家文化的影响，是一个关系社会，关系社会是建立在集体和人脉网络的基础上；而法治社会是一个权利社会，权利社会是建立在个人基础之上。权利原则和关系原则是互相矛盾的，行使个人权利和维护社会关系自然会产生冲突。这种冲突实际上是心性文化与心智文化的冲突。心性文化是以人情、关系、

道德为特点，而心智文化则是以理性、功利主义、规则性为特点。心性文化孕育了道德文明秩序，而心智文化则孕育了法律文明秩序。我国上市公司治理注重和谐体现的是关系社会中要注重维护好各方的关系，从这个角度看，儒家文化对完善我国上市公司治理是具有积极意义的；而保护利益相关者的权利强调的是要完善我国上市公司治理中的法治，从这一点来看，儒家文化对完善我国上市公司治理又有一定的负面影响。

（二）儒家文化对社会资本的形成具有正面促进作用，而社会资本的形成有利于完善上市公司治理

我们应该认识到，即使在一个法律制度很健全的社会环境中，有时"诉诸法律"也并不一定是一种可行的或者应该予以优先考虑的选择。在上市公司治理中，并非所有合约的执行或财产权的执行都要考虑法律实施，有时，通过实施其他机制，成本可能更低。在很多情况下，上市公司利益相关者以社会资本的形式，即人力资本使得一个既定社会的成员之间能够彼此信任，而且能够在组建公司和公司的运营过程中进行合作，也就是说进行与上市公司治理相关的社会资本投资，可能更能降低上市公司治理的交易成本。

近年来，社会资本这一概念受到社会科学研究者的广泛重视。社会资本通常涉及一系列准则、关系网和组织。关于社会资本最著名、从某种程度上讲也是最严格的定义是帕特南给出的（帕特南，1993；帕特南 等，1993）。帕特南把社会资本看作对社区生产能力有影响的人们之间所构成的一系列"横向联系"。这些联系包括"公民的约束网"和社会准则。构成该概念的基础是两个假设：第一是关系网和准则以经验为依据相互联系；第二是它们具有重要的经济学影响。在该定义中，社会资本的主要特征是它促进了社会成员相互利益的协调与合作（帕特南，1993）。有效的公司治理有赖于公司利益相关者之间的相互信任与合作，即有赖于社会资本的形成。胡少华（2016）认为，儒家文化通过约束人的过度自私行为、在社交网络中养成"君子人格"、阅读和学习"五经"等儒家典籍等方式来促进社会资本的形成。因此，儒家文化促进了社会资本的形成，从而有利于我国上市公司治理的完善。

（三）儒家的自然法理念对于我国完善上市公司治理相关法律制度具有借鉴意义

《皋陶谟》云："天叙有典，敕我五典五惇哉。天秩有礼，自我五礼有

庸哉。天命有德，五服五章哉。天讨有罪，五刑五用哉。"后世儒家也一直主张，法律应当"则天道，缘民情"。我们应该看到，当今中国法律体系的构建中过于迷信成文立法，忽略了其背后的超越性依据和人们之间自然形成的伦理。儒家文化中的一些伦理在当今社会仍不过时，且具有积极的意义，也符合人们生活习俗，完全可以带入法律领域，从而令法律真正服务于人们生活，符合中国人的生活习俗，这就是自然法理念。梁启超就曾在《中国法理学发达史论》中指出：儒家的法理学是自然法。梅仲协认为，礼就是自然法。一些国外著名学者也认同这一观点。例如，李约瑟曾在《中国科学技术史》一书中指出，中国古代的礼就是西方所说的自然法。儒家的德治思想、民本思想都包含了自然法的理念。程颐指出："建立治纲，分正百职，顺天时以制事。至于创制立度，尽天下之事者，治之法也。"所谓"天时"，也就是自然规律。同时，我们应该认识到儒家的自然法理念主要是"义务本位"的，其主要强调个人的义务，如对家庭、对他人的义务等，忽略了对个人权利的保护。这种"义务本位"的自然法理念对于上市公司股东权利保护相关法律制度的完善无疑具有消极的一面，但对完善上市公司治理中经理人对股东和其他利益相关者负有一定的责任和义务的相关法律条款和司法制度无疑具有积极作用。

二、优良的法治环境是在我国上市公司治理中实行法治的保障

儒家法律观告诉人们，社会秩序的建立首先依靠自治，然后才是政府的事。法律首先是作为习惯的"礼"或"礼俗"，而不是统治阶级的意志，是统治阶级进行统治甚至进行压迫的工具。法律和权力都不是至高无上的，在它们之上有"根本法"，应当由一个独立于政府的法律人共同体解释这些根本法，并以此审查法律和权力的作为，也就是必须依赖优良的法治环境。优良的法治环境有利于保证司法公正和政治中立。在我国上市公司治理中，优良的法治环境是非常重要的，因为没有优良的法治环境，公司利益相关者的权利就无法得到确实的保障。市场经济的前提假设是市场参与者能够基于对其行为结果的预测而理性地计划其行为，而行为结果（行为成本和收益）取决于法律的有关规定，如果没有司法独立，即使法律规定的东西也有可能得不到执行。具体来说，优良的法治环境对上市公司治理主要有以下四个方面的影响。

第一，优良的法治环境为经济活动的可期望利益提高了保障水平，促

进经济活动主体之间的信任与合作。现代企业理论把企业看作一系列契约的集合（Coase，1937；Alchian & Demsetz，1972；Jensen & Meckling，1976）。企业的契约观点使我们认识到，优良的法治环境对于组建公司具有重要的作用，因为优良的法治环境能促进组建公司的各参与方之间的信任和合作，从而促进公司的诞生。

第二，优良的法治环境能提高财产权的保护程度。产权保护是完善上市公司治理的基础性条件，没有产权保护，不但会影响公司的成立，还会影响公司的有效运作。米洛特（2006）认为财产权制度不同是各国公司治理体制存在多样性的主要原因。通过比较公司治理，我们可以观察到国家财产权制度之间的两种重要差异：①对财产的控制权应在多大程度上由政治家和官僚主义者，而不是由私人经济代理人所掌握；②对财产的控制权究竟是法律实施的，还是政治实施或者社会实施的。尽管在我国的民法里面明确了对财产权的保护，但在研究我国公司治理时不能简单地把财产权受到有效保护作为既定前提或分析的假设，因为对财产的控制权并非完全由法律来实施，而是还存在由政府来实施或者由社会来实施的情况。要真正发挥法律的作用，就要求必须要有优良的法治环境。优良的法治环境有利于保护公司治理中各利益相关者的权利。如果没有优良的法治环境，当公司利益相关者的利益受到侵害时，就不能得到有效保护，如在上市公司治理中，当经理人侵害股东的利益、大股东侵害中小股东的利益时，都有赖于相关法律的有效保护。

第三，优良的法治环境有利于降低法律实施的成本，从而降低上市公司治理的交易成本。科斯、威廉姆斯、诺斯等一些新制度经济学派的经济学家的开创性工作使我们认识到，各种各样的交易成本是不受个人感情影响的。公司治理过程中也存在交易成本。对于财产权而言，法律实施必须是可行的，并且必须是在公司运作的既定制度环境之中可供选择的方案中成本最低的。比如，在上市公司治理中，要利用司法手段保护股东、债权人等利益相关者的权利，必须降低法律实施的交易成本，而优良的法治环境能降低法律实施的交易成本，这也凸显了法治环境的重要性。

第四，优良的法治环境有利于"看门人"机制在上市公司治理中更有效地发挥作用。所谓"看门人"是指那些以自己职业声誉为担保向投资者保证发行证券品质的各种市场中介机构。这种声誉中介的运行机制是，他们将自己的声誉资产借给或抵押给公司发行人，从而投资者或市场能够据此信赖公司发行人的信息披露和证券品质。"看门人"主要包括审计师、律师、证券分析师和信用评级机构等。理论上，与投资大众相比，这些中介机构在市场上具有一定优势，能够获得更多的关于公司和金融产品的信息，并运用自己的专业技能进行分析和判断，在发现上述信息存在问题时向市场发出警报，阻止不当行为的发生，从而发挥"看门人"的作用，有效地保护投资者利益，保障金融市场的健康运行。除了极个别情况以外，现实中通常是由公司管理层雇佣律师、投资银行家以及其他市场中介机构。由于"看门人"受雇于公司管理者，而不是受雇于他们服务对象的投资者，这样就难免使他们的建议和观点偏向管理层。正如约翰·C.科菲所言："'看门狗'如果被他们所看管的人所雇，就往往会变成宠物，而不是守护者。"那么法律如何能够激励他们提升工作表现，更好地保护投资者呢？让"看门人"暴露在更高诉讼风险下必然使他们更加关注投资者利益。在指控公司证券领域违法行为的集团诉讼中，原告方的律师担任投资人的代理人，其代理对象是涉案的全体投资者。作为上市公司，投资高度分散，投资者分别提起个体诉讼在经济上是不可行的，因此，需要进行共同诉讼。但是，股东很分散并且只拥有有限的信息，因此作为代理人的原告方律师缺乏强大的委托人约束，很可能采取机会主义行为去追逐自身利益。有一种解决方案是，将集团控制的诉讼权不是给予首先提起诉讼的原告，也不是给予参与诉讼的原告所选择的代理律师，而是给予在诉讼中所涉利益最大的股东。这样，诉讼中所涉利益最大的一方就是推定的委托人，负责监督和选择律师，代表集团进行诉讼。在美国，这些所涉利益最大的股东一般是公众社保基金等机构投资者，这样，在几乎没有增加任何成本的情况下创建了一个更强大的委托人以监控作为代理人的律师团队，提升了代理人的表现，集团诉讼所获得的赔偿增加了。但在我国的上市公司中，由于股权结构的差异，情况会有较大的不同。我国的上市公司很多都是原来的国有企业改制上市的，很多上市公司的大股东是国家，尽管经过股权分置改革，这些大股东还是具有政府背景，由这些大股东作为委托人来进行集团诉讼，而大股东与公司管理层在人事任命和利益上都存在一定的关联，从而形成一种"虚假的委托—代理关系"，同时，政府可能会在整个诉讼过程中进行干预，更会弱化委托人对代理人的约束，也会影响最终的法院判决结果，使对投资者的赔偿不能兑现或打折扣，从而损害广大投资者的利益。可见，在这种"政企关系"还未完全分开的情况下，要保护广大投资者的利益，优良的法治环境就显得尤为重要。

三、儒家文化与优良的法治环境在完善我国上市公司治理上具有互补的作用

儒家的道德文化秩序与法律文明秩序具有互补作用，能共同促进我国上市公司治理的完善。秋风（2013）认为，儒家的国家、法律观念中其实包含了与法治、"宪政"同构、兼容或者接近的观念、精神、价值。尤其是在法律实证主义、国家主义曾经占据支配地位的知识、政治环境中，儒家的原创性思考有助于我们更好地理解法律的性质，法律与道德、习俗的关系，法律与权力的关系，有助于我们更准确地评估法律、习惯、道德等多元因素在社会治理中的功能。

儒家首先是一种道德文明秩序，道德文明秩序中人们注重的不是理性的法律条文，而是缠绵不断的人际关系。其制度安排根植于以人为中心建立起来的人际关系网络，其权威系统不注重文本和制度，而注重人的道德修养。一种文明秩序的认同，包括对其中的权威系统、概念范畴和制度安排的认同。认同有强制性的，也有自愿性的。前者往往不如后者持久、真切。儒家作为一种道德文明秩序，其内容和价值是通过读书人和官僚阶层的宣扬来体现的，在民众心目中形成了某种印象进而得到民众广泛认可。在道德秩序中，维护文明秩序的主要手段不是法律而是道德，道德对管理社会秩序起作用，而法律则作为道德中的一部分，扮演着惩罚非秩序的角色。这样，便产生了预防和惩罚分家、道德和法律各司一家的法律制度。在中国的法律传统中，礼是维护文明秩序的，而刑罚是为惩罚非秩序的。

法律文明秩序有其不可否认的优点，但绝不是最理想的或唯一的选择。儒家的道德文明秩序可以转化为法律文明秩序，或者说被法律文明秩序取代，但儒家道德文明秩序能为法律文明秩序赋予意义。我们没有放弃儒家道德文明秩序而仅仅拥抱现代法律文明秩序的必要，因为走向法律文明秩序并不意味着一定要放弃道德文明秩序。法治与德治并行不悖更符合中国的实际，也更符合我国上市公司治理的实际。

四、弘扬儒家文化与推进优良的法治环境建设共同促进我国上市公司治理完善的具体途径

（一）弘扬儒家文化，促进我国上市公司治理完善的具体途径

一是应该弘扬儒家文化中做一个诚实的人的价值取向，提高我国司法队伍的道德水平。法官应该是一个诚实的人。诚实的人就会实事求是，不说假话、空话。只有诚实的法官才可能是一个公正的法官，才会服从法律，服从正义，在我国上市公司治理相关诉讼的案件审判中维护公平正义和法律的尊严。

二是弘扬儒家文化的精华，在整个社会进行道德重建，提高公民的德性。芝加哥大学的爱泼斯坦曾经撰文指出：仅有法治，对于一个理想的文明社会是远远不够的，还应该注重德性的建设。我们知道，法治具有自身的局限性，我国在推进法治的同时，应该弘扬儒家文化注重道德建设的优秀传统，在推进法治的同时，不断完善法治模式甚至超越法治。"看门人"机制在完善公司治理中的作用不可小觑，作为"看门人"的审计师、律师、证券分析师和信用评级机构的专业人员保持诚信是他们很好地履行"看门人"义务，承担相关责任必须具备的品质。

三是致力于发展一套以儒家核心价值为本的现代价值、思想和制度体系，实现儒家创造性转换。儒家之仁、克己、修身、君子等核心理念，经过创造性转换，完全可以成为现代公民的养成之道。现代公民又是实现法治的基础。

四是发挥儒家文化在我国法律制度中的道德支柱作用。王卫国认为，民法的三大道德支柱是公平正义、公序良俗和诚实信用。儒家讲的"五常"——仁、义、礼、智、信正好可以作为民法的道德支柱：公平正义是"义"，善良风俗是"礼"，诚实信用是"信"。笔者认为，道德不能超越历史文化，都必须在特定的历史文化中存在，儒家文化作为中国民法制度的道德基础，所制定的民法典才更符合中国的实际，是具有中国历史文化特色的"中国式"民法制度，因为儒家文化体现的正是中华民族千百年历史中形成的传统道德与公序良俗。

（二）推进优良的法治环境建设，促进我国上市公司治理完善的具体途径

一是确立宪法发展的权利本位主义，确保公民权利和自由的充分实现。国家权力的配置和运行要使公民权利与自由能够得到最大限度的保

障。在现代国家，即使是对最基本的财产权的保护也不是绝对的，而是附加以公共利益要件，强调权利和自由的有限性和相对性。但这种限制性不能成为国家权力压制公民权利的手段，宪法的根本点应是公民权利和自由的充分实现。比如，在上市公司治理中，一个上市公司经营自由权的保护不能以牺牲环境为代价，但如果为了保护国家股东的权利而牺牲其他中小股东的权利则是违背制度正义要求的。因此，在完善我国上市公司治理的过程中，我们必须以自由平等权利为核心，改革和完善我国的法律体系，以宪法为源头，重点从经济主体地位（包括自然人、法人和作为特殊法人的国家）、基本市场规范以及失范行为惩治与受损权利救济机制等几个方面进行努力，创建以平等为基本理念的立法、执法与司法体制。

二是建立有效和稳定的宪治秩序。孟德斯鸠的权力制约理论认为"要防止滥用权力，就必须以权力制约权力"，但在我国目前实行议行合一体制下，我们奉行的是权力的内部监督理论。全国和各级人民代表大会各级组织由于组织结构和体制运作原因，对政府的监督主要还是依靠执政党的自律行为，权力内部的有效对抗和管束还有待加强。要改变这种状况，李晓新（2016）建议理顺执政党与人民代表大会制度之间的关系，改变目前执政党将权力重心放在政府层面的现状，而是上移到人大层面，通过执政党与各级人大组织的结合，并切实执行宪法中的人民代表大会制度，从而实行对各级权力机关的监督。

三是正确处理法官与行政机关的关系，推进审判独立。法院应该对行政机关形成牵制作用，对行政机关不合法的行为予以纠正。1982 年 10 月 22 日，在印度新德里通过的国际律师协会所制定的《司法独立最低标准》，就法官与行政机关的关系作了很明确的规定。该标准第 2 条指出，司法部门之整体，应享有自治及对于行政机关之集体独立。第 5 条规定，行政机关对于司法职务人员不得监管。第 16 条规定，政府各部之首长不得以明示或者暗示之任何方式对法官施加压力，亦不得发表相反之声明影响个别法官或整体司法制度之独立。第 18 条第 11 项指出，行政机关不得以任何作为或不作为方式抢先解决司法争议事项，亦不得拒绝法院之正确执行。从我国目前情况来看，审判独立之路依旧艰难。虽然中国共产党第十八届中央委员会第四次全体会议通过的《中共中央关于全面推进依法治国若干重大问题的决定》提出了一系列完善我国司法管理体制和司法权力运行机制的措施，各地也相继出台了一些关于司法改革的文件，但法院对法官的控制依然是一个客观事实，法官个人的独立人格无法形成，主体意识不够强烈，法官个人对案件的判决仅承担有限的法律和道德责任。从上市公司治理方面来看，很多关乎上市公司利益相关者权利的诉讼案件还是会受到行政干预，一些诉讼案件由于地方保护主义而不能得到独立审判而不了了之。因此，审判独立的改革势在必行。

第二节　儒家文化、法治环境与上市公司治理：一个博弈分析框架

改革开放以来，我国经济改革和经济发展取得了巨大的成就，我国资本市场也获得了快速发展，多层次的资本市场已经形成。在过去40余年间，中国境内上市公司队伍得到了空前壮大。尽管我国上市公司治理中良好的法治环境、经理人市场等外部治理机制的治理作用得到了西方较为一致的认同，但对于正处于转型中的中国，以上外部治理机制还存在诸多问题。在我国上市公司治理中，文化与法治是两个重要的因素。社会规范与法律作为人类社会两类基本的游戏规则，既是长期历史演化的结果，又是人们每次博弈的前提，它们共同决定着博弈中每个人的战略空间、可使用的信息、支付、均衡结果等。在转型阶段，我国上市公司治理必须把弘扬儒家文化讲诚信的核心价值观与建设优良的法治环境有机结合起来。一方面，儒家社会规范对促进我国上市公司参与各方诚信合作具有内在的约束作用；另一方面，诚信是法治的基础，建设优良的法治环境是促使我国上市公司参与各方讲诚信的外在约束机制。同时，在我国上市公司治理中，作为委托人的股东要选择信任，作为代理人的经理层要选择诚信，也必须依赖优良的法治环境。

一、理论分析

制度是一个社会的游戏规则，或更规范地说，制度是为决定人们的相互关系而人为设定的一些制约，其功能在于规范和约束行为，以消解人性弱点，增强行为能力和克服客观环境等不利因素，具有推动社会变革的能力（North，1981）。文化对经济活动具有重要影响已得到了广泛认同（Guiso et al.，2006；Guiso et al.，2009；Alesina & Giuliano，2015）。在国

外一些研究中，相关文献也分别阐述了同事关系、社团关系等非正式制度对公司治理的影响（Hwang & Kim，2009；Fracassi & Tate，2012）。作为一种非正式制度，文化通过信任增进、信息甄别、社会网络关联等渠道，与正式制度互为补充，在经济活动中起到了活跃作用（Alesina & Giuliano，2015）。我国学者研究发现，正式制度（法律）与非正式制度（文化等）在决定中国公司治理水平的过程中存在一定的互补关系，两者共同推动了公司治理的进步（陈冬华 等，2013）。包群等（2017）在研究"文化相近、合作信任与外商合资关系的持久性"时发现，只有当合资企业所处的区域制度环境相对完善时，文化作为非正式制度的协调功能才能发挥作用。以司法执行效率为例：如果缺乏高效有力的司法环境，企业的合理权益和正常的商业诉求得不到司法机构的有力保障，那么文化亲近所带来的商业信任也就难以充分发挥作用。张翼和马光（2005）研究了在不同的法治进度下公司治理与公司丑闻的关系，发现一个地区的法治和信用水平越高，当地公司发生丑闻的可能性越小，即认可法律对公司治理的积极作用。

传统的上市公司治理理论是建立在新古典主义经济学之上的。在解释上市公司治理问题上，建立在新古典主义经济学基础上的公司治理理论虽然具有较强的解释力，但也存在明显不足。因为其以理性、自私的行为作为理论基础，忽视了文化、习俗和道德等非正式制度的影响（胡少华，2017）。以理性、自私的行为作为理论基础的上市公司治理必然需要一个良好的法治环境。强世工（2016）认为，在"党国一体"的体制下，法律的实际运作是在执政党政策的指导下进行的。这就是说，政治权力无论是在法治创立和推进还是在法治的具体实践中，都具有重要的主导和影响作用。笔者认为，随着我国资本市场的发展，我国政府确实在不断采取措施完善法律、加大执法力度。Jiang 等（2010）的研究说明了，我国在提高法治环境水平方面做出了有效尝试和诸多努力。20 世纪 90 年代末，中国数以百计的上市公司的控股股东从公司转移了数十亿元。具体来说，他们采用"贷款"的形式转移资金，并将其记录在"其他应收款"（OREC）上。2001 年，中国证监会试图禁止上市公司向控股股东贷款。2004 年，国务院发布了一个指示，声明挪用上市公司资金的控股股东将受到惩处。2005 年，证监会警告称其将公开在 2005 年年底欠款超过 1 亿元的控股股东名单。随后，国务院也声称如果在 2006 年年底这些贷款仍未还上，控股股东将受到惩处。截至 2006 年 12 月，399 家上市公司补上了 OREC（其他应收款）余额；在 17 家因 OREC 余额过大而无法弥补的公司中，10 家公司控股股东被拘留。

要完善我国上市公司的治理机制，必须发挥经理人市场的治理作用。Fama（1980）最先提出了以经理人市场竞争作为激励机制的开创性想法，强调了经理人市场对经理人行为的约束作用，由于经理人市场自发的"事后清付"机制，"时间"本身便能解决公司内的代理问题。他认为，在有效的经理市场上，公司绩效是反映首席执行官（CEO）能力的一种信号，市场参与者通过首席执行官过去的表现来推断其能力。可见，经理人市场的形成有利于促进上市公司治理的完善。

在我国，由于受儒家文化的影响，人们普遍信任"家人"，在他们看来，"家人"在传统的中国社会中，可以说为人们的一切关系构造了一个最基本的样板。"家人"既有血缘关系，又有最为频繁的交往；既有最强的感情纽带，又有最对等的工具性交换（如代际互报），成为一个以"自己人"为特征的关系类别。儒家文化的核心道德品性首先所涉及的是对"自己人"所持有的一种情感性关怀，并由此按照差序格局逐渐由"亲"到"疏"推出去。显然，这种过分重视血缘亲情的文化是不利于经理人市场的形成的，也成为我国家族企业到经理人市场选择经理人的文化心理障碍。李新春（2003）分析了家族企业的经理人市场状况，认为虽然家族企业的高速增长对职业经理人的需求增加，但是在大多数情况下，经理人的引入是不成功的。其主要原因在于，企业和经理人的家族主义取向导致双方之间缺乏相互信任，家族企业的在某种程度上的"隐私"经营给企业从外部引入经理人带来风险。

二、儒家文化、法治环境与上市公司治理的博弈分析

现代公司理论认为，公司是一系列利益相关者契约的集合。詹森和麦克林（Jensen & Meckling，1976）把企业看作一种法律虚构物，是契约的联结（nexus of contracts），并且其特征是在组织的资产和现金流上存在着可分割的剩余索取权。在上市公司治理中，存在多个利益相关者的合作，如何促进利益相关者之间的合作成为上市公司治理必须关注和解决的问题。契约产生于人的理性在追求自己利益时的精确计算，这就凸显了法治在完善我国上市公司治理的重要性。从根本上讲，我国上市公司治理就是要解决上市公司利益相关之间的契约执行问题。经济学的契约理论是建立

在经济学"理性人"假设基础之上的,但契约本身并不足以保证签约各方某项权利或义务的成立和执行。为了保证契约中当事人的权利和义务的成立并执行,需要契约签约各方之间的沟通。儒家"理性人"的理性是一种更为广义或丰富的理性概念,这个较为广义的理性概念的基础就是人类的沟通行为,沟通行为的最终目标就是参与者们达成一种了解或同意(胡少华,2017)。契约理论还必须假定一个道德原则的有效性,儒家"理性人"为经济学"理性人"提供了这个道德原则,也就是诚信原则。诚信是法治有效发挥作用的基础,有了诚信这个道德基础,法律才能有效发挥作用。

通过以上分析,我们认为,一方面,儒家社会规范对促进我国上市公司参与各方诚信合作具有内在的约束作用,同时,儒家讲"诚信"的核心价值观是法治有效发挥作用的基础,儒家"理性人"的理性显然属于沟通行为的参与者的理性化,有利于促进契约各参与方的沟通与合作以及契约的执行;另一方面,公司的契约理论是建立在经济学"理性人"假设基础之上的,经济学"理性人"是建立在利益计算的基础之上的,法律作为由国家制定和执行的社会行为规则,对规范人的行为、维持社会秩序和推动社会进步具有重要的作用。良好的法治环境增加了违法的成本,这又能促使契约参与各方选择诚信。在进行博弈分析之前,本章先简要地阐述纳什均衡的概念。所谓纳什均衡,就是在博弈中,给定其他人的策略,每个人选择对自己最有利的策略,即如果其他参与者不变换策略,任何单个参与者不能通过单方面变换策略来提高他的效用。纳什均衡有一个很重要的特点,即信念与选择之间的一致性。就是说,基于信念的选择是合理的,同时支持这个选择的信念也是正确的。

下面,我们用博弈论对儒家文化和法治环境在我国上市公司治理中的作用这个问题进行分析。

(一)儒家文化在我国上市公司治理中的作用的博弈分析

儒家文化把"合作"当作一种重要的社会规范。如果一方合作,另一方不合作,不合作的一方就会受到社会规范的惩罚。这种惩罚可能表现为信誉的损失、未来合作机会的损失,或社会地位的下降,甚至仅仅表现为因别人的鄙视而遭受的心理成本(张维迎,2013)。

我们用图9-1所示的博弈来刻画儒家社会规范的作用。图9-1的博弈是囚徒困境博弈。具体来讲,我们把囚徒困境中的"合作者"称为"君子","不合作者"称为"小人"。如果参与两方都选择合作的话,每方都会得到回报 3；如果都不合作，则回报都为 0；如果 A 方选择合作，B 方选择不合作，则选择合作的 A 方得到的收益为-1，选择不合作的 B 方得到的收益为 4。如果 B 方选择合作，A 方选择不合作，则选择合作的 B 方得到的收益为-1，选择不合作的 A 方得到的收益为 4。显然，从参与双方的总利益出发，即所谓集体理性来看，都选择合作是最优的。但是，如果参与各方都从自己的利益出发来做选择，这一最优的结果不会出现，而是出现“囚徒困境”（prisoner's dilemma）。

		B 合作	B 不合作
A	合作	3，3	-1，4
A	不合作	4，-1	0，0

图 9-1　合作难题

图 9-2 显示了儒家社会规范对囚徒困境收益的改变。当 A 不合作而 B 合作的时候，A 的收益从 4 变为 $4 - ax$；当 A 合作而 B 不合作的时候，B 的收益从 4 变成 $4 - by$。这里，x 和 y 表示儒家社会规范对不合作行为的“客观”惩罚，或者是参与各方的一个“客观”成本，a 和 b 则可理解为当事人对这种惩罚的心理感受程度，因此，ax 和 by 可以理解为 A 和 B 感知到的成本。显然，只要 $ax > 1$ 和 $by > 1$，$4 - ax < 3$，$4 - by < 3$，儒家社会规范就可以使得“合作”变成一个纳什均衡。

		B 合作	B 不合作
A	合作	3，3	-1，$4-by$
A	不合作	$4-ax$，-1	0，0

图 9-2　儒家社会规范解决囚徒困境

儒家注重“合作”的社会规范的执行效果，很大程度上依赖于 a 和 b。如果当事人受儒家文化注重“合作”的理念影响大并能落实到自己的实际行动中（儒家强调“知行合一”），儒家社会规范在我国上市公司治理中就能有效发挥作用，相反，如果当事人受儒家文化注重“合作”的理念影响小，则儒家社会规范在我国上市公司治理中的作用就很小。这就需要整个社会加强对儒家文化中"诚信""合作"等核心价值观的学习和教化，让我国的上市公司参与各方把养成"君子人格"作为自己的毕生追求。

（二）法治环境在我国上市公司治理中的作用的博弈分析

假设在我国上市公司治理中，存在利益相关者甲和利益相关者乙，关于甲和乙诚信问题的囚徒困境博弈如图9-3所示：

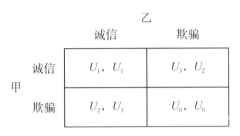

图9-3　诚信博弈标准式

当甲和乙进行合作时都选择诚信，则双方的收益分别都是 U_1，当甲和乙都选择欺骗时，则双方的收益都分别为 U_0。若乙诚信，甲欺骗，甲获得的收益为 U_2，乙获得的收益为 U_3；若甲诚信、乙欺骗，则乙的收益为 U_2，甲的收益为 U_3。一般而言，契约的任一方在对方诚信时选择欺骗的收益最大，反之，在对方欺骗时选择诚信的收益最小。双方都选择诚信比双方都选择欺骗时各方获得的收益要大，因此，$U_2 > U_1 > U_0 > U_3$，$U_2 - U_1$ 是欺骗获得的剩余。假设博弈只进行一次，则纳什均衡是（欺骗，欺骗），诚信合作不能实现。现在假设存在良好的法治环境，交易之前签署协议，若乙方诚信，甲欺骗，甲方要向乙方支付赔偿金，赔偿金的多少由法院裁定，假设 x 是受欺骗一方要求赔偿的金额，r 是受欺骗一方要求赔偿的概率，则法院判决的期望值为 rx，但是，被欺骗方起诉时，需要支付司法成本 C，则存在良好法治环境的诚信博弈如图9-4所示。

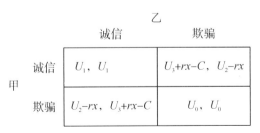

图9-4　加入法律惩罚的诚信博弈

甲方选择欺骗的情况下，对于乙方来说，如果欺骗获得的收益大于诚信获得的收益，即 $U_0 > U_3 + rx - C$，也即 $C > U_3 - U_0 + rx$，司法成本足够大时，（欺骗，欺骗）成为纳什均衡。

在甲方选择诚信的情况下，对于乙方来说，如果欺骗的收益大于诚实的收益，即 $U_2 - rx > U_1$，也即 $rx < U_2 - U_1$，法律判决的赔偿小于欺骗获得的剩余时，（欺骗，欺骗）成为唯一的纳什均衡。

在甲方选择诚信的情况下，对于乙方来说，如果诚信的收益大于欺骗的收益，即 $U_1 > U_2 - rx$，也即 $rx > U_2 - U_1$，法律判决的赔偿大于欺骗获得的剩余时，（诚信，诚信）也成为纳什均衡。

若 $rx > U_2 - U_1$ 和 $C > U_3 - U_0 + rx$ 同时成立，则（诚信，诚信）和（欺骗，欺骗）都是纳什均衡。因为 $U_1 > U_0$，所以（诚信，诚信）是帕累托有效的纳什均衡。

可见，在上市公司治理中，只要法律对契约参与各方的欺骗行为的惩罚 rx 大于欺骗行为获得的剩余 $U_2 - U_1$，契约参与各方可能会选择诚信。相反，如果法治环境不好，对欺骗行为惩治的力度不够，对欺骗行为的惩罚 rx 小于欺骗获得的剩余 $U_2 - U_1$，契约参与各方的欺骗行为就可能发生。假设法院判决赔偿的概率 r 与法治水平 q 成正比，即 $r = a \times q$。

当 $rx < U_2 - U_1$，即 $a \times q \times x < U_2 - U_1$，亦即 $q < (U_2 - U_1) / (a \times x)$ 时，契约参与各方可能会选择欺骗；反之，当 $q > (U_2 - U_1) / (a \times x)$ 时，契约参与各方可能会选择诚信。

可见，从经济学的"理性人"假设出发，法治水平决定了上市公司治理中契约参与各方对于诚信和欺骗的选择。在好的法治环境下，由于对违法的惩处力度大，违法的成本要大于违法的收益，契约参与各方会选择诚信；坏的法治环境下，由于对违法的惩处力度轻，违法的成本要低于违法的收益，契约参与各方可能会选择欺骗。儒家文化通过"君子"身份作为激励机制来激励社会成员讲诚信。在儒家文化中，"君子"不是与生俱来的身份，而是做人的标准。但是，要真正使契约参与各方把诚信落实到具体行动中，除了儒家"君子"身份的内在激励，还需要良好的法治环境。

从以上博弈分析我们可以看到，法治环境不只是表现在立法和执法上，更体现在处罚力度方面，或者说违法成本上。在我国，对上市公司治理中利益相关者欺骗的处罚方面，法律判决的赔偿金额足够少，（欺骗，欺骗）就成为唯一的纳什均衡。例如，《中华人民共和国证券法》第六章列出了对 48 种违反证券法行为的不同处罚（第 188~235 条），而几乎所有的处罚都很轻。针对个人的罚款一般为 3 万~30 万元，针对组织（如发行人、证券公司）的罚款则为 30 万~60 万元。又如，《中华人民共和国证券法》第 193 条规定："发行人、上市公司或者其他信息披露义务人未按照规定披露信息，或者所披露的信息有虚假记载、误导性陈述或者重大遗漏的，责令改正，给予警告，并处以 30 万元以上 60 万元以下的罚款。对直接责任负责的主管人员和其他直接责任人员给予警告，并处以 3 万元以上 30 万元以下的罚款。"同时，"发行人、上市公司或者其他信息披露义务人未按照规定报送有关报告，或者报送的报告有虚假记载、误导性陈述或者重大遗漏的，责令改正，给予警告，并处以 30 万元以上 60 万元以下的罚款。对直接负责的主管人员和其他直接责任人员给予警告，并处以 3 万元以上 30 万元以下的罚款"。现实中，我们可以看到我国很多上市公司违规，甚至是较为严重的违规也只是处以轻微罚款的案例。从以上博弈分析我们可以知道，这种轻微的处罚不足以让上市公司讲诚信。因此，必须加大对违规和欺骗的处罚力度。2018 年 7 月曝光的上市公司——长春长生生物科技有限公司疫苗造假事件就是一起上市公司不讲诚信的恶性事件，习近平总书记和李克强总理批示必须依法严惩，这正是强调法治环境不只是表现在立法和执法上，更体现在处罚力度方面。只有加大处罚力度，才能迫使上市公司及其利益相关者讲诚信。

下面，我们对上市公司治理中，股东与经理人委托—代理关系进行博弈分析（见图 9-5）。

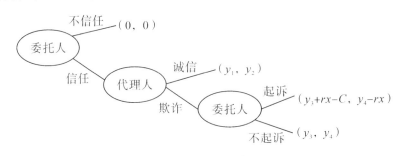

图 9-5　信任博弈

如何使代理人——经理保持诚实、讲信誉，努力为委托人——股东努力工作是上市公司治理中必须研究和考虑的问题。一般来说，经理人对股东具有忠实义务。忠实义务就是为了保护上市公司股东免受经理人机会主义行为的侵害。

在上市公司股东与经理人的委托—代理关系中，股东是委托人，经理是代理人，如果股东信任，经理人诚信，股东与经理人彼此的收益分别是 y_1、y_2；若经理人欺骗，股东不起诉，股东与经理人的收益分别是 y_3、y_4；若经理人欺骗，股东起诉，法院判决欺骗的经理人赔偿 rx，这里，r 是判决赔偿的概率，x 是股东要求赔偿的金额，起诉所产生的司法成本 C，不失一般性，$y_4 > y_2$，$y_1 > y_3$，y_1、y_2、y_4 均大于 0。

若 $y_3 + rx - C > y_3$，即 $rx > C$，上市公司股东被经理人欺骗时，起诉获得的赔偿大于司法成本，上市公司股东会起诉。

若 $y_2 > y_4 - rx$，上市公司经理人诚信的收益大于欺骗的收益时，上市公司经理人会诚信。

若 $y_1 > 0$，上市公司股东会信任。

信任问题的动态博弈得出的结论是：好的法治环境下，作为股东的委托人对作为经理的代理人的信任会实现，同样，作为经理的代理人会选择诚实守信。在坏的法治环境下，上市公司经理人的欺骗会盛行，而且在坏的法治环境下，由于起诉产生的司法成本高，不起诉会成为上市公司股东的理性选择。

儒家文化产生于农耕时代，其基本指向就是养成君子，发起平民社会中的共同体，并领导和维护这样的共同体。在传统的农业社会，人口流动的范围和规模受到很大的限制，一个或几个家族往往都居住在一个村落，男女也大都与本村或与附近的村落的异性建立婚姻关系，因此，人们交往的范围较小，很多人相互之间存在某种特有的既定关系（家族亲属关系），人与人之间合作的范围较小，熟人之间的重复博弈就成为人与人之间增加信任及合作的重要方式，人们注重家族和血缘关系的合作（胡少华，2016）。秋风（2013）认为，儒家所设想的共同体实有两种基本形态：第一，基于血亲关系的家庭、宗族。孔子，尤其是曾子一系，强调"孝"，强调父子、夫妇、兄弟之义，就是为了强化这种熟人社会共同体的联结纽带。第二，陌生人之间的社会，最典型者为儒生自身的组织。通过师徒关系、同门关系，本来生活在遥远地方、彼此陌生的儒生，组成一个庞大的精神、文化与政治共同体。

随着现代市场经济的发展，上市公司在人际关系上远远超越这两种共同体，人与人之间的合作范围是全国的乃至全球的。儒家基于以上两种共同体的信任在上市公司治理中就会有很大的局限性。但是，儒家预设人处于与他人的关系中，人能够、也愿意理解他人。人天然地生存于与他人的关系中，由此，人天然地能够、并且愿意信任他人。如何实现人与人之间的信任呢？董仲舒所提出的五常之道，始于仁，经过义、礼、智，而终于信。他认为关键在于治疗无所不在的心理疾病，打破每个人对他人的神经质式猜疑、恐惧。在此基础上，人们将会重新发现、养护自己的内心之善，学会彼此信任、尊重，学会面向真、善、美等价值的合作，而不再把生命完全视为成本—收益计算的过程。但是，笔者认为，尽管不能把生命完全视为成本—收益计算的过程，我们也不能忽视生命过程中无法回避成本—收益计算这样的客观事实。正因如此，儒家预设的人与人之间的信任要得以实现，除了"君子"身份激励和教化，还需要良好的法治社会环境。

市场发展和深化需要逐步打破基于家族和血缘关系以及师徒关系、同门关系的信任。要克服儒家文化存在的这种局限性，除了"君子"身份激励和教化以外，必须依赖良好的法治环境。

我国是一个家文化传统最为悠久和深厚的国家。在我国40多年的改革开放和经济快速发展的背景下，家族企业或者说更为广泛的民营企业日益成为我国经济发展不可或缺的强大驱动力。家族企业已经成为经济增长以及促进就业的引擎。家族上市公司在选择经理人时，经常面临两难困境，是选择家族成员还是到更广泛的经理人市场进行选择。在家族成员中选择，虽然可靠，往往又能力有限，在经理人市场中选择，能选到能力强的经理人，往往又面临信任危机。2001年，一项由中国家族企业研究中心与中山市工商局进行调查的结果显示，民营企业从多方面表达了对引入职业经理人的担忧。其中，约占50%的被调查企业表示信任和忠诚是其担心的最主要的问题，对职业经理人的态度多为"信不过""难以同心同德""没有责任心"等（李新春，2003）。随着家族企业规模越来越大、业务越来越复杂以及面临的挑战越来越大，他们最终还是需要聘用更熟知大公司运营的专业经理人，尤其是当家族希望自己的企业能够继续发展，实现基业长青时更是如此。此外，中国已经实行了几十年的"独生子女政策"，同时，很多家族创始人的子女对管理家族企业的兴趣很小或没有兴趣，家族企业很难再将管理团队仅仅限定在家族内部，因此，随着企业的发展壮大，他们没有其他选择，最终只能从经理人市场选聘职业经理人。家族企业的创始人或董事长由于受儒家文化的影响，比较信任自己的家族成员，要使他们在心理上能突破这个局限，敢于从经理市场选聘经理人并信任他们，就必须依赖良好的法治环境。同时，要促使经理人讲诚信，一方面，我们应该弘扬儒家文化讲诚信的核心价值观；另一方面，我们必须努力建设良好的法治环境。只有这样，我国的家族企业才会突破在家族成员中选聘经理人的局限性，实现基业长青。同时，这才能更好地发挥经理人市场在我国上市公司治理中的积极作用。

第三节　小结

儒家文化与优良的法治环境在完善公司治理中具有互补的作用。儒家文化作为一种道德文明秩序与法治作为一种法律文明秩序能共同促进我国上市公司治理的完善。道德不能超越历史文化，必须在特定的历史文化中存在。以儒家文化作为中国民法制度的道德基础，所制定的民法典才更符合中国的实际，才是具有中国历史文化特色的"中国式"民法制度。因此，我们应该把弘扬儒家文化的精华与推进优良法治环境建设有机结合起来，法治与德治并行不悖，共同促进我国完善上市公司的治理。

儒家文化讲诚信的文化信念为法治有效发挥作用提供了基础，良好的法治环境能促使人们把讲诚信的文化信念落实到行动中。在我国经济转型期，要完善我国上市公司治理：一方面，要弘扬儒家文化讲诚信的核心价值观，只有这样，才能促进上市公司参与各方注重合作；另一方面，要努力建设良好的法治环境。具体来讲，就是要加大执法力度，降低司法成本。只有这样，上市公司参与各方才能真正做到诚实守信，上市公司股东才会信任上市公司经理人，上市公司经理人才会真正诚信。这样，我国经理人市场才会不断完善和发展，家族企业才会有信心根据上市公司发展的需要从经理人市场聘用经理人并信任他们，这样，不但有利于发挥经理人市场在完善我国上市公司治理的积极作用，还有利于企业的长远发展和基业长青。

第十章 儒家文化对上市公司股利 政策的影响：来自中国 A 股市场的经验证据

第一节 引言

在社会生活中，人类建立了各种各样的制度，这些制度可以分为正式制度和非正式制度，大致来说，前者如法律、各类规章制度，后者指一些不成文的行为规则，包括文化、地方习俗和社会规范等。新制度经济学指出，由于非正式制度的传染延续性，其约束力往往比正式制度更加明显。因此，在法律、各类规章制度等正式制度对公司治理发挥作用的同时，不应该忽视非正式制度的作用。已有研究表明，非正式制度对微观个体和企业行为都具有重要的影响。陈冬华等（2013）研究指出，宗教文化能够显著提高公司治理水平，且与正式制度具有互补作用。陆瑶和胡江燕（2014）研究发现，CEO 与董事间的"老乡"关系对企业风险水平有显著的正影响，并呼吁政府和投资人等提高对公司内部裙带关系的重视；在国外一些研究中，相关文献也分别阐述了同事关系、社团关系等非正式制度对公司治理的影响（Hwang & Kim，2009；Fracassi & Tate，2012）。文化对经济活动的重要影响已得到了广泛支持（Guiso et al.，2006；Guiso et al.，2009；Alesina & Giuliano，2015）。民族文化被定义为从幼童时期习得的、以区分一个群体不同于另一群体的价值观、信念和假设（Beck & Moore，1985）。这一定义与霍夫斯泰德 Hofstede（1991）把民族文化定义为精神的软件及Jaeger（1986）的"行为的共同理论或分享的内心的程序"观点是一致的。

民族文化深深地嵌入了日常生活，相对难以改变。上市公司股利政策的制定被诸多内、外部影响因素左右，而文化是一个不容忽视的重要因素。在经历了"五四"运动以后，从 20 世纪 80 年代初，儒家文化在中国大陆开始了强劲的复兴。儒家文化所倡导的崇德向善、见贤思齐、孝悌忠信、礼义廉耻等核心价值观潜移默化中国人的行为方式。

基于上述原因，本章以儒家文化为切入点，试图找到并描绘在我国上市公司股利政策中可能起到重要作用的文化因素。之所以选择儒家文化作为切入点，主要有以下两个原因：第一，儒家文化在长期的历史过程中已经内化为中国人的一套价值规范。帕森斯（1951）强调规范在激励行为上的重要性，因为它影响了人们的内在效应。心理学家把受内在激励的行动定义为这样一种情形：尽管采取该行动没有任何报酬，但是为了行动本身的价值，该行动仍然会被采纳（Frey & Bruno，1997）。儒家文化作为价值规范势必影响我国上市公司高管的行为。第二，儒家文化通常会影响我国上市公司高管的价值观和经营理念，从而影响我国上市公司的股利政策。我国上市公司高管受儒家文化影响的程度可以从其学习、生活和工作环境进行考察。周楷唐等（2017）研究了高管的学术经历对企业经营管理及其向资本市场所传递信号的影响，他们还丰富了高管个人特征对债务融资成本影响的研究。这些研究为我们深入研究儒家文化对我国上市公司股利政策的影响提供了可参考的分析框架和技术路径。相对于已有的研究，本章的贡献可能主要体现在以下三个方面：

第一，通过手工整理我国上市公司董事长的学习、生活和工作环境及体现我国上市公司股利政策等微观层面的数据，本章以上市公司董事长受儒家文化影响的程度作为切入点，研究儒家文化这一非正式制度对我国上市公司股利政策的影响，从而突破了以往过多基于正式制度、公司股权结构和宏观框架的单一视角研究，丰富了我国上市公司股利政策的相关理论，并拓宽了上市公司股利政策的研究范畴。

第二，跨学科的交叉融合是近年来公司治理领域关注和研究的热点。尽管以往文献基于非正式制度影响公司治理的基本逻辑框架，探讨了宗教、媒体、传统文化和老乡关系等对公司治理的影响（沈洪涛，冯杰，2012；陈冬华 等，2013；陆瑶，胡江燕，2014；毕茜 等，2015），但儒家文化作为中国传统文化的主流和重要组成部分，如何影响我国上市公司股利政策的研究还十分匮乏。

第三，高管梯队理论（upperechelons theory）自提出以来，学者们为试图打开高管异质特征这一黑箱（black-box）进行了大量探索，并从性别（Adams & Ferreira，2009；Faccio et al.，2011；李小荣，刘行，2012）、年龄（Hambrick & Mason，1984；姜付秀 等，2009；李四海，2015）、海外背景（Giannetti et al.，2015；柳光强，孔高文，2018）等方面展开了系列研究，根据"高层梯队理论"，企业的经营管理行为深受企业高管个体特征的影响（Hambrick & Mason，1984；Hambrick，2007）。本章从公司董事长的学习、生活和工作环境背景这一异质信息的视角，研究我国上市公司董事长受儒家文化影响的程度对上市公司股利政策的影响。

本章接下来的结构安排如下：第二部分是制度背景、理论分析与研究假设，第三部分是数据来源及变量定义，第四部分是模型设计，第五部分是实证结果与分析，第六部分是稳健性检验，第七部分是小结与启示。

第二节　制度背景、理论分析与研究假设

儒家文化是一种源远流长的文化，儒家是指孔子开创的一个学派，形成于春秋中后期，如《中庸》所说，孔子"祖述尧舜，宪章文武"，整理古典文明之"方策"，删定六经。由此，尧、舜、皋陶、周公之道，变成一种可"学"之道。孔子生于公元前551年，卒于公元前479年，距今已有2 500多年的历史了，因此，儒家学派也有2 500多年的历史了。儒家文化代表了中国人的核心价值观，这套核心价值观是跟中国人的历史文化处境和生存条件相符合的，它和中国人生存的历史环境、历史条件、生产方式、交往方式是融合在一起的，因此符合当时中国社会的需要，成为了中国文化的主体部分。在中国历史上，儒家文化对理解中国的政治制度、政治文化起到了很重要的作用，同时也为中国社会和中国人提供了基本的价值观。

所谓股利政策，不仅涉及公司应该将多少现金归还股东，还包括以何种方式归还股东，如现金股利、股票股利或回购等。在上市公司治理中，公司的股利政策被认为是能够缓解代理问题的一种机制安排（LLSV，2000；Easterbrook，1984；Jensen，1986）。作为公司三大财务政策之一，股利政策受到学者们的持续关注。

Kirkman 等（2006）回顾了那些吸收了 Hofstede 文化价值观的研究，认为他的理论在跨文化研究方面也存在局限性。Shao 等（2010）使用保守主义指标对 21 个国家的公司进行研究，发现保守主义与公司的红利支付正相关。Khambata 和 Liu（2005）使用 Hofstede 的风险规避维度表明亚太地区 14 个国家中，高风险规避国家的公司表现出低的红利支付率和低的红利支付倾向。还有的学者从宗教对公司高管价值观和行为的影响的角度来研究宗教对公司治理的影响。Dyreng 等（2012）研究了宗教和社会习俗是否影响上市公司经理们的财务报告。他们发现，公司总部所在地人口对宗教忠诚的程度与低乐观的股利选择相关，他们发现公司所在地高宗教忠诚的公司不可能事后重申以前的盈利。这些企业的财务报告夸大收入和资产并有意减少支出和负债，从而导致财务报告被歪曲所产生的风险大大降低。宗教忠诚度高的地区的企业能更好地把公司的获利进入现金流，报告的获利与从企业基本面预测的获利水平的偏差较小。

儒家文化是注重风险规避的。风险规避反映了对不确定性的容忍水平。上市公司的高管受儒家文化影响越大，其风险规避的程度就越高，就越希望保留更多的现金，支付更低的红利以应对未来可能发生的财务困难。儒家文化注重长远，其价值观是长期导向的。一个上市公司的高管受儒家文化影响越大，其长期导向程度越高。高长期导向代表对长期价值的承诺，因此，上市公司高管长期导向程度越高，越会积累更多的利润，这个上市公司支付的红利水平越低。儒家文化的特点是"义务先于权利"。西方社会自近代以来非常强调个人权利的优先性，但是儒家文化则强调义务的优先性。因此，相对于西方文化，儒家文化对股东权利保护的意识就要弱一些，这也会降低对股利分配的意愿及股利分配水平。

董事长的主要职责在于团结和集中全体董事会成员的智慧和经验，就公司经营管理中的重要事项做出决策。从实际情况来看，在上市公司股利政策这一重大决策问题上，董事长发挥了重大作用。

综上，笔者认为一个上市公司的董事长受儒家文化的影响越大，该上市公司的股利支付意愿、现金股利支付意愿和现金股利支付水平越低。根据以上分析，本章提出以下 3 个研究假设。

假设 1：一个上市公司的董事长受儒家文化影响越大，该上市公司的股利支付意愿越低。

假设 2：一个上市公司的董事长受儒家文化影响越大，该上市公司的现金股利支付意愿越低。

假设3：一个上市公司的董事长受儒家文化影响越大，该上市公司的现金股利支付水平越低。

第三节　数据来源及变量定义

一、样本选择与数据来源

本章选取 2008—2016 年沪、深两地的 A 股上市公司作为研究样本。为力求数据的准确性和可靠性，我们执行以下筛选程序：①剔除金融行业上市公司，因为这些公司存在行业的特殊性；②剔除 ST/PT 的上市公司；③剔除上市时间不满一年的公司，因为这些公司可能存在 IPO 效应；④为了控制极端值对回归结果的影响，我们对解释变量中的连续变量 1% 以下和 99% 以上的分位数进行了缩尾处理（winsorize）。

本章的财务数据来源于 Wind 资讯金融终端系统。我们以 RESSET 数据库、CSMAR 数据库披露的高管简历信息为基础，结合新浪财经人物、百度、搜狗、360 综合搜索等互联网平台，手工收集和整理了 2008—2016 年上述这些上市公司董事长的性别、年龄、学历、海外经历等数据。

二、变量定义

（一）因变量

这里因变量包括两类：一类是股利支付意愿和现金股利支付意愿虚拟变量；另一类是现金股利支付水平的连续变量[①]。对于股利支付意愿，借鉴 Fama 和 French（2001）、DeAngelo 等（2006）的研究，我们分别采用虚拟变量 Dumdiv、Cdumdiv 来衡量上市公司的总股利支付意愿、现金股利支付意愿。其中，当上市公司发放股利（现金股利）时，Dumdiv（Cdumdiv）取 1，否则取 0。对于现金股利支付水平，借鉴 La Porta 等（2000）、Li 和 Lie（2006）、Boudoukh 等（2007）的研究，我们采用 Cpayout 来衡量，Cpayout 取值为每股现金股利与公司年度每股净利润之比。

---

① 这里所指的股利支付意愿包括现金股利、股票股利和转增的支付意愿。

（二）解释变量

1. 上市公司董事长受儒家文化影响程度的衡量

魏志华（2014）认为，在我国股权高度集中、公司治理结构和法律执行效率较低的现实背景下，公司特征（如盈利状况、现金流水平、未来投资机会等）虽然是影响公司股利政策的重要因素，但大股东的股利偏好毋庸置疑在很大程度上主导上市公司股利政策。根据 Bartram 等（2008）对全球 42 个国家进行的研究，在公司治理特征方面，我国上市公司股权集中程度要高于世界各国的平均水平，公司独立于股东的程度处于中等水平，而公司治理效率则要低于其他国家。显然，我国上市公司在内部公司治理缺乏足够效率的情况下将更容易被股权集中的大股东所控制。实际上，上市公司董事长一般为大股东所派，某种程度上代表大股东的利益，因此，上市公司董事长对于上市公司股利政策的决定起着十分关键的作用，这就为我们研究儒家文化对上市公司股利政策的影响提供了一个独特可行的视角，即把上市公司董事长受儒家文化影响的大小作为关键解释变量来研究儒家文化对上市公司股利政策的影响。

儒家文化是一种非正式制度，更是一种社会规范。胡珺等（2017）以董事长和总经理的家乡认同作为切入点，研究这一非正式制度对上市公司环境治理行为决策的影响。我们选择上市公司董事长作为研究对象。本章没有采用问卷和访谈等方法以衡量董事长受儒家文化影响的程度，而是根据他们的学习、生活和工作环境来确定他们受儒家文化影响的程度。一直在国内学习、工作和生活的上市公司董事长受儒家文化影响比较大。由于中西方文化差异和冲突，有海外学习、生活和工作背景的上市公司董事长受儒家文化的影响就相对比较小。在中西方文化存在显著性差异的前提下，不同社会组织或个人的认知模式、行为决策也截然不同（Hofstede，2003）。长期深入地接触西方社会、接受西方文化的熏陶，必会导致海归人员的认知观念、决策偏好产生显著的变化（Sampson，1986）。在其回国担任企业决策者时，这部分高管的决策模式与长期在国内学习、生活和工作的高管会有显著的差异，相比中国传统文化，西方国家文化的一个显著特点是个人主义的兴盛和集体主义的低迷（Hofstede，2003）。

儒家文化作为中国主流文化对于在中国国内学习、生活和工作的人会产生深远的影响。杜维明（2008）认为儒家强调教育，以此作为达到人类繁荣昌盛的进路，这是儒家的特点。儒家所强调的教育是"学"的一种特别方式，即所谓的"为己之学"。学习在儒家眼中被认为是人格塑造的一个持续且完整的过程。对于具有海外学习、生活和工作的人，海外经历所赋予个体长时间、更深入的西方文化体验和熏陶，对个体的价值观和行为模式会产生较大的影响。因此，如果董事长长期学习、生活和工作环境都在国内，我们认为他们受儒家文化影响较大，则对该董事长赋值为1，如果董事长有海外留学、生活和工作经历，我们认为他们受儒家文化影响较小，赋值为0，受儒家文化影响这一变量符号用 INC 来表示。以往文献大都将公司高管视为具有同质性特征，忽略了高管的异质信息对公司行为决策的影响。本章从公司董事长的学习、生活和工作环境这一异质信息的视角，研究我国上市公司董事长受儒家文化影响的程度对上市公司股利政策的影响。

（三）控制变量

公司股利政策可能受到诸多因素的影响。大量的文献证实，公司规模大、盈利能力强、负债水平低、成长机会小、现金流充沛的上市公司具有更高的股利支付水平（Fama & French，2001；Denis & Osobov，2008；Jensen et al.，1992；Fenn & Liang，2001；John et al.，2008）。另一些文献则显示，董事会规模反映了监督成本与收益的权衡，而独立董事有助于限制管理层的影响力（Boone et al.，2007）。董事会构成也可能影响公司治理效率进而影响公司股利政策（Schellenger et al.，1989）。影响公司股利政策的因素很多，我们分别从公司特征变量、董事会特征变量和董事长个人特征变量三个变量对公司股利政策的影响因素进行控制。其中，公司特征变量包括：公司规模（Size）、财务杠杆（Lev）、成长性（Grow）、盈利能力（Roa）、产权性质（Soe）、大股东持股比率（First）、经营现金流（Ocf）。董事会特征变量包括：董事会规模（Bsize）、独立董事占比（Id-pratio）、董事长兼任总经理（Power）。董事长个人特征变量包括：年龄（Age）、性别（Gend）、学历（Degr）。所有变量的详细定义见表10-1。

表 10-1　变量的详细定义

变量类型	变量符号	变量名称	度量方法	文献支持
解释变量	INC	董事长受儒家文化的影响	当董事长受儒家文化的影响大时，INC＝1，否则为 0	Adams 和 Ferreira（2009） Faccio 等（2011） 李小荣和刘行（2012） Hambrick 和 Mason（1984） 姜付秀等（2009） 李四海（2015） Giannetti 等（2015） 柳光强和孔高文（2018） Hambrick 和 Mason（1984） Hambrick（2007）
因变量	Dumdiv	股利支付意愿	公司发放股利时取 1，否则取 0	Fama 和 French（2001） DeAngelo 等（2006） La porta 等（2000） Boudoukh 等（2007） 魏志华（2014）
	Cdumdiv	现金股利支付意愿	公司发放现金股利时取 1，否则取 0	
	Cpayout	现金股利支付水平	每股现金股利/每股净利润	
控制变量	Size	公司规模	年末总资产的自然对数	苏启林和朱文（2003） 谷祺等（2006） Ding 等（2008） Miller 等（2007） Maury（2006） La Porta 等（1999） Claessens 等（2000） Faccio 和 Lang（2002） Chernykh（2008） Anderson 和 Reeb（2003） Anderson 和 Reeb（2004） Andres（2008） 魏志华（2014）
	Grow	成长性	营业收入增长率	
	Roa	盈利能力	总资产收益率＝净利润/资产总额	
	Lev	负债水平	总负债与总资产之比	
	Soe	产权性质	国有控股上市公司取 1，否则取 0	
	First	大股东持股	大股东持股比例＝第一大股东所持的股份数/总股数	
	Ncfic	经营现金流	经营活动产生的现金流量净额/营业收入	
	Bsize	董事会规模	董事会人数	
	Indpratio	独立董事比例	独立董事占董事会人数的比例	
	Age	年龄	董事长或总经理的年龄	
	Gend	性别	男＝1，女＝0	
	Degr	学历	1＝中专及以下，2＝大专，3＝本科，4＝硕士，5＝博士	
	Year	时间效应	9 个研究年度取 8 个年份虚拟变量	
	Ind	行业效应	按照中国证监会 2012 年行业分类标准，各行业进一步划分了二级子行业，共设置 19 个行业虚拟变量	

第四节　模型设计

如前文所述，本章因变量包括两类：一类为股利支付意愿和现金股利支付意愿二元变量 Y_1（Dumdiv、Cdumdiv），另一类为现金股利支付水平实变量 Y_2（Cpayout）。对于前者，采用 Logistic 模型进行估计；对于后者，由于股利支付没有小于 0 的情形，是一种"删失数据"（censored data），采用 Tobit 模型往往比 OLS 估计能够得到更佳的估计结果。为此，笔者分别构建了如下的回归模型：

$$\text{Logit}(Y_1) = \beta_0 + \beta_1 \times \text{INC} + \sum_{i=2}^{n} \beta_i \text{CV}_i + \varepsilon \qquad (10\text{-}1)$$

$$\text{Tobit}(Y_2) = \beta_0 + \beta_1 \times \text{INC} + \sum_{i=2}^{n} \beta_i \text{CV}_i + \varepsilon \qquad (10\text{-}2)$$

我们利用模型（10-1）对全样本进行回归以验证假设 1 和假设 2，利用模型（10-2）对全样本进行回归以验证假设 3，考察儒家文化对于我国上市公司股利政策的影响。在各回归模型中，INC 代表儒家文化虚拟变量；CV 代表各控制变量，包括公司规模、盈利能力、负债率、公司成长性、产权性质、第一大股东持股比例、经营现金流、董事会规模、独立董事比例以及时间和行业效应等；ε 为残差项。

第五节　实证结果与分析

一、描述性统计与分析

表 10-2 是全体样本上市公司主要变量的描述性统计。从表 10-2 中可以看出，总体样本中上市公司股利支付意愿为 55.5%，现金股利支付意愿约为 53.9%，与欧洲上市公司超过 60% 的公司支付股利相比（Eije & Megginson，2008），我国上市公司的股利支付意愿与其仍有一定的差距。在股利支付水平方面，我国上市公司支付的现金股利约占公司净利润的 20%，这一数字也远低于欧洲上市公司 40%~50% 的净利润分红水平（Eije & Megginson，2008）。总体而言，我国上市公司股利支付意愿、现金股利支

付意愿及其现金股利支付比例并不算高。

表 10-2 样本分布及描述统计

变量名称	样本数	均值	中值	最小值	最大值	标准差	1/4分位数	3/4分位数
Dumdiv	23 985	0.555 00	1.000 00	0.000 00	1.000 00	0.497 00	0.000 00	1.000 00
Cdumdiv	23 992	0.539 00	1.000 00	0.000 00	1.000 00	0.499 00	0.000 00	1.000 00
Cpayout	23 993	0.200 00	0.104 00	0.000 00	1.499 00	0.274 40	0.000 00	0.315 10
INC	13 947	0.938 00	1.000 00	0.000 00	1.000 00	0.241 00	1.000 00	1.000 00
Soe	18 100	0.454 00	0.000 00	0.000 00	1.000 00	0.498 00	0.000 00	1.000 00
LnSize	23 635	21.570 00	21.460 00	18.730 00	25.750 00	1.427 00	20.580 00	22.410 00
Grow	24 186	0.168 30	0.120 50	-0.568 80	1.849 00	0.343 50	-0.013 26	0.281 30
Roa	24 030	0.087 76	0.069 58	-0.140 80	0.417 50	0.086 94	0.035 79	0.125 60
First	23 919	0.294 90	0.295 00	0.000 00	0.783 90	0.201 00	0.158 40	0.438 50
Ncfic	23 709	0.093 58	0.087 00	-0.948 30	0.754 80	0.209 70	0.017 10	0.177 80
Bsize	23 682	7.750 00	9.000 00	0.000 00	15.000 00	3.209 00	7.000 00	9.000 00
Indpratio	21 137	0.366 00	0.333 00	0.143 00	0.571 00	0.058 20	0.333 00	0.400 00
Gend	20 911	0.954	1.000 00	0.000 00	1.000 00	0.210 00	1.000 00	1.000 00
Degr	19 964	3.503 00	4.000 00	1.000 00	5.000 00	0.909 00	3.000 00	4.000 00
Age	20 910	51.300 00	51.000 00	35.000 00	70.000 00	6.940 00	47.000 00	56.000 00

注：Gend、Degr、Age 分别表示董事长的性别、学历和年龄。

二、多元回归与分析

表 10-3 展示了高管受儒家文化影响对上市公司股利政策的影响的回归结果。其中，模型 1 与模型 2 采用的是 Logit 面板回归技术，模型 3 采用的是 Tobit 面板回归技术。考虑到行业间潜在的异方差问题，在相关回归中采用了聚类稳健性标准误差。研究结果总体展现了与理论预期一致的结果。

表 10-3 儒家文化对公司股利政策影响的回归分析

变量	（1） Dumdiv	（2） Cdumdiv	（3） Cpayout
INC	-0.339 *** （0.129）	-0.363 *** （0.130）	-0.028 ** （0.013）
Soe	-1.107 *** （0.271）	-1.012 *** （0.228）	-0.056 *** （0.009）

表10-3(续)

变量	（1） Dumdiv	（2） Cdumdiv	（3） Cpayout
Lnsize	0.684	0.683	0.009 ***
	(1.137)	(1.438)	(0.003)
Grow	0.002	0.002	−0.000 ***
	(0.003)	(0.004)	(0.000)
Roa	0.179 **	0.173	0.002 ***
	(0.082)	(0.111)	(0.000)
First	0.018	0.020	0.002 ***
	(0.019)	(0.029)	(0.000)
Ncfic	0.006	0.007 ***	0.001 ***
	(0.004)	(0.002)	(0.000)
Bsize	0.116 *	0.103 **	0.007 ***
	(0.066)	(0.047)	(0.002)
Indpratio	1.078	1.189	0.112 *
	(1.727)	(1.384)	(0.065)
Gend	−0.689	−0.790	−0.029 *
	(1.572)	(1.856)	(0.015)
Degr	−0.009	−0.010	0.001
	(0.106)	(0.078)	(0.004)
Age	0.018	0.023	0.003 ***
	(0.022)	(0.038)	(0.000)
Constant	−17.042	−17.502	−0.180 **
	(18.563)	(24.004)	(0.082)
Industry fixed effect	Yes	Yes	Yes
Year fixed effect	Yes	Yes	Yes
Observations	11 604	11 602	11 592
Number of year	9	9	9
Log likelihood	−4 512.882	−4 440.761	−660.595

注：括号内为标准误，***、**、* 分别表示在1%、5%、10%水平上显著。

回归结果显示，在控制了行业、时间效应及公司与个体相关特征的基础上，公司的股利支付意愿（Dumdiv）、现金股利支付意愿（Cdumdiv）还是现金股利支付比率（Cpayout），均与公司董事长受儒家文化影响的大小显著负相关。具体来看，董事长受儒家文化影响的大小对公司股利支付意愿及现金股利支付意愿的 Logit 回归系数分别为−0.339（p<0.01）、−0.363（p<0.01），对支付意愿概率比（Odds）的进一步计算表明，在其他因素

相同的情况下，董事长受儒家文化影响大的上市公司（INC＝1）股利支付意愿概率比及现金股利支付意愿概率比，相对于没有受到儒家文化影响的公司（INC＝0）分别降低了28.75%和30.44%。此外，对现金股利支付比例的Tobit回归显示，董事长受儒家文化影响变量INC的系数为−0.028（p<0.05），这意味着相对而言，董事长受儒家文化影响越大的公司支付现金股利支付比例越低。假设1至假设3得到经验数据的支持。

笔者的研究显示，公司产权性质（Soe）对公司股利支付意愿及现金支付比例有显著影响，相对非国有控股公司，国有控股公司的支付意愿及比例更低；公司规模（lnsize）越大的公司其股利支付意愿与支付比例越大；盈利能力（Roa）越强的公司其股利支付意愿及比例越大；第一大股东持股比例（First）越大其公司股利支付意愿及比例越大；经营现金流（Ncfic）越大公司股利支付意愿及比例也越大；董事会规模（Bsize）越大公司股利支付意愿及比例越大。此外，董事长的性别与年龄也会显著影响到公司的股利支付意愿与比例。相关结果与已有相关文献的结论基本一致。

第六节 稳健性检验

为了确保本章相关结论的稳健性，我们采用了以下三种方法进行检验。

一、剔除创业板上市公司

考虑到A股创业板上市公司与A股主板上市公司在公司特征方面可能存在系统性差异，为确保研究结果稳健，我们尝试删除样本中创业板A股上市公司，并重复上述各项回归，结果见表10-4。

结果显示，各模型的回归结果除了数值上略有波动外，其符号与全样本回归完全一致，且均在0.05水平上显著，显示相关研究结果在样本规模与样本类型方面，具有良好的稳健性。

表 10-4 剔除创业板上市公司后的回归结果

变量	（1） Dumdiv	（2） Cdumdiv	（3） Cpayout
INC	−0. 340 **	−0. 373 **	−0. 033 **
	（0. 168）	（0. 146）	（0. 014）
Soe	−0. 883 ***	−0. 787 ***	−0. 053 ***
	（0. 188）	（0. 177）	（0. 009）
Lnsize	0. 774	0. 782	0. 013 ***
	（0. 878）	（0. 867）	（0. 003）
Grow	0. 001	0. 001	−0. 000 ***
	（0. 002）	（0. 002）	（0. 000）
Roa	0. 176 ***	0. 169 ***	0. 002 ***
	（0. 049）	（0. 038）	（0. 000）
First	0. 017	0. 019	0. 002 ***
	（0. 016）	（0. 017）	（0. 000）
Ncfic	0. 007 ***	0. 007 **	0. 001 ***
	（0. 003）	（0. 003）	（0. 000）
Bsize	0. 110 ***	0. 095 **	0. 008 ***
	（0. 042）	（0. 039）	（0. 002）
Indpratio	1. 163	1. 250	0. 105
	（1. 430）	（1. 208）	（0. 067）
Gend	−0. 783	−0. 886	−0. 030 *
	（1. 075）	（0. 987）	（0. 016）
Degr	−0. 015	−0. 020	−0. 001
	（0. 103）	（0. 084）	（0. 004）
Age	0. 021	0. 026	0. 003 ***
	（0. 014）	（0. 017）	（0. 001）
Constant	−18. 861	−19. 496	−0. 272 ***
	（15. 504）	（15. 357）	（0. 085）
Industry fixed effect	Yes	Yes	Yes
Year fixed effect	Yes	Yes	Yes
Observations	10 611	10 609	10 600
Number of year	9	9	9
Log likelihood	−4 369. 209	−4 440. 775	−660. 586

注：括号内为标准误，***、**、* 分别表示在 1%、5%、10% 水平上显著。

二、更换现金股利支付水平代理变量

借鉴 Grinstein 和 Michaely（2005）、La Porta 等（2000）等的研究，本章也采用总现金股利/总资产（Cdivast）、总现金股利/销售收入（Cdivsale）作为上市公司现金股利支付水平的代理变量进行重新回归，主要实证结果基本保持不变（见表 10-5）。

表 10-5　替换股利现金支付水平代理变量的回归结果

变量	（1） Cdivas	（2） Cdivsale
INC	$-0.001\ 2^{**}$	$-0.002\ 5^{*}$
	$(0.000\ 6)$	$(0.001\ 4)$
Soe	$-0.003\ 4^{***}$	$-0.008\ 2^{***}$
	$(0.000\ 4)$	$(0.001\ 1)$
Lnsize	$-0.000\ 4^{**}$	$0.000\ 2$
	$(0.000\ 2)$	$(0.000\ 4)$
Grow	$-0.000\ 0^{***}$	$-0.000\ 1^{***}$
	$(0.000\ 0)$	$(0.000\ 0)$
Roa	$0.000\ 4^{***}$	$0.000\ 6^{***}$
	$(0.000\ 0)$	$(0.000\ 0)$
First	$0.000\ 1^{***}$	$0.000\ 2^{***}$
	$(0.000\ 0)$	$(0.000\ 0)$
Ncfic	$0.000\ 0^{***}$	$0.000\ 1^{***}$
	$(0.000\ 0)$	$(0.000\ 0)$
Bsize	$0.000\ 3^{***}$	$0.000\ 4^{*}$
	$(0.000\ 1)$	$(0.000\ 2)$
Indpratio	$0.001\ 3$	$0.001\ 1$
	$(0.002\ 8)$	$(0.006\ 6)$
Gend	$-0.002\ 0^{***}$	$-0.004\ 2^{***}$
	$(0.000\ 7)$	$(0.001\ 6)$
Degr	$-0.000\ 1$	$-0.000\ 1$
	$(0.000\ 2)$	$(0.000\ 4)$
Age	$0.000\ 1^{***}$	$0.000\ 1^{**}$
	$(0.000\ 0)$	$(0.000\ 1)$
Constant	$0.009\ 9^{**}$	$0.002\ 9$
	$(0.004\ 1)$	$(0.010\ 0)$
Industry fixed effect	Yes	Yes

表10-5(续)

变量	(1) Cdivas	(2) Cdivsale
Year fixed effect	Yes	Yes
Observations	11 581	11 581
Number of year	9	9
Log likelihood	36 245.097	26 375.33

注:括号内为标准误,***、**、*分别表示在1%、5%、10%水平上显著。

三、增加相关控制变量

为了减少遗漏重要变量导致回归模型估计结果的偏差,我们在回归模型中增加股权结构、机构持股比例等作为控制变量,实证结果基本一致,显示了整体模型较好的稳健性(见表10-6)。

表 10-6　增加股权结构、机构持股比例两个控制变量后的回归结果

变量	(1) Dumdiv	(2) Cdumdiv	(3) Cpayout
INC	−0.293 ** (0.121)	−0.322 *** (0.105)	−0.027 ** (0.013)
Soe	−0.974 *** (0.185)	−0.900 *** (0.181)	−0.047 *** (0.009)
Lnsize	0.606 (0.969)	0.626 (1.054)	0.008 ** (0.003)
Grow	0.002 (0.003)	0.002 (0.003)	−0.000 *** (0.000)
Roa	0.173 ** (0.085)	0.167 ** (0.083)	0.002 *** (0.000)
Inst	0.004 (0.005)	0.002 (0.003)	−0.000 (0.000)
Stru	0.031 *** (0.008)	0.024 ** (0.011)	0.002 *** (0.000)
First	−0.003 (0.026)	0.004 (0.032)	0.001 *** (0.000)
Ncfic	0.006 *** (0.002)	0.007 *** (0.002)	0.001 *** (0.000)
Bsize	0.101 *** (0.038)	0.093 ** (0.040)	0.007 *** (0.002)

表10-6(续)

变量	（1） Dumdiv	（2） Cdumdiv	（3） Cpayout
Indpratio	0.981 （1.093）	1.092 （0.982）	0.105 （0.065）
Gend	−0.656 （1.420）	−0.751 （1.480）	−0.026* （0.015）
Degr	−0.002 （0.110）	−0.005 （0.092）	0.001 （0.004）
Age	0.020 （0.024）	0.025 （0.031）	0.003*** （0.000）
Constant	−16.456 （15.981）	−17.142 （17.190）	−0.203** （0.083）
Industry fixed effect	Yes	Yes	Yes
Year fixed effect	Yes	Yes	Yes
Observations	11 546	11 544	11 534
Number of year	9	9	9
Log likelihood	−4 622.09	−4 743.321	−759.575

注：括号内为标准误，***、**、*分别表示在1%、5%、10%水平上显著。

第七节 小结与启示

儒家文化在漫长的历史中已经内化为中国人的一套价值规范，对中国社会的影响十分深远，然而却鲜有研究深入考察儒家文化对中国上市公司股利政策的影响。基于手工收集的上市公司董事长受儒家文化影响大小的数据，本章尝试从背景文化的视角考察儒家文化对我国上市公司股利政策的影响。

本章研究发现，我国上市公司董事长受儒家文化影响越大，公司股利支付意愿、现金股利支付意愿及现金支付比例越低。在剔除创业板上市公司、更换现金股利支付水平代理变量及增加相关控制变量之后，这一结论依然成立。本章的结论丰富了上市公司股利政策研究领域的相关文献，从儒家文化的视角出发，凸显了文化因素对上市公司股利政策的影响，扩展了我国上市公司治理的研究。

本章研究还给我们进一步的启示，我们弘扬的中国优秀传统文化，也包含了发展，与时俱进，甚至刨除它那些不合理的东西。儒家文化强调"义务先于权利""注重长远"等价值观是对的，但是完全忽视权利和短期利益，不注重权利和短期利益，是不对的。在我国上市公司治理中，我们在强调股东的责任和长远利益的同时，应该注重对股东权利和短期利益的保护，而股利政策是体现对股东权利保护和维护股东当前利益的重要方面。

第十一章 儒家文化对上市公司信息披露质量的影响：来自中国Ａ股市场的经验证据

第一节 引言

在上市公司治理中，作为经理的代理人提供给股东可观测的行动结果的具体方式就是定期或不定期地对外披露上市公司经营的相关信息。信息披露在上市公司治理中发挥着重要的作用，高质量的信息披露可以降低上市公司经理的道德风险和机会主义行为。从信息披露策略来看，由于信息披露会产生经济后果甚至影响经理的自身利益，而且在现实世界中，信息往往是不完全的，因此，在上市公司信息披露中，一些上市公司经理人可能进行虚假信息披露来欺骗投资者。我国上市公司选择会计师、审计师及律师等所谓"看门人"的权力往往掌握在经理而不是股东手中，这也为经理进行虚假信息披露创造了条件。那么，如何杜绝上市公司的虚假信息披露，提高上市公司的信息披露质量呢？在我国上市公司治理中，文化与法治是两个重要的因素。社会规范与法律作为人类社会两类基本的游戏规则，既是长期历史演化的结果，又是人们每次博弈的前提，它们共同决定着博弈中每个人的战略空间、可使用的信息、支付、均衡结果等。因此，必须从文化与法治两个方面来杜绝上市公司虚假信息披露，提高上市公司信息披露质量。本章试图研究儒家文化这一非正式制度对我国上市公司信息披露质量的影响。之所以选择儒家文化作为切入点，主要有以下两方面原因：第一，儒家文化在长期的历史过程中已经内化为中国人的一套价值规范。帕森斯（1951）强调规范在激励行为上的重要性，因为它影响了人们的内在效应。心理学家把受内在激励的行动定义为这样一种情形：尽管采取该行动没有任何报酬，但是为了行动本身的价值，该行动仍然会被采纳。第二，儒家文化讲诚信的核心价值观会影响我国上市公司高管的行为，从而影响我国上市公司信息披露质量。陈冬华等（2013）研究了宗教文化对公司治理的影响。他们的研究为我们深入研究儒家文化对我国上市公司信息披露质量的影响提供了可参考的分析框架和技术路径。

相对于已有的研究，本章的研究贡献可能主要体现在几个方面：

第一，本章从文化地理学的视角，以我国上市公司注册地作为切入点，手工收集和整理我国上市公司受儒家文化影响的大小和体现上市公司治理水平等微观层面的数据，研究儒家文化这一非正式制度对上市公司信息披露质量的影响，从而突破了以往过多基于正式制度和宏观框架的单一视角研究，丰富了上市公司信息披露质量研究的理论与途径，并拓宽了上市公司信息披露质量的研究范畴。

第二，跨学科的交叉融合是近年来公司治理领域关注和研究的热点。尽管以往文献基于非正式制度影响公司治理的基本逻辑框架，探讨了宗教、媒体、传统文化和老乡关系等对公司治理的影响，但儒家文化作为中国传统文化的主流和重要组成部分，关于其如何影响上市公司信息披露质量的研究还十分匮乏。

本章接下来的结构安排如下：第二部分是制度背景、理论分析与研究假设，第三部分是研究设计，第四部分是实证结果与分析，第五部分是稳健性检验，第六部分是小结与启示。

第二节　制度背景、理论分析与研究假设

本章制度背景同第十章。

胡少华、李承华（2016）研究认为，儒家文化对公司治理制度和公司治理行为的影响至少可以概括为以下四个方面：

第一，儒家文化会影响公司管理者和员工的习俗、规则，进而影响公司的文化。儒家的伦理道德对人们的行为形成约束，就是来源于儒家文

化。儒家关心如何做一个好人。在儒家看来，好人必然是富有智慧的、强健的、敏感的、聪明的、富有创造性的；同时，学做一个儒家意义上的本真的人，固然要对己诚，待人忠，但它同时也必然是一个永无止境的过程。从这个意义上说，儒家可能提供了法律以外的约束，即儒家文化的约束。

第二，儒家文化会影响管理者公司治理的理念和治理行为。现今的流行观点认为，儒学是一种特别重视人际关系的社会伦理学。儒家坚持认为，人是通过与他人不断地交往才成为完善的人。现代公司治理要处理好股东和经营者的关系，也要处理好大股东和小股东的关系，还要处理好股东、经营者和包括供应商、债权人、员工、社区等其他利益相关者的关系。公司利益相关者之间充满矛盾和冲突，这就要求公司董事和管理层在经营理念上除了追求股东利益外，还要关注利益相关者的利益；在具体经营行为上，具有协调利益相关者利益的能力和艺术。

第三，儒家文化会影响我国公司治理制度、规则和法律。张维迎（2013）认为儒家文化构成一个社会治理的主导体系，是因为它为社会提供了一个规范模式，在中国历史中体现为"礼法"制度。儒家的种种思想，在 2 000 年的中国法律发展中，不断通过"春秋决狱""援礼入法"等方式将基于身份和伦理的道德规范直接变成法律，从而形成了独特的治理方式：社会规范和法律紧密结合，相互协调一致。

第四，儒家文化强调的"礼治"对完善我国公司治理具有积极的作用。儒家文化的礼治思想在我国公司治理制度和法律法规不完善的情况下，对完善公司治理，提高公司治理水平有着必要的补充作用，有利于缓和公司管理层与股东和其他利益相关者之间的利益冲突以及大股东对中小股东利益的侵害。儒家文化的礼治有利于公司利益相关者之间的和谐，减少通过法律途径的诉讼所产生的交易成本。

本章研究儒家文化对上市公司信息披露的质量的影响。审计意见反映了审计师对于上市公司财务报表的态度。被出具非标准的审计意见，代表审计师对于上市公司的财务信息质量的可靠、公允性以及上市公司可存续性存疑。因此，审计意见能够一定程度上反映上市公司财务信息的可靠程度。操纵性应计利润占前期期末资产总额的比重的绝对值反映盈余管理程度，而盈余管理程度是反映信息披露质量的一个重要方面。上市公司受到儒家文化影响越大，受儒家文化中强调的"诚实守信"观念影响就会越深，就会更加约束自身行为，从而表现出更高的财务信息质量。本章从两个角度考察了上市公司的信息披露质量：①上市公司被出具的审计意见类型；②上市公司财务报告的盈余管理程度。本章相应地提出如下两个假设。

假设 1：上市公司受儒家文化影响越大，被出具非标准审计意见的可能性越小，信息披露质量越高。

假设 2：上市公司受儒家文化影响越大，盈余管理程度越低，信息披露质量越高。

第三节 研究设计

一、样本与数据

本章选取 2008—2016 年沪、深两地的 A 股上市公司作为研究样本。为力求数据的准确性和可靠性，我们执行以下筛选程序：①剔除金融行业上市公司，因为这些公司存在行业的特殊性；②剔除 ST/PT 的上市公司；③剔除上市时间不满一年的公司，因为这些公司可能存在 IPO 效应；④为了控制极端值对回归结果的影响，我们对解释变量中的连续变量 1% 以下和 99% 以上的分位数进行了缩尾处理（winsorize）。

本章的财务数据来源于 Wind 资讯金融终端系统。在此基础上，我们从文化地理学的视角，根据上市公司注册地受儒家文化影响的大小来判断上市公司受儒家文化影响的大小。

二、变量定义

（一）上市公司受儒家文化影响程度的衡量

中国地域辽阔，各地区由于受历史、地理等因素的影响，儒家文化的影响存在较大差异，而中国的上市公司地域分布广泛，因此受儒家文化的影响必然存在较大差异。我们从文化地理学的视角来探讨儒家文化在中国不同地域上的影响程度。

儒家文化在当代之如此地理分布，自有历史原因。华夏文明最早形成于北方，尧、禹之活动中心均在今晋东南。随后，大约受北方戎狄挤压，这个中心略微向南移动，而沿东西向展开。商、周活动之中心在今西安、洛阳、济南一线，也即渭河—黄河中下游地区。华夏文明中心在此一轴线上维持了 2 000 多年，儒家也正形成、繁荣于这一线之东、中部。春秋时代，伴随着楚、吴之华夏化，华夏文明扩展到长江流域。后来战乱推动了人口向南大迁移。他们选择渡过钱塘江，分布于会稽一带。在此迁移中，钱塘江具有特殊地位。本来处于华夏文明边缘的钱塘江以南地区，儒家化程度反而一跃成为当时最高者。他们扎下根，建立起强有力的社会组织。后来的南迁者无法渗入，只能继续向南移动。由此，钱塘江就成为中国文化的一条重要分界线①。这样，每一次战乱都会推动相当一部分儒家士君子和他们所风化的儒家化程度较高的人群向南迁移。在这一机制下，中国的文明中心向南逐步移动，儒家文化之社会分布密度也因此逐渐地从北高南低变为南高北低。儒家文化影响在南北方的地理分布差距不断拉大。到明、清时代，形成这样一种文化地理格局：在包括江南和钱塘江以南的广义南方，儒家价值、制度保存得较为完好，北方则较差。

书院作为一种教育机构，主要目的在于培养人才。唐宋以后，儒家文化传播的重要途径之一就是书院②。中国历史上许多著名的书院都在钱塘江以南地区，据学者统计，明代书院建置分布数量仍以江西、浙江居第一、二位，但广东已大有增长，居第三位③。书院在传播儒家文化方面发挥了重要作用。

20 世纪中期，中国社会治理模式发生颠覆性变化，这次制度变迁是一次经典的强制制度植入。北方由于受儒家传统价值影响较小，在这次强制制度植入的过程中，儒家文化遭受了毁灭性的打击。钱塘江以南地区由于具有深厚的儒家文化及其组织化程度较高的社会结构，儒家文化保存较为完好，从 20 世纪 80 年代初开始，儒家文化全面复兴速度也较快。

本章采用上市公司的注册地来衡量儒家文化对其影响的大小，我们认为钱塘江以南的地区，包括宁波以南的沿海地区，也可以包括皖南、江西等地以及江南地区，即长江下游地区，受儒家文化影响较大。我们对这些地区的上市公司受儒家文化影响程度赋值为 1，广义上的北方地区受儒家

① 可参阅秋风（2013）、葛剑雄等（1997）、陈寅恪（2001）等的研究。秋风. 儒家式现代秩序 [M]. 南宁：广西师范大学出版社，2013：264-268；葛剑雄，等. 中国移民史：第一卷 [M]. 福州：福建人民出版社，1997：55；陈寅恪. 金明馆丛稿初编 [M]. 北京：生活·读书·新知三联书店，2001：55，69.

② 朱汉民. 中国书院文化简史 [M]. 北京：中国书局，2010：1-9.

③ 杨念群. 儒学地域化的近代形态 [M]. 北京：生活·读书·新知三联书店，2011：414-415.

文化影响较小，对这些地区的上市公司受儒家文化影响程度赋值为0。变量符号用 INC 来表示。

（二）信息披露质量的衡量

这里，我们利用审计结果的类型和操纵性应计利润占前期资产的比重的绝对值来反映信息披露质量。

本章借鉴 Dechow 等（1995）的研究，选取基于修正的 Jones 模型计算得来的操纵性应计利润占前期期末资产总额的比重的绝对值刻画盈余管理（$|DA|$）。

$$NDA_{i,t} = \eta_1(1/A_{i,t-1}) + \eta_2[(\Delta REV_{i,t} - \Delta REC_{i,t})/A_{i,t-1}] + \eta_3(PPE_{i,t}/A_{i,t-1})$$

其中，$NDA_{i,t}$ 代表公司 i 第 t 期的非操纵性应计利润额占前期期末资产总额的比重，$A_{i,t-1}$ 代表公司 i 第 $t-1$ 期的期末资产总额，$\Delta REV_{i,t}$ 代表第 t 期主营业务收入与第 $t-1$ 期主营业务收入的差额，$\Delta REC_{i,t}$ 代表第 t 期应收账款与第 $t-1$ 期应收账款的差额，$PPE_{i,t}$ 代表第 t 期固定资产原值。参数 η_1、η_2 及 η_3 的估计值通过对下列方程进行分行业、分年度的回归得到：

$$TA_{i,t}/A_{i,t-1} = \lambda_1(1/A_{i,t-1}) + \lambda_2(\Delta REV_{i,t}/A_{i,t-1}) + \lambda_3(PPE_{i,t-1}/A_{i,t-1}) + \varepsilon_{i,t}$$

其中，$TA_{i,t} = NI_{i,t} - CFO_{i,t}$。$TA_{i,t}$、$NI_{i,t}$、$CFO_{i,t}$ 分别代表第 t 期的总应计利润、净利润和经营现金净流量。最后，我们用总应计利润减去非操纵性应计利润，即得到操纵性应计利润占前期期末资产总额的比重 $DA_{i,t}$，即

$$DA_{i,t} = TA_{i,t}/A_{i,t-1} - NDA_{i,t}$$

（三）控制变量

影响上市公司信息披露质量的因素很多，我们分别从审计机构类型和审计费用、上市公司本身和上市公司注册地所处的环境三个层面对公司信息披露质量的影响因素进行控制。其中，四大审计事务所与非四大审计事务所的审计质量存在显著差异，聘请四大审计事务所的盈余信息质量更高；四大审计事务所与非四大审计事务所审计质量的市场认同度也存在差异，四大审计事务所的市场认同度更高。公司基本面的因素包括：公司规模（Size）、财务杠杆（Leverage）、盈利能力（Roa）、成长性（Grow）、大股东持股比例（Frist）、独立董事数量比例（Indpratio）、董事会规模（Board）。地区层面变量包括：各省法律发展指数（Law）、各省政府干预

程度指数（Gov）①；当年该省地区生产总值的自然对数（Lngdp）。另外，本章还加入了年度与行业虚拟变量，以控制年度与行业固定效应。Industry 为行业虚拟变量，Year 为年度虚拟变量。所有变量的详细定义见表 11-1。

表 11-1　变量的详细定义

变量类型	变量符号	变量名称	度量方法
解释变量	INC	公司受儒家文化的影响	当公司受儒家文化的影响大时，INC=1，否则为 0
因变量	Audop	上市公司年报的审计意见	当审计意见为非标审计意见时，取 1，否则取 0
	Absda	操纵性应计利润/上年总资产的绝对值	为操纵性应计利润/上年总资产的绝对值
控制变量	Size	公司规模	年末总资产的自然对数
	Leverage	财务杠杆	资产负债率＝公司年末总负债/总资产
	Roa	盈利能力	总资产收益率＝净利润/资产总额
	Grow	成长性	营业收入增长率
	First	大股东持股	大股东持股比例＝第一大股东所持的股份数/总股数
	Indpratio	独立董事比例	独立董事占董事会人数的比例
	Board	董事会规模	董事会人数
	Lnfee	审计费用的自然对数	—
	Bigfour	审计机构类型	审计机构为国际四大会计师事务所为 1，否则取 0
	Law	各省法律发展指数	维护市场的法治环境
	Gov	各省政府干预程度指数	减少政府对企业的干预
	Lngdp	当年该省地区生产总值的对数	—
	Ind	行业虚拟变量	按照中国证监会 2012 年行业分类标准，各行业进一步划分了二级子行业，共设置 19 个行业虚拟变量
	Year	年度虚拟变量	9 个研究年度取 8 个年份虚拟变量

① 数据取自：王小鲁，樊纲，余静文. 中国分省份市场化指数报告［M］. 北京：社会科学文献出版社，2017. 2009 年的数据用 2010 年的数据代替，2011 年的数据用 2012 年的数据代替，2013 年、2015 年、2016 年的数据用 2014 年的数据代替。各省法律发展指数使用的是"维护市场的法治环境"一项的数据；各省政府干预程度指数使用的是"减少政府对企业的干预"一项的数据。

三、模型设计

我们构建模型（11-1），检验儒家文化对公司出具审计意见的影响：

$$Audop = \alpha + \beta_1 \times INC + \beta_2 \times Size + \beta_3 \times Roa + \beta_4 \times Leverage + \beta_5 \times Grow +$$
$$\beta_6 \times First + \beta_7 \times Indpratio + \beta_8 \times Board + \beta_9 \times Lnfee +$$
$$\beta_{10} \times Bigfour + \beta_{11} \times Law + \beta_{12} \times Gov + \beta_{13} \times Lngdp +$$
$$\sum Industry + \sum Year + \varepsilon \qquad (11-1)$$

模型（11-1）采用 Logistic 回归估计模型。其中，因变量 Audop 为上市公司年报的审计意见，当审计意见为非标审计意见时，取 1，否则取 0；Lnfee 为审计费用的对数；Bigfour 为审计事务所类型，如果为四大审计，取 1，否则取 0，其他控制变量定义见表 11-1。按照假设 1，预期 $\beta_1 < 0$，即受儒家文化的影响越大，公司被出具非标审计意见的可能性越低，表明公司信息披露质量越高。

为减轻序列相关的影响，模型（11-1）回归中控制了行业和年度效应。考虑到行业间潜在的异方差问题，我们在相关回归中采用了聚类稳健性标准误差。

我们用操纵性应计利润/上年总资产的绝对值来反映盈余管理。参照叶康涛等（2007）和潘越等（2010）的研究，构建多元回归模型（11-2），检验儒家文化对公司盈余管理的影响：

$$Absda = \alpha + \beta_1 \times INC + \beta_2 \times Size + \beta_3 \times Roa + \beta_4 \times Leverage + \beta_5 \times Grow +$$
$$\beta_6 \times First + \beta_7 \times Indpratio + \beta_8 \times Board + \beta_9 \times Law + \beta_{10} \times Gov +$$
$$\beta_{11} \times Lngdp + \sum Industry + \sum Year + \varepsilon \qquad (11-2)$$

模型（11-2）采用 OLS 回归估计模型。其中，模型（11-2）的因变量 Absda 为操纵性应计利润/上年总资产的绝对值；按照假设 2，预期 $\beta_1 < 0$，即受儒家文化的影响越大，操纵性应计利润/上年总资产的绝对值越低，表明公司信息披露质量越高。为避免公司层面的聚集效应对标准误的影响，回归时在公司层面进行了 Cluster 处理。

第四节 实证结果与分析

一、描述性统计与分析

本书对变量进行了描述性统计与分析（见表 11-2），可以看出出具非标准审计意见（Audop）和操纵性应计利润占前期资产比重的绝对值（Absda）均值分别为 0.086 4 和 0.031 3，说明在上市公司样本中，出具非标准审计意见的样本量占总样本的 8.64%，操纵性应计利润占前期资产比重的绝对值为 3.13%。INC 均值为 0.685，说明深受儒家文化影响的上市公司样本量占总体样本的 68.5%。

表 11-2 描述性统计与分析

变量名称	样本数	均值	中值	最小值	最大值	标准差	1/4分位数	3/4分位数
Audop	23 116	0.086 4	0.059 0	0	0.453	0.087 2	0.026 4	0.114
Absda	23 036	0.031 3	0	0	1	0.174	0	0
INC	22 317	0.685	1	0	1	0.465	0	1
Lnsize	23 634	21.57	21.46	18.73	25.75	1.427	20.58	22.41
Leverage	23 718	0.452 6	0.449 9	0.051 77	0.975 2	0.208 8	0.293 2	0.606 3
Roa	24 186	0.168 3	0.120 5	−0.568 8	1.849	0.343 5	−0.013 26	0.281 3
Grow	24 030	0.087 76	0.069 58	−0.140 8	0.417 5	0.086 94	0.035 79	0.125 6
First	23 919	0.294 9	0.295 0	0	0.783 9	0.201 0	0.158 4	0.438 5
Board	23 682	7.750	9	0	15	3.209	7	9
Indpratio	21 137	0.366	0.333	0.143	0.571	0.058 2	0.333	0.400
Lnfee	18 971	13.43	13.30	12.21	15.61	0.617	13.02	13.71
Bigfour	20 276	0.053 3	0	0	1	0.225	0	0
Law	22 317	6.458	7.140	0.210	10.05	2.312	4.720	8.120
Gov	22 317	5.332	5.680	−1.500	10	2.651	3.540	7.530
Lngdp	22 317	10.15	10.20	7.633	11.30	0.777	9.736	10.74

二、多元回归与分析

对模型（11-1）的 Logistic 检验结果表明，INC 对出具非标准审计意见 Audop 具有显著的负向影响（-0.591 6，p<0.05），表明受儒家文化影响越大的公司，其被出具非标准审计意见的概率越低。上述结果强烈支持了研究假设 1，即上市公司受儒家文化影响越大，被出具非标准审计意见的可能性越小，信息披露质量越高。

模型（11-2）的结果显示，INC 对公司操纵性应计利润占前期资产的比重 Absda 具有显著的负面影响（-0.006 1，p<0.01），这表明，上市公司受儒家文化的影响越大，盈余管理程度越低，信息披露质量越高，研究假设 2 获得经验证据的支持。回归结果见表 11-3。

表 11-3　回归结果

变量	（1） 出具非标准审计意见	（2） 操纵性应计利润占前期 资产的比重的绝对值
INC	-0.591 6**	-0.006 1***
	（0.277 9）	（0.001 7）
Lnsize	-1.117 7***	-0.006 5***
	（0.117 6）	（0.000 7）
Lev	0.063 1***	0.000 5***
	（0.005 5）	（0.000 0）
Grow	-0.004 8***	0.000 2***
	（0.001 8）	（0.000 0）
Roa	-0.033 8***	0.001 2***
	（0.010 1）	（0.000 1）
First	-0.025 4***	0.000 1*
	（0.008 0）	（0.000 0）
Bsize	0.052 2	-0.000 7*
	（0.075 6）	（0.000 4）
Indpratio	1.918 5	0.005 6
	（2.142 8）	（0.011 1）
Law	-0.075 5	-0.000 6
	（0.061 8）	（0.000 5）
Gov	0.059 8	-0.000 0
	（0.063 7）	（0.000 5）
Lngdp	-0.183 0	-0.000 6
	（0.129 6）	（0.001 2）
Lnfee	-0.039 2	
	（0.201 7）	

表11-3(续)

变量	（1） 出具非标准审计意见	（2） 操纵性应计利润占前期 资产的比重的绝对值
Bigfee	0. 319 9	
	（0. 695 1）	
Constant	18. 220 7***	0. 195 2***
	（3. 709 5）	（0. 014 9）
Observations	−0. 591 6**	19 742
Industry fixed effect	Yes	Yes
Year fixed effect	Yes	Yes

注：括号内为标准误，***、**、*分别表示在1%、5%、10%水平上显著。

第五节　稳健性检验

为了确保本章相关结论的稳健性，我们采用了三种方法来进行稳健性检验。

一、剔除中小板、创业板上市公司

考虑到 A 股中小板、创业板上市公司与 A 股主板上市公司在公司特征方面可能存在系统性差异，为确保研究结果稳健，我们尝试删除样本中的中小板、创业板 A 股上市公司，并重复上述各项回归，结果见表11-4。

表 11-4　剔除中小板、创业板上市公司后的回归结果

变量	（1） 出具非标准审计意见	（2） 操纵利润性应计利润占前期 资产之比的绝对值
INC	−0. 938 2***	−0. 006 3***
	（0. 318 7）	（0. 002 3）
Lnsize	−1. 212 5***	−0. 008 3***
	（0. 130 6）	（0. 000 9）
Lev	0. 061 1***	0. 000 5***
	（0. 006 6）	（0. 000 1）
Grow	−0. 004 5**	0. 000 2***
	（0. 001 9）	（0. 000 0）

表11-4(续)

变量	（1） 出具非标准审计意见	（2） 操纵利润性应计利润占前期 资产之比的绝对值
Roa	−0.022 8**	0.001 5***
	（0.009 9）	（0.000 2）
First	−0.021 3**	0.000 1
	（0.008 9）	（0.000 1）
Bsize	0.042 3	−0.000 2
	（0.085 2）	（0.000 5）
Indpratio	−0.400 2	0.002 9
	（2.487 2）	（0.015 9）
Law	−0.102 2	−0.000 5
	（0.068 8）	（0.000 7）
Gov	0.113 6	−0.000 5
	（0.071 5）	（0.000 6）
Lngdp	−0.139 4	−0.000 6
	（0.148 0）	（0.001 6）
Lnfee	−0.209 4	
	（0.229 8）	
Bigfour	0.580 1	
	（0.714 2）	
Constant	23.651 6***	0.227 8***
	（4.321 9）	（0.022 5）
Observations	10 307	10 953
Industry fixed effect	Yes	Yes
Year fixed effect	Yes	Yes

注：括号内为标准误，***、**、* 分别表示在1%、5%、10%水平上显著。

二、剔除北京、上海、广东的上市公司

考虑到北京、上海、广东为我国的经济发达地区，这三个地区上市公司的数量相对其他地区要多得多。借鉴陈冬华等（2013）的做法，为确保研究结果稳健，我们尝试删除这三个地区的 A 股上市公司，并重复上述各项回归，结果见表11-5。

表 11-5　剔除北京、上海、广东的上市公司后的回归结果

变量	（1） 出具非标准审计意见	（2） 操纵利润性应计利润占前期 资产之比的绝对值
INC	−0.699 1**	−0.007 4***
	（0.283 7）	（0.002 0）
Lnsize	−1.035 3***	−0.005 3***
	（0.127 6）	（0.000 9）
Lev	0.061 9***	0.000 5***
	（0.006 0）	（0.000 1）
Grow	−0.003 9*	0.000 2***
	（0.002 2）	（0.000 0）
Roa	−0.022 2**	0.001 2***
	（0.011 0）	（0.000 1）
First	−0.025 8***	0.000 1*
	（0.009 2）	（0.000 0）
Bsize	0.028 3	−0.000 7
	（0.087 4）	（0.000 5）
Indpratio	2.351 1	0.014 9
	（2.344 4）	（0.013 4）
Law	−0.015 4	−0.000 2
	（0.071 0）	（0.000 7）
Gov	0.073 4	−0.000 1
	（0.071 0）	（0.000 6）
Lngdp	−0.446 2**	−0.001 9
	（0.192 2）	（0.001 6）
Lnfee	−0.112 3	
	（0.227 3）	
Bigfour	−0.835 9	
	（0.926 3）	
Constant	19.075 4***	0.177 7***
	（4.196 2）	（0.022 2）
Observations	11 571	13 405
Industry fixed effect	Yes	Yes
Year fixed effect	Yes	Yes

注：括号内为标准误，***、**、* 分别表示在1%、5%、10%水平上显著。

三、增加相关控制变量

为了减少遗漏重要变量导致回归模型估计结果的偏差，我们在回归模型中增加产权性质（Soe）、经营净现金流（Ncfic）、股权结构（Stru）、机构持股比例（Inst）等作为控制变量，实证结果基本一致，显示了整体模型较好的稳健性（见表11-6）。

表11-6　增加相关控制变量后的回归结果

变量	（1） 出具非标准审计意见	（2） 操纵性应计利润占前期资产之比的绝对值
INC	−0.664 4**	−0.006 7***
	（0.280 3）	（0.001 7）
Lnsize	−1.077 0***	−0.006 3***
	（0.126 4）	（0.000 8）
Lev	0.064 2***	0.000 5***
	（0.005 9）	（0.000 0）
Grow	−0.003 8**	0.000 2***
	（0.001 8）	（0.000 0）
Roa	−0.028 9***	0.002 1***
	（0.010 1）	（0.000 2）
First	−0.021 2**	−0.000 1*
	（0.009 8）	（0.000 1）
Bsize	0.038 5	−0.000 7
	（0.082 7）	（0.000 5）
Indpratio	1.482 6	−0.000 6
	（2.241 3）	（0.013 9）
Law	−0.050 4	−0.000 9*
	（0.063 7）	（0.000 5）
Gov	0.067 7	0.000 1
	（0.065 8）	（0.000 5）
Lngdp	−0.145 5	−0.000 3
	（0.140 2）	（0.001 2）
Soe	0.613 7**	−0.002 5
	（0.278 9）	（0.001 8）
Ncfic	−0.004 0	−0.001 0***
	（0.003 1）	（0.000 1）

表11-6(续)

变量	（1） 出具非标准审计意见	（2） 操纵性应计利润占前期资产 之比的绝对值
Inst	−0.016 1***	−0.000 1***
	(0.004 6)	(0.000 0)
Stru	−0.005 3	0.000 2***
	(0.008 0)	(0.000 1)
Lnfee	−0.023 5	
	(0.210 0)	
Bigfour	0.025 1	
	(0.743 9)	
Constant	16.902 8***	0.196 1***
	(3.813 5)	(0.019 4)
Observations	16 167	16 693
Industry fixed effect	Yes	Yes
Year fixed effect	Yes	Yes

注：括号内为标准误，***、**、*分别表示在1%、5%、10%水平上显著。

第六节 小结与启示

儒家文化在长期的历史过程中已经内化为中国人的一套价值规范，对中国社会的影响十分深远，然而却鲜有研究深入考察儒家文化对中国上市公司信息披露质量的影响。本章基于文化地理学的视角，根据上市公司的注册地确定其受儒家文化影响的大小数据，考察了儒家文化对我国上市公司信息披露质量的影响。

本章研究发现，我国上市公司受儒家文化影响越大，公司信息披露质量越高。剔除中小板、创业板上市公司以及北京、上海、广东的上市公司及增加相关控制变量之后，这一结论依然成立。本章的结论丰富了上市公司信息披露的相关文献，从儒家文化的视角出发，凸显了文化因素对上市公司信息披露质量的影响，扩展了我国上市公司治理的研究。本章研究的启示为：我们应该努力弘扬儒家文化讲诚信的核心价值观，从而提高上市公司信息披露的质量，完善对我国上市公司的治理。

第十二章　儒家文化与公司违规：来自中国 A 股市场的经验证据

第一节　引言

居高不下的上市公司违规行为备受政府监管部门、投资者和学术界的关注，我们深入考察上市违规行为的影响因素具有重要的理论意义和现实意义。已有文献表明，公司治理环境的改善有利于减少上市公司违规行为。公司治理环境内生于所处市场的正式制度（包括法律、管制以及媒体等），而正式制度又内生于当地的非正式制度（包括文化、习俗、惯例、宗教等）（La Porta et al.，1998；Williamson，2000）。法律环境对减少上市公司违规行为具有重要的作用。法律环境不只是表现在立法和执法上，更体现在处罚力度方面，或者说违法成本上。在资本市场发展的前期，我国对上市公司违规行为的罚款较少和处罚较轻。当然，我们应该看到我国政府在不断采取措施完善法律、加大执法力度。我们有理由相信，在不远的将来中国将有一个更健全的法律环境，法律环境的逐步改善也将在抑制我国上市公司违规行为方面发挥更加积极的作用。但是，理解中国的种种社会、经济问题，如果仅局限于近代以来中国所接纳、吸收和改良的各种正式制度，而忽略长达数千年的历史中缓慢形成而影响深远的非正式制度，应该是不够的（Allen et al.，2005；陈冬华 等，2008）。文化作为一种非正式制度，对于中国的种种社会、经济问题发挥的作用是毋庸置疑的，对于治理上市公司违规行为也会产生重要的影响。

文化是民族、宗教和社会团体一代一代不变地传承的共同信念和价值观（Guiso et al.，2006；Alesina et al.，2015）。张维迎（2001）将文化看作"预期和信念"，是特定人群共同遵守的社会规范。制度、法制和文化背景对公司治理的影响，是国内外学者近年来一直关注的领域，相关的研究不仅方法多样，而且成果较多。儒家文化是一种源远流长的文化，代表了中国人的核心价值观，这套核心价值观是跟中国人的历史文化处境和生存条件相符合的，它和中国人生存的历史环境、历史条件、生产方式、交往方式是融合在一起的，因此符合当时中国社会的需要，所以它成了中国文化的主体部分（陈来，2015）。本章试图研究儒家文化这一非正式制度对我国上市公司违规的影响。

相对于已有的研究，本章的研究贡献可能主要体现在两个方面：

第一，本章从文化地理学的视角，以我国上市公司注册地作为切入点，手工收集和整理我国上市公司受儒家文化影响的大小和体现上市公司违规等微观层面的数据，研究儒家文化这一非正式制度对上市公司违规行为的影响，从而突破了以往过多基于正式制度的单一视角研究，丰富了上市公司违规行为研究的理论与途径，并拓宽了上市公司违规行为的研究范畴。

第二，跨学科的交叉融合是近年来公司治理领域关注和研究的热点。尽管以往文献基于非正式制度影响公司治理的基本逻辑框架，探讨了宗教、媒体、传统文化和老乡关系等对公司治理的影响（陈冬华 等，2013；沈洪涛，冯杰，2012；陆瑶，胡江燕，2014；毕茜 等，2015），但儒家文化作为中国传统文化的主流和重要组成部分，关于其如何影响上市公司违规行为的研究还十分匮乏。

本章接下来的结构安排如下：第二部分是制度背景、理论分析与研究假设，第三部分是研究设计，第四部分是实证结果与分析，第五部分是稳健性检验，第六部分是进一步研究，第七部分是小结与启示。

第二节　制度背景、理论分析与研究假设

本章制度背景同第十章。

讲信誉是儒家的核心价值观。儒家把"仁、义、礼、智、信"作为"立人"五德。上市公司受儒家文化影响越大，越能诚实守信，从而减少

违规行为。因此，我们提出如下假设。

假设1：上市公司受儒家文化影响越大，上市公司违规行为越少。

为了进一步研究上市公司违规行为的类型，本章将公司违规行为按照证监会分类标准分为两种：一种是上市公司经营违规（Run）；另一种是上市公司信息披露违规（Disc）。上市公司受儒家文化影响越大，越能规范自身的经营行为，减少经营违规行为。上市公司受儒家文化影响越大，越能注重诚信，减少信息披露违规行为。因此，我们提出如下假设。

假设2：上市公司受儒家文化影响越大，上市公司经营违规行为越少。

假设3：上市公司受儒家文化影响越大，上市公司信息披露违规行为越少。

第三节　研究设计

一、样本与数据

本章选取2008—2016年沪、深两地的A股上市公司作为研究样本。为力求数据的准确性和可靠性，我们执行以下筛选程序：①剔除金融行业上市公司，因为这些公司存在行业的特殊性；②剔除ST/PT的上市公司；③剔除上市时间不满一年的公司，因为这些公司可能存在IPO效应；④剔除了财务数据不全的公司。我们从文化地理学的视角，根据上市公司注册地受儒家文化影响的大小来判断上市公司受儒家文化影响的大小。除儒家文化影响大小的数据为手工搜集外，上市公司违规数据和其余财务数据来源于Wind数据库和CSMAR数据库。最终获得有效样本14 685个。为了控制极端值对回归结果的影响，我们对解释变量中的连续变量1%以下和99%以上的分位数进行了缩尾处理（winsorize）。

二、变量定义

（一）上市公司受儒家文化影响程度的衡量

此部分内容与第十一章相同，此处不再赘述。

（二）控制变量

影响上市公司违规的因素很多，我们分别从上市公司本身和上市公司注册地所处的环境二个层面对公司违规的影响因素进行控制。公司基本面的因素包括：公司规模（Size）、财务杠杆（Leverage）、盈利能力（Roa）、成长性（Grow）、第一大股东持股比例大（Hold）、独立董事数量比例（Indpratio）、董事长与总经理两职合一（Dual）。地区层面变量包括：为各省法律发展指数（Law）、各省政府干预程度指数（Gov）①、当年该省地区生产总值的自然对数（Lngdp）。另外，本章还加入了年度与行业虚拟变量，以控制年度与行业固定效应。Ind 为行业虚拟变量，Year 为年度虚拟变量。所有变量的详细定义见表 12-1。

表 12-1　变量的详细定义

变量类型	变量符号	变量名称	度量方法
解释变量	INC	公司受儒家文化的影响	当公司受儒家文化的影响大时，INC=1，否则为 0
因变量	Vio	公司违规	企业被证监会，证交所或者其他管理机构处罚，取值为 1，否则取 0
	Run	经营违规	企业因经营违规被证监会，证交所或者其他管理机构处罚，取值为 1，否则取 0
	Disc	信息披露违规	企业因信息披露违规被证监会，证交所或者其他管理机构处罚，取值为 1，否则取 0
控制变量	Size	公司规模	年末总资产的自然对数
	Leverage	财务杠杆	资产负债率=公司年末总负债/总资产
	Roa	盈利能力	总资产收益率=净利润/资产总额
	Grow	成长性	营业收入增长率
	Hold	大股东持股	大股东持股比例=第一大股东所持的股份数/总股数
	Indpratio	独立董事比例	独立董事占董事会人数的比例
	Dual	两职合一	当董事长和总经理为同一人时，赋值为 1，否则为 0
	BM	账市比	账市比=公司的账面价值/公司的市场价值
	Law	各省法律发展指数	维护市场的法治环境，该指数越大，法治环境越好
	Gov	各省政府干预程度指数	减少政府对企业的干预

---

① 数据取自：王小鲁，樊纲，余静文. 中国分省份市场化指数报告［M］. 北京：社会科学文献出版社，2017。2009 年的数据用 2010 年的数据代替，2011 年的数据用 2012 年的数据代替，2013 年、2015 年、2016 年的数据用 2014 年的数据代替。各省法律发展指数使用的是"维护市场的法治环境"一项的数据；各省政府干预程度指数使用的是"减少政府对企业的干预"一项的数据。

表12-1(续)

变量类型	变量符号	变量名称	度量方法
	Lngdp	当年该省地区生产总值的自然对数	当年该省 GDP 取自然对数
	Ind	行业虚拟变量	按照中国证监会 2012 年行业分类标准，各行业进一步划分了二级子行业，共设置 19 个行业虚拟变量
	Year	年度虚拟变量	9 个研究年度取 8 个年份虚拟变量

（三）因变量

本研究的因变量为公司违规（Vio）。借鉴权小峰等（2016）的研究，如果样本公司被证监会、证券交易所或者其他管理机构处罚，则公司违规（Vio）取值为 1，否则为 0；上市公司经营违规（Run）取值为 1，否则为 0；上市公司信息披露违规（Dis）取值为 1，否则为 0。

三、模型设计

借鉴以往中国上市公司违规、财务丑闻研究的文献（张翼，马光，2005；陈冬华 等，2008；陈冬华 等，2013；李培功，沈艺峰，2010），我们构建多元回归模型（12-1）、模型（12-2）和模型（12-3），检验儒家文化对公司违规行为、公司经营违规行为及公司信息披露违规行为的影响：

$$\text{Vio} = \alpha + \beta_1 \times \text{INC} + \beta_2 \times \text{Roa} + \beta_3 \times \text{Hold} + \beta_4 \times \text{Law} + \beta_5 \times \text{Gov} + \beta_6 \times \text{GDP} + \beta_7 \times \text{Size} + \beta_8 \times \text{Leverage} + \beta_9 \times \text{Indboard} + \beta_{10} \times \text{SOE} + \beta_{11} \times \text{Dual} + \beta_{12} \times \text{BM} + \sum \text{Industry} + \sum \text{Year} + \varepsilon \qquad (12-1)$$

$$\text{Run} = \alpha + \beta_1 \times \text{INC} + \beta_2 \times \text{Roa} + \beta_3 \times \text{Hold} + \beta_4 \times \text{Law} + \beta_5 \times \text{Gov} + \beta_6 \times \text{GDP} + \beta_7 \times \text{Size} + \beta_8 \times \text{Leverage} + \beta_9 \times \text{Indboard} + \beta_{10} \times \text{SOE} + \beta_{11} \times \text{Dual} + \beta_{12} \times \text{BM} + \sum \text{Industry} + \sum \text{Year} + \varepsilon \qquad (12-2)$$

$$\text{Dis} = \alpha + \beta_1 \times \text{INC} + \beta_2 \times \text{Roa} + \beta_3 \times \text{Hold} + \beta_4 \times \text{Law} + \beta_5 \times \text{Gov} + \beta_6 \times \text{GDP} + \beta_7 \times \text{Size} + \beta_8 \times \text{Leverage} + \beta_9 \times \text{Indboard} + \beta_{10} \times \text{SOE} + \beta_{11} \times \text{Dual} + \beta_{12} \times \text{BM} + \sum \text{Industry} + \sum \text{Year} + \varepsilon \qquad (12-3)$$

模型（12-1）、模型（12-2）、模型（12-3）均采用 Logistic 回归估计模型。其中，因变量 Vio、Run、Dis 分别为上市公司违规行为、上市公司经营违规行为及上市公司信息披露违规行为。当年涉及违规时 Vio 取 1，否则取 0；当年涉及经营违规时，Run 取 1，否则取 0；当年涉及信息披露违规时，Dis 取 1，否则取 0。因为上市公司违规行为无法被直接观测到，只有当上市公司违规行为被处罚并公布时，才能知晓其违规行为，所以本章沿用陈国进等（2005）的方法，以因违规受到处罚的上市公司作为违规研究样本。利用 CSMAR 数据库"上市公司违规事件及其公告文件"中的数据，通过对被处罚公司进行追溯的方法，将被处罚的违规行为涉及的年份定义为违规年份，以上市公司当年是否违规衡量其是否违规[①]。INC 为衡量儒家文化影响关键变量。为避免公司层面的聚集效应对标准误的影响，回归时在公司层面进行了 Cluster 处理。

第四节　实证结果与分析

一、描述性统计与分析

本章对变量进行了描述性统计与分析（见表 12-2），可以看出公司违规（Vio）、公司经营违规（Run）和信息披露违规（Dis）均值分别为 0.118、0.098 1 和 0.069 7。这说明在上市公司样本中，有违规行为的样本量占总样本的 11.8%，有经营违规的样本量占总样本的 9.81%，有信息披露违规的样本占总样本的 6.97%。受儒家文化的影响（INC）均值为 0.658，说明受儒家文化影响大的上市公司样本量占总体样本的 65.8%。从控制变量来看，46.6% 为国有控股上市公司，第一大股东持股比例高达 36.4%，表明中国上市公司的股权较集中，董事长与总经理两职合一的 22.5%，独立董事占比的均值为 37.1%，最小为 30%。

---

① 上市公司违规事件及其公告文件提供了上市公司受罚行为涉及的年份。若某一年份涉及违规行为，定义为上市公司当年存在违规行为。

表 12-2 描述性统计与分析

变量	N	mean	min	max	sd	p25	p50	p75
Vio	14 685	0.118	0	1	0.323	0	0	0
Run	14 685	0.098 1	0	1	0.297	0	0	0
Dis	14 685	0.069 7	0	1	0.255	0	0	0
INC	14 685	0.658	0	1	0.474	0	1	1
Size	14 685	22.11	19.83	26.02	1.263	21.19	21.92	22.83
Lev	14 685	0.446	0.049	0.895	0.210	0.282	0.444	0.612
Gov	14 685	5.148	−3.700	11.33	2.712	3.260	5.280	7.530
GDP	14 685	0.101	0.077 6	0.113	0.007 82	0.096 4	0.101	0.107
Hold	14 685	0.364	0.093 1	0.758	0.152	0.240	0.347	0.475
Law	14 685	6.380	0.210	10.05	2.308	4.720	6.730	8.120
Dual	14 685	0.225	0	1	0.418	0	0	0
Ind	14 685	0.371	0.300	0.571	0.052 9	0.333	0.333	0.400
Soe	14 685	0.466	0	1	0.499	0	0	1
BM	14 685	0.940	0.101	4.956	0.896	0.374	0.635	1.148
Roa	14 685	0.041 9	−0.142	0.195	0.049 1	0.015 4	0.037 0	0.065 8

从表 12-3 可以看出公司受儒家文化的影响（INC）对公司违规行为、公司经营违规行为和公司信息披露违规行为有显著的抑制作用，这也初步验证了本章的假设。

表 12-3 相关性分析

变量	Vio	Run	Dis	INC	Size	Lev	Gov	GDP
Vio	1							
Run	0.901***	1						
Dis	0.748***	0.566***	1					
INC	−0.027***	−0.028***	−0.042***	1				
Size	−0.023***	−0.017**	−0.003	−0.124***	1			
Lev	0.018**	0.005	0.050***	−0.069***	0.506***	1		
Gov	−0.019**	−0.013	−0.034***	0.465***	−0.050***	−0.070***	1	

表12-3(续)

变量	Vio	Run	Dis	INC	Size	Lev	Gov	GDP
GDP	0.046***	0.051***	0.029***	0.241***	-0.003	-0.104***	0.473***	1
Hold	-0.069***	-0.061***	-0.051***	-0.064***	0.246***	0.090***	-0.001	-0.060***
Law	0.018**	0.018**	0.007	0.278***	0.073***	-0.105***	0.629***	0.428***
Dual	0.026***	0.029***	0.018**	0.081***	-0.176***	-0.161***	0.083***	0.115***
Ind	-0.003	0.001	-0.002	0.006	0.040***	-0.012	-0.002	0.009
Soe	-0.083***	-0.083***	-0.046***	-0.140***	0.353***	0.329***	-0.147***	-0.239***
BM	-0.030***	-0.024***	-0.003	-0.087***	0.616***	0.594***	-0.096***	-0.086***
Roa	-0.055***	-0.030***	-0.087***	0.033***	-0.043***	-0.396***	0.061***	0.029***

变量	Hold	Law	Dual	Ind	Soe	BM	Roa
Hold	1						
Law	0.008	1					
Dual	-0.071***	0.087***	1				
Ind	0.050***	0.042***	0.100***	1			
Soe	0.201***	-0.147***	-0.288***	-0.052***	1		
BM	0.140***	-0.034***	-0.156***	0.019**	0.323***	1	
Roa	0.078***	0.031***	0.044***	-0.026***	-0.120***	-0.297***	1

注：***、**、* 分别表示在1%、5%、10%水平上显著。

二、多元回归与分析

表12-4 是本章主要回归结果，列（1）中 INC 的回归系数是-0.245 且在1%的水平上显著，说明控制了其他变量以后，受儒家文化的影响与公司违规行为的关系显著为负，即受儒家文化的影响对上市公司违规行为具有显著的抑制作用。列（2）中 INC 的回归系数为-0.305 且在1%的水平上显著，说明控制了其他变量以后，受儒家文化的影响与公司经营违规行为的关系显著为负，说明儒家文化对公司经营违规行为有抑制作用。列（3）中 INC 的回归系数为-0.359 且在1%的水平上显著，说明控制了其他变量以后，受儒家文化的影响与公司信息披露违规行为的关系显著为负，即受儒家文化的影响对公司信息披露违规行为有明显的抑制作用。综上，实证结果验证了本章的假设1、假设2和假设3。

表 12-4 儒家文化和公司违规的回归结果

变量	(1) Vio	(2) Run	(3) Dis
INC	−0.245*** (−2.977)	−0.305*** (−3.464)	−0.359*** (−3.218)
Size	−0.116** (−2.450)	−0.078 (−1.563)	−0.138** (−2.050)
Lev	1.278*** (6.079)	0.993*** (4.376)	1.697*** (6.039)
Gov	0.056*** (2.651)	0.050** (2.256)	0.048* (1.753)
GDP	−4.543 (−0.852)	2.160 (0.365)	−4.140 (−0.579)
Hold	−0.924*** (−3.704)	−0.981*** (−3.627)	−0.762** (−2.127)
Law	−0.095*** (−3.710)	−0.089*** (−3.200)	−0.096*** (−2.778)
Dual	0.020 (0.269)	0.048 (0.613)	0.073 (0.769)
Ind	−0.778 (−1.398)	−0.446 (−0.747)	−0.786 (−1.081)
Soe	−0.401*** (−4.487)	−0.438*** (−4.422)	−0.315** (−2.514)
BM	−0.085 (−1.393)	−0.056 (−0.872)	−0.066 (−0.822)
Roa	−1.364* (−1.780)	−0.305 (−0.369)	−3.885*** (−3.917)
Constant	1.008 (0.917)	−0.879 (−0.763)	0.615 (0.404)
Ind/Year	Yes	Yes	Yes
Observations	14 685	14 685	14 685
Pseudo R2	0.053	0.045	0.068

注：括号内为标准误，***、**、*分别表示在1%、5%、10%水平上显著。

第五节　稳健性检验

为了确保本章相关结论的稳健性，我们采用了三种方法进行稳健性检验。

一、剔除中小板、创业板上市公司

考虑到 A 股中小板、创业板上市公司与 A 股主板上市公司在公司特征方面可能存在系统性差异，为确保研究结果稳健，我们尝试删除样本中的中小板、创业板 A 股上市公司，并重复上述各项回归，结果见表 12-5。

表 12-5　剔除中小板、创业板后的回归结果

变量	（1） Vio	（2） Run	（3） Dis
INC	-0.259^{***}	-0.323^{***}	-0.438^{***}
	(-2.906)	(-3.371)	(-3.736)
Size	-0.146^{***}	-0.107^{**}	-0.170^{**}
	(-2.835)	(-1.971)	(-2.373)
Lev	1.169^{***}	0.854^{***}	1.581^{***}
	(5.156)	(3.470)	(5.306)
Gov	0.037	0.031	0.035
	(1.625)	(1.305)	(1.233)
GDP	-1.387	5.563	-4.326
	(-0.243)	(0.872)	(-0.580)
Hold	-0.943^{***}	-0.996^{***}	-0.855^{**}
	(-3.535)	(-3.418)	(-2.260)
Law	-0.082^{***}	-0.076^{**}	-0.075^{**}
	(-2.918)	(-2.463)	(-2.050)
Dual	0.035	0.085	0.091
	(0.433)	(0.979)	(0.874)
Ind	-0.506	-0.234	-0.630
	(-0.837)	(-0.358)	(-0.813)
Soe	-0.477^{***}	-0.506^{***}	-0.384^{***}
	(-5.154)	(-4.925)	(-2.996)
BM	-0.054	-0.020	-0.040
	(-0.856)	(-0.306)	(-0.493)

表12-5（续）

变量	（1） Vio	（2） Run	（3） Dis
Roa	−1.070 （−1.334）	−0.172 （−0.197）	−3.193*** （−3.101）
Constant	1.255 （1.063）	−0.696 （−0.561）	1.327 （0.829）
Ind/Year	Yes	Yes	Yes
Observations	12 966	12 966	12 966
Pseudo R2	0.059	0.051	0.074

注：括号内为标准误，***、**、*分别表示在1%、5%、10%水平上显著。

二、剔除北京、上海、广东的上市公司

考虑到北京、上海、广东为我国的经济发达地区，这三个地区的上市公司数量相对其他地区要多得多。借鉴陈冬华等（2013）的做法，为确保研究结果稳健，我们尝试删除这三个地区的 A 股上市公司，并重复上述各项回归，结果见表12-6。

表 12-6　剔除北京、上海、广东的上市公司后的回归结果

变量	（1） Vio	（2） Run	（3） Dis
INC	−0.288*** （−3.371）	−0.346*** （−3.798）	−0.369*** （−3.217）
Size	−0.061 （−1.204）	−0.021 （−0.388）	−0.105 （−1.481）
Lev	1.236*** （5.682）	0.907*** （3.936）	1.858*** （6.564）
Gov	0.028 （1.237）	0.026 （1.097）	0.009 （0.324）
GDP	−3.635 （−0.622）	3.718 （0.569）	−1.549 （−0.195）
Hold	−0.872*** （−3.558）	−0.972*** （−3.638）	−0.775** （−2.258）
Law	−0.057* （−1.893）	−0.059* （−1.840）	−0.061 （−1.555）

表12-6(续)

变量	(1) Vio	(2) Run	(3) Dis
Dual	0.097 (1.233)	0.126 (1.498)	0.110 (1.049)
Ind	−0.348 (−0.586)	−0.081 (−0.126)	−0.047 (−0.062)
Soe	−0.374*** (−3.931)	−0.387*** (−3.670)	−0.328** (−2.451)
BM	−0.097 (−1.490)	−0.061 (−0.894)	−0.067 (−0.786)
Roa	−1.399* (−1.718)	−0.311 (−0.354)	−3.192*** (−2.939)
Constant	−0.476 (−0.398)	−2.397* (−1.922)	−0.845 (−0.516)
Ind/Year	Yes	Yes	Yes
Observations	11 871	11 871	11 871
Pseudo R2	0.050	0.043	0.068

注：括号内为标准误，***、**、*分别表示在1%、5%、10%水平上显著。

三、增加相关控制变量

为了减少遗漏重要变量导致回归模型估计结果的偏差，我们在回归模型中增加经营净现金流（Ncfic）、机构持股比例（Inst）、审计意见（Opinion）等作为控制变量，实证结果基本一致，显示了整体模型较好的稳健性（见表12-7）。

表 12-7　增加相关控制变量后的回归结果

变量	(1) Vio	(2) Run	(3) Dis
INC	−0.238*** (−2.906)	−0.299*** (−3.401)	−0.347*** (−3.121)
Size	−0.084* (−1.744)	−0.052 (−1.020)	−0.098 (−1.434)
Lev	1.183*** (5.687)	0.929*** (4.129)	1.571*** (5.641)

表12-7(续)

变量	（1） Vio	（2） Run	（3） Dis
Gov	0.053** （2.527）	0.047** （2.116）	0.044 （1.640）
GDP	−3.511 （−0.664）	3.300 （0.555）	−3.114 （−0.440）
Hold	−0.769*** （−3.002）	−0.846*** （−3.032）	−0.550 （−1.494）
Law	−0.094*** （−3.650）	−0.088*** （−3.139）	−0.095*** （−2.724）
Dual	0.017 （0.239）	0.047 （0.600）	0.073 （0.767）
Ind	−0.811 （−1.458）	−0.482 （−0.806）	−0.783 （−1.078）
Soe	−0.372*** （−4.078）	−0.411*** （−4.069）	−0.278** （−2.168）
BM	−0.089 （−1.452）	−0.061 （−0.943）	−0.069 （−0.870）
Roa	−0.901 （−1.178）	0.014 （0.016）	−3.305*** （−3.337）
Ncfic	0.000 （0.795）	0.000 （1.305）	0.000 （0.693）
Inst	−0.003** （−1.992）	−0.003* （−1.653）	−0.004* （−1.861）
Opinion	0.831*** （4.882）	0.610*** （3.414）	0.911*** （4.617）
Constant	0.271 （0.244）	−1.490 （−1.272）	−0.298 （−0.194）
Ind/Year	Yes	Yes	Yes
Observations	14 574	14 574	14 574
Pseudo R2	0.056	0.047	0.073

注：括号内为标准误，***、**、*分别表示在1%、5%、10%水平上显著。

第六节 进一步研究

一、不同产权性质下儒家文化对公司违规行为的影响

我们进一步研究儒家文化对国有企业和非国有企业两种不同产权性质的企业违规的影响。表 12-8 是国有企业和非国有企业分组后儒家文化对公司违规（Vio）、公司经营违规（Run）和公司信息披露违规（Vio）的影响进行回归分析的结果，列（1）、列（2）和列（3）的结果表明，受儒家文化的影响（INC）在国有企业组回归系数为负，且在 1% 的水平上显著，说明受儒家文化的影响对公司违规（Vio）、公司经营违规（Run）和公司信息披露违规（Vio）具有显著的抑制作用。在非国有企业组，受儒家文化的影响只对公司经营违规（Run）的抑制作用较显著，受儒家文化的影响对公司违规（Vio）和公司信息披露违规（Vio）的抑制作用都不显著。历史上，自汉武帝"废黜百家，独尊儒术"以来，儒家文化一直作为官方意识形态进行传承。中国共产党一直自觉肩负起传承发展中华优秀传统文化的历史责任。社会主义核心价值观就是对儒家优秀价值理念进行了概括、继承、提升和发展。国有公司具有一定的行政属性，受党和政府的影响更加直接，因此，儒家文化对国有企业违规行为、经营违规行为和信息披露违规行为的抑制作用更加显著，符合理论预期。

表 12-8 不同产权性质下儒家文化对公司违规行为影响的回归结果

变量	国有企业			非国有企业		
	（1） Vio	（2） Run	（3） Dis	（4） Vio	（5） Run	（6） Dis
INC	−0.359*** （−2.649）	−0.427*** （−2.851）	−0.763*** （−4.459）	−0.166 （−1.637）	−0.224** （−2.078）	−0.045 （−0.315）
Size	−0.206** （−2.454）	−0.143 （−1.574）	−0.245** （−2.076）	−0.040 （−0.670）	−0.024 （−0.387）	−0.069 （−0.808）
Lev	1.295*** （3.411）	0.950** （2.240）	1.548*** （3.147）	1.235*** （4.790）	0.972*** （3.580）	1.735*** （5.125）
Gov	0.081*** （2.585）	0.067** （2.070）	0.115*** （2.985）	0.032 （1.154）	0.033 （1.109）	−0.014 （−0.378）

表12-8(续)

变量	国有企业			非国有企业		
	(1) Vio	(2) Run	(3) Dis	(4) Vio	(5) Run	(6) Dis
GDP	-6.211 (-0.675)	-1.769 (-0.169)	0.957 (0.082)	-3.515 (-0.553)	4.012 (0.575)	-7.025 (-0.844)
Hold	-1.394*** (-3.359)	-1.363*** (-2.927)	-1.520*** (-2.655)	-0.580* (-1.877)	-0.710** (-2.156)	-0.224 (-0.511)
Law	-0.106*** (-2.641)	-0.104** (-2.337)	-0.115** (-2.223)	-0.082** (-2.420)	-0.077** (-2.161)	-0.078 (-1.622)
Dual	0.177 (0.963)	0.271 (1.335)	0.003 (0.011)	-0.030 (-0.390)	-0.022 (-0.280)	0.051 (0.501)
Ind	-1.213 (-1.228)	-0.740 (-0.688)	-1.374 (-1.064)	-0.324 (-0.475)	-0.081 (-0.111)	-0.121 (-0.134)
BM	0.006 (0.074)	-0.012 (-0.148)	0.042 (0.399)	-0.163 (-1.458)	-0.084 (-0.700)	-0.111 (-0.877)
Roa	1.259 (0.918)	1.489 (0.941)	0.981 (0.539)	-3.039*** (-3.288)	-1.451 (-1.506)	-6.908*** (-6.116)
Constant	2.460 (1.322)	0.119 (0.060)	2.462 (0.961)	-0.483 (-0.355)	-1.957 (-1.410)	-0.792 (-0.420)
Ind/Year	Yes	Yes	Yes	Yes	Yes	Yes
Observations	6 843	6 843	6 843	7 842	7 842	7 842
Pseudo R2	0.072	0.060	0.089	0.036	0.028	0.070

注：括号内为标准误，***、**、* 分别表示在1%、5%、10%水平上显著。

二、不同开放程度下儒家文化对公司违规的影响

下面，我们进一步研究儒家文化对不同开放程度地区上市公司违规行为的影响。本章借鉴夏立军和陈信元（2007）衡量地区开放程度的方式，使用20世纪80年代中央政府率先开放的沿海城市来衡量地区的对外开放程度。具体地，深圳、珠海、汕头、厦门、海南、大连、秦皇岛、天津、烟台、青岛、连云港、南通、上海、宁波、温州、福州、广州、湛江、北海、营口这些经济特区或沿海开放城市的所在省级行政区域对外开放程度高，因此，浙江、江苏、广东、上海、海南、福建、山东、辽宁、河北、天津、广西省级行政区域或自治区、直辖市作为开放程度较高地区，注册在这些行政区域的上市公司受外来文化影响大，其他省级行政区、自治区

和直辖市开放程度低，注册在这些地区的上市公司受外来文化影响小。在对外开放程度高的组，儒家文化对公司违规（Vio）行为和公司信息披露违规（Vio）行为的抑制作用不显著，对公司经营违规（Run）行为的抑制作用比较显著，而在对外开放程度低的组，儒家文化对公司违规（Vio）行为、公司经营违规（Run）行为和公司信息披露违规（Vio）的回归系数为负，且都在1%的水平上显著（见表12-9），说明儒家文化对公司违规（Vio）行为、公司经营违规（Run）行为和公司信息披露违规（Vio）行为的抑制作用显著。这意味着，儒家文化与对公司违规行为的抑制作用在受外来文化冲击较小的地区更加显著。所得结论符合理论预期。

表12-9　不同开放程度下儒家文化对公司违规影响的回归结果

变量	开放程度较高			开放程度较低		
	（1） Vio	（2） Run	（3） Dis	（4） Vio	（5） Run	（6） Dis
INC	-0.177 （-1.438）	-0.266^{**} （-2.041）	-0.131 （-0.739）	-0.321^{***} （-2.848）	-0.370^{***} （-3.060）	-0.510^{***} （-3.387）
Size	-0.117^{*} （-1.869）	-0.045 （-0.690）	-0.190^{**} （-2.062）	-0.125^{*} （-1.716）	-0.121 （-1.569）	-0.093 （-0.935）
Lev	1.343^{***} （5.276）	0.937^{***} （3.404）	2.010^{***} （5.973）	1.279^{***} （3.437）	1.181^{***} （2.972）	1.236^{**} （2.458）
Gov	0.045 （1.470）	0.048 （1.468）	0.016 （0.389）	0.050 （1.503）	0.053 （1.518）	0.063 （1.544）
GDP	-14.287^{**} （-2.306）	-6.566 （-0.930）	-11.061 （-1.316）	8.270 （0.731）	15.367 （1.251）	7.619 （0.525）
Hold	-1.351^{***} （-4.508）	-1.472^{***} （-4.489）	-1.292^{***} （-2.964）	-0.475 （-1.124）	-0.505 （-1.100）	-0.264 （-0.457）
Law	-0.121^{***} （-3.001）	-0.106^{**} （-2.447）	-0.123^{**} （-2.220）	-0.086^{***} （-2.645）	-0.082^{**} （-2.271）	-0.101^{**} （-2.446）
Dual	0.070 （0.742）	0.127 （1.271）	0.169 （1.329）	-0.066 （-0.571）	-0.092 （-0.754）	-0.078 （-0.534）
Ind	-0.629 （-0.885）	-0.331 （-0.430）	-0.927 （-1.009）	-1.111 （-1.241）	-0.616 （-0.653）	-0.745 （-0.625）
Soe	-0.229^{**} （-2.127）	-0.310^{***} （-2.589）	-0.029 （-0.202）	-0.545^{***} （-3.730）	-0.545^{***} （-3.375）	-0.583^{***} （-2.927）
BM	-0.211^{***} （-2.672）	-0.196^{**} （-2.261）	-0.158 （-1.600）	0.005 （0.059）	0.030 （0.326）	0.013 （0.109）

表12-9(续)

变量	开放程度较高			开放程度较低		
	(1) Vio	(2) Run	(3) Dis	(4) Vio	(5) Run	(6) Dis
Roa	-2.101** (-2.235)	-1.134 (-1.100)	-4.329*** (-3.424)	-0.421 (-0.320)	0.768 (0.568)	-3.543** (-2.095)
Constant	2.548* (1.801)	0.066 (0.044)	2.548 (1.252)	-0.249 (-0.143)	-1.920 (-1.084)	-1.089 (-0.464)
Ind/Year	Yes	Yes	Yes	Yes	Yes	Yes
Observations	8 756	8 756	8 756	5 929	5 929	5 929
Pseudo R2	0.059	0.051	0.074	0.069	0.064	0.087

注：括号内为标准误，***、**、*分别表示在1%、5%、10%水平上显著。

三、不同法治环境下儒家文化对公司违规的影响

我们进一步研究儒家文化对法治环境较好的地区和法治环境较差的地区企业违规的影响。表12-10是在法治环境较好的地区和法治环境较差地区，儒家文化对公司违规（Vio）、公司经营违规（Run）和公司信息披露违规（Vio）的影响进行回归分析的结果，列（1）、列（2）和列（3）的结果表明，受儒家文化的影响（INC）对法治环境较差地区的上市公司违规行为的抑制作用不显著。列（4）、列（5）和列（6）的结果表明，在法治环境较好地区，受儒家文化的影响对公司违规行为（Vio）、公司经营违规行为（Run）和公司信息披露违规行为（Vio）的回归系数显著为负，且在1%的水平上显著，说明受儒家文化的影响对公司违规行为（Vio）、公司经营违规行为（Run）和公司信息披露违规行为（Vio）具有显著的抑制作用。这是因为，儒家文化讲诚信的文化信念为法治有效发挥作用提供了基础，良好的法治环境能促使人们把讲诚信的文化信念落实到行动中（胡少华，2018）。这说明儒家文化和法治环境对防止公司违规具有相互促进的作用。所得结论与以前的理论分析（胡少华，2018）保持一致。

表 12-10　不同法治环境下儒家文化对公司违规影响的回归结果

变量	法治环境较差			法治环境较好		
	（1） Vio	（2） Run	（3） Dis	（4） Vio	（5） Run	（6） Dis
INC	-0.126	-0.130	-0.074	-0.214***	-0.295***	-0.367***
	(-0.872)	(-0.851)	(-0.370)	(-2.673)	(-2.844)	(-2.840)
Size	-0.210***	-0.174***	-0.278***	-0.038	0.011	-0.040
	(-3.315)	(-2.688)	(-2.916)	(-0.789)	(0.154)	(-0.465)
Lev	1.450***	1.144***	1.701***	1.228***	0.947***	1.789***
	(4.731)	(3.498)	(3.946)	(5.001)	(3.239)	(5.286)
Gov	0.046	0.026	0.037	0.018	0.018	0.008
	(1.609)	(0.886)	(0.952)	(0.932)	(0.682)	(0.271)
GDP	-33.197***	-29.457**	-34.887**	3.651	10.537	2.471
	(-3.132)	(-2.524)	(-2.432)	(0.672)	(1.428)	(0.295)
Hold	-0.992***	-0.960**	-0.878	-0.851***	-0.981***	-0.713*
	(-2.733)	(-2.530)	(-1.615)	(-3.272)	(-2.857)	(-1.720)
Dual	-0.151	-0.127	-0.008	0.201**	0.230**	0.183
	(-1.532)	(-1.223)	(-0.061)	(2.243)	(2.032)	(1.358)
Ind	-1.001	-0.965	-0.645	-0.662	-0.115	-0.890
	(-1.192)	(-1.063)	(-0.582)	(-0.951)	(-0.148)	(-0.949)
Soe	-0.457***	-0.538***	-0.214	-0.447***	-0.447***	-0.451***
	(-3.585)	(-3.998)	(-1.199)	(-5.249)	(-3.322)	(-2.695)
BM	-0.147	-0.153	-0.050	-0.055	-0.017	-0.071
	(-1.597)	(-1.478)	(-0.451)	(-0.860)	(-0.212)	(-0.688)
Roa	-1.912*	-1.273	-5.834***	-0.956	0.427	-2.315
	(-1.817)	(-1.125)	(-4.668)	(-1.102)	(0.367)	(-1.638)
Constant	5.394***	4.259**	5.930***	-1.904*	-4.265***	-2.480
	(3.353)	(2.513)	(2.603)	(-1.700)	(-2.712)	(-1.270)
Ind/Year	Yes	Yes	Yes	Yes	Yes	Yes
Observations	7 486	7 486	7 486	7 199	7 199	7 199
Pseudo R2	0.066	0.058	0.084	0.053	0.047	0.070

注：括号内为标准误，*** 、** 、* 分别表示在1%、5%、10%水平上显著。

第七节　小结与启示

儒家文化在长期的历史过程中已经内化为中国人的一套价值规范，对中国社会的影响十分深远。过去四十多年来，中国各地、各领域皆出现传统之复兴，儒家之复兴。儒家文化的"忠信""崇德向善"的核心价值观对约束上市公司高管违规行为，完善公司治理，提高公司治理水平发挥了积极的作用。然而，却鲜有研究深入考察儒家文化对中国上市公司违规的影响。本章基于文化地理学的视角，根据上市公司的注册地确定其受儒家文化影响的大小数据，考察儒家文化对我国上市公司违规的影响。

本章研究发现，我国上市公司受儒家文化影响越大，公司违规越少；我国上市公司受儒家文化影响越大，公司经营违规越少；我国上市公司受儒家文化影响越大，公司信息披露违规越少。剔除中小板、创业板上市公司以及北京、上海、广东的上市公司及增加相关控制变量之后，这一结论依然成立。进一步研究表明，公司产权性质、公司所在地区对外开放程度以及公司所在地区的法治环境都会对儒家文化对公司违规行为产生影响。儒家文化对国有上市公司、对公司所在地区对外开放程度低的上市公司、对法治环境好的地区上市公司违规行为的抑制作用更加显著。

本章的结论丰富了上市公司违规的相关文献，从儒家文化的视角出发，凸显了文化因素对上市公司违规的影响，扩展了我国上市公司治理的研究。本章研究的启示为：我们应该努力弘扬儒家文化"忠信""崇德向善"的核心价值观，同时，还要不断提高法治水平，从而减少上市公司违规行为，完善我国上市公司治理。

第十三章 儒家文化与代理冲突：来自中国 A 股市场的经验证据

第一节　引言

现代企业制度的一个重要特征是所有权与控制权的分离，"控制这些财富并有责任确保经营效率和生产利润的人，不再是那些身为所有者并有权获得利润的人"（Berle & Means，1932）。当双方都是效用最大化的经济人时，可以合理预期代理人并不会永远按照委托人的利益行事。来自多个国家的研究表明，这种利益冲突所导致的交易成本是巨大的（Shleifer & Vishny，1997）。

根据现代公司财务理论，信息不对称和激励不足是代理冲突的根源。为了对代理人实施必要的监督和激励、有效协调委托和代理双方的利益，关键就是完善公司治理。广义的公司治理涵盖两类代理问题的解决。Jensen 和 Meckling（1976）等强调基于所有权与经营权的分离，经理人为了实现帝国扩张目的甚至投资净现值为负的项目，从而损害了外部股东的利益，我们称之为第一类代理问题。而在新兴市场国家中，控股股东以金字塔形控股结构、交叉持股以及不平等的投票权等通过隧道行为实现资源的转移，形成对外部分散股东利益的损害，我们将这种由股东之间利益冲突引发的代理问题称为第二类代理。投资者之间的利益冲突不仅普遍而且十分严重（LLS，1999；Claessens et al.，2000；Faccio & Lang，2002）。

本章试图找到并描绘儒家文化在我国公司治理中可能起到的重要作

用。之所以选择儒家文化作为切入点，主要有以下两个方面的原因：第一，儒家文化在长期的历史过程中已经内化为中国人的一套价值规范。帕森斯（Parsons，1951）强调规范在激励行为上的重要性，因为它影响了人们的内在效应。心理学家把受内在激励的行动定义为这样一种情形：尽管采取该行动没有任何报酬，但是为了行动本身的价值，该行动仍然会被采纳（Frey，1997）。公司治理具有丰富的理论内涵。根据其主要机理，我们可以将内部治理机制划分为监督机制与激励机制两大类。儒家文化所形成的社会规范在激励行为上具有重要的作用。第二，儒家文化通常会影响上市公司高管的价值观和经营理念，从而影响上市公司治理。上市公司高管受儒家文化影响的程度可以从其学习、工作和生活的环境进行考察。

相对于已有的研究，本章的研究贡献可能主要体现在几个方面：

第一，本章从文化地理学的视角，以我国上市公司注册地为切入点，手工收集和整理我国上市公司受儒家文化影响大小的数据，研究儒家文化这一非正式制度对上市公司代理冲突现象的影响，突破了以往过多基于正式制度的单一视角研究，丰富了上市公司治理研究的理论与途径，并拓宽了上市公司代理冲突的研究范畴。

第二，跨学科的交叉融合是近年来公司治理领域关注和研究的热点。尽管以往文献基于非正式制度影响公司治理的基本逻辑框架，探讨了宗教、媒体、传统文化和老乡关系等对公司治理的影响，但儒家文化作为中国传统文化的主流和重要组成部分，关于其如何影响我国上市公司代理冲突的研究还十分匮乏。

本章接下来的结构安排如下：第二部分是制度背景、理论分析与研究假设，第三部分是研究设计，第四部分是实证结果与分析、稳健性检验及进一步研究，第五部分是小结与启示。

第二节　制度背景、理论分析与研究假设

本章制度背景同第十章。

儒家文化与信誉机制存在密切的联系。儒家文化在长期的历史过程中已经内化为中国人的一套价值规范，儒家讲诚信的文化信念促进了信誉机制的形成和有效发挥作用。在我国上市公司治理中，儒家文化信念能降低

作为股东代理人的经理讲信誉的成本。上市公司高管受儒家文化影响使得其具有讲诚信的文化信念，因此，受儒家文化影响越大的高管，其自律性更强，从而强化为一种更加诚信的处事风格，并逐步形成一种内在的自我约束机制，约束自己的非道德行为，当外部监督机制较弱时，儒家文化作为非正式制度可以作为外部监督机制的一种替代，从而降低股东与经理层及大股东与中小股东的代理成本，缓和股东与经理层及大股东与中小股东之间的代理冲突。因此，本章提出了如下研究假设。

假设 1：一个上市公司受儒家文化影响越大，其代理成本越低，该上市公司股东与经理层代理冲突的程度越低。

假设 2：一个上市公司受儒家文化影响越大，其控股股东的私利行为程度越低，该上市公司控股股东与中小股东代理冲突的程度越低。

第三节　研究设计

一、样本与数据

本章选取 Wind 的上市公司财务数据库中 2008—2016 年的非金融、非 ST/PT 的沪深 A 股上市公司为初始样本。从 CSMAR 数据库中获取计算第二类代理冲突因变量的相关数据。按照已有研究惯例和本研究的特点，我们以下标准对样本进行筛选：①剔除金融行业上市公司，因为这些公司存在行业的特殊性；②剔除 ST/PT 的上市公司；③剔除上市时间不满一年的公司，因为这些公司可能存在 IPO 效应；④剔除相关数据缺失的样本；⑤在研究儒家文化对第二类代理冲突的影响时，剔除第一大股东持股比例低于 10% 的样本；⑥为了控制极端值对回归结果的影响，我们对所有的连续变量 1% 以下和 99% 以上的分位数进行了缩尾处理（winsorize）。

在此基础上，我们从文化地理学的视角，根据上市公司注册地受儒家文化影响的大小来判断上市公司受儒家文化影响的大小。

二、变量定义

（一）上市公司受儒家文化影响程度的衡量
此部分与第十一章相同，此处不再赘述。

（二）上市公司代理冲突的衡量

1. 管理层与股东的代理冲突

代理冲突越严重，代理成本越高。我们用代理成本来衡量代理冲突。现有文献对代理成本的定量研究主要有两种思路（Morck et al., 1988）。一种思路的内在假设为：管理层与股东的利益冲突能够反映在价值和绩效中，而内外部治理机制则能够降低代理成本，从而削弱代理冲突对企业价值的消极作用（Florackis & Ozkan, 2008）。另一种方法是直接计算代理问题所造成的效率损失和成本支出，如 Ang 等（2000）。为了对管理层代理成本进行更加直接的度量，我们参照 Ang 等的做法，选用管理费用率和资产周转率分别度量管理层与股东之间的代理成本的两个方面。

①管理费用率。管理费用是企业行政管理部门为组织和管理生产经营活动而发生的各项费用，包含办公费、差旅费、业务招待费、坏账准备、存货跌价准备等内容。因此，管理费用占主营业务收入的比率能够对管理层的在职消费、不当开支等代理成本提供良好度量。

②资产周转率。资产周转率是对企业总体代理效率的直接度量，能够反映管理层在经营股东财富的过程中是否存在低效率决策、不当投资或偷懒等情况。因此，主营业务收入与总资产的比例能够从产出的角度对管理层的无效率经营或偷懒等代理成本提供良好度量。

2. 大股东与中小股东的代理冲突

中国等新兴资本市场的公司股权结构表现出高度集中且"一股独大"的特点。控股股东控制董事会，派出自己的直接代表，或者亲自担任公司董事长或首席执行官，从而掌握了公司资源的支配权。控股股东可以采用资金占用（李增泉 等，2004；姜国华，岳衡，2005；Jiang et al., 2010）、关联交易（余明桂，夏新平，2004；陈晓，王琨，2005；洪剑峭，薛皓，2009；魏明海 等，2013；候青川 等，2014）、盈余管理（Leuz et al., 2003；Liu & Lu，2007；Aharony et al., 2010）等手段，侵占中小股东的利益。因此，在新兴资本市场国家，公司主要的代理问题更多地表现为控股股东与其他股东之间的利益冲突——第二类代理问题（La Porta et al., 1998）。

近年来，越来越多的文献使用控股股东对上市公司的资金占用（李增泉 等，2004；姜国华，岳衡，2005；Jiang et al., 2010）、上市公司与控股股东之间的关联交易（余明桂，夏新平，2004；陈晓，王琨，2005；洪剑峭，薛皓，2009；魏明海 等，2013；候青川 等，2014）等指标，直接度量控股股东的私利行为。众所周知，从 2003 年开始，中国证监会加强了对控股股东占款行为的监管①，控股股东难以继续以此方式获取私有利益，直接的资金占用已不再适合用于度量大股东私利行为（Jiang et al.，2015）。因此，本章借鉴姜付秀（2018）的做法，利用上市公司与控股股东及其关联方进行的关联交易度量控股股东的私利行为。我们使用控股股东的私利行为来反映大股东与中小股东的代理冲突。控股股东的私利行为越严重，控股股东与中小股东的代理冲突就越严重。我们从两方面进行衡量：所有关联交易合计与总资产的比值 Rpta（经行业调整后）② 和剔除可能存在一定噪声交易类型之后的关联交易之和与总资产的比值 Rptb（经行业调整后）③。

（三）控制变量

影响上市公司代理冲突的因素很多，我们分别从上市公司和上市公司注册地所处的环境两个层面对公司代理冲突的影响因素进行控制。其中，公司层面的基本因素包括：公司规模（Size）、财务杠杆（Leverage）、成长性（Grow）、盈利能力（Roa）、产权性质（Soe）、大股东持股比率（First）、董事会规模（Bsize）和独立董事的比重（Indpratio）。地区层面变量包括：各省法律发展指数（Law）、各省政府干预程度指数（Gov）④、当年该省 GDP 的自然对数（Lngdp）。另外，本章还加入了年度（Year）与行业（Ind）虚拟变量，以控制年度与行业固定效应。所有变量的详细定义见表 13-1。

---

① 中国证监会分别于 2003 年、2005 年和 2006 年发布了《关于规范上市公司与关联方资金往来及上市公司对外担保若干问题的通知》《关于提高上市公司质量意见的通知》《关于进一步加快推进清欠工作的通知》等文件，要求清理控股股东对上市公司的占款，使得不少上市公司披露的占款金额为 0，甚至有些公司为负值。

② 邹雄（2005）发现，关联交易具有行业特征，一些行业（如采掘业、建筑业、制造业）的关联交易显著高于其他行业。基于此，我们在衡量关联交易时进行了行业调整。

③ 根据 CSMAR 数据库的分类，我们剔除了 "17＝合作项目" "18＝许可协议" "19＝研究与开发成果" "20＝关键管理人员报酬" "21＝其他事项" 等可能并非以获取私利为目的而发生的关联交易。

④ 数据取自：王小鲁，樊纲，余静文. 中国分省份市场化指数报告 [M]. 北京：社会科学文献出版社，2017. 2009 年的数据用 2010 年的数据代替，2011 年的数据用 2012 年的数据代替，2013 年、2015 年、2016 年的数据用 2014 年的数据代替。各省法律发展指数使用的是 "维护市场的法治环境" 一项的数据；各省政府干预程度指数使用的是 "减少政府对企业的干预" 一项的数据。

表 13-1 变量的详细定义

变量类型	变量符号	变量名称	度量方法
解释变量	INC	公司受儒家文化的影响	当公司受儒家文化的影响大时，INC＝1，否则为0
因变量	Expence	管理费用率	管理费用/主营业务收入
	Turnover	资产周转率	主营业务收入/总资产
	Rpta	所有关联交易合计与总资产的比值（经行业调整后）	所有关联交易合计/总资产（经行业调整后）
	Rptb	剔除可能存在一定噪声交易类型之后的关联交易之和与总资产的比值（经行业调整后）	剔除可能存在一定噪声的交易类型之后的关联交易之和/总资产（经行业调整后）
控制变量	Size	公司规模	年末总资产的自然对数
	Leverage	财务杠杆	资产负债率＝公司年末总负债/总资产
	Roa	盈利能力	总资产收益率＝净利润/资产总额
	Grow	成长性	营业收入增长率
	First	大股东持股	大股东持股比例＝第一大股东所持的股份数/总股数
	Bsize	董事会规模	董事会人数
	Indpratio	独立董事比例	独立董事占董事会人数的比例
	Soe	产权性质	若控股股东为国有资产管理部门或国有企业，则取值为1；否则，取值为0
	Law	各省法律发展指数	维护市场的法治环境
	Gov	各省政府干预程度指数	减少政府对企业的干预
	Lngdp	当年该省地区生产总值的对数	当年该省地区生产总值的对数
	Ind	行业虚拟变量	按照中国证监会2012年行业分类标准，各行业进一步划分了二级子行业，共设置19个行业虚拟变量
	Year	年度虚拟变量	9个研究年度取8个年份虚拟变量

三、模型设计

我们构建模型（13-1）和模型（13-2），检验儒家文化对第一类代理冲突产生的代理成本，建立模型（13-3）和模型（13-4），检验儒家文化对第二类代理冲突产生的代理成本的影响：

$$Expence = \alpha + \beta_1 \times INC + \beta_2 \times Size + \beta_3 \times Roa + \beta_4 \times Leverage + \beta_5 \times Grow +$$
$$\beta_6 \times First + \beta_7 \times Indpratio + \beta_8 \times Soe + \beta_9 \times Board + \beta_{10} \times Law +$$
$$\beta_{11} \times Gov + \beta_{12} \times Lngdp + \sum Industry + \sum Year + \varepsilon \quad (13-1)$$

$$Turnover = \alpha + \beta_1 \times INC + \beta_2 \times Size + \beta_3 \times Roa + \beta_4 \times Leverage +$$
$$\beta_5 \times Grow + \beta_6 \times First + \beta_7 \times Indpratio + \beta_8 \times Soe +$$
$$\beta_9 \times Board + \beta_{10} \times Law + \beta_{11} \times Gov + \beta_{12} \times Lngdp +$$
$$\sum Industry + \sum Year + \varepsilon \quad (13-2)$$

$$Rpta = \alpha + \beta_1 \times INC + \beta_2 \times Size + \beta_3 \times Roa + \beta_4 \times Leverage + \beta_5 \times Grow +$$
$$\beta_6 \times First + \beta_7 \times Indpratio + \beta_8 Soe + \beta_9 \times Board + \beta_{10} \times Law +$$
$$\beta_{11} \times Gov + \beta_{12} \times Lngdp + \sum Industry + \sum Year + \varepsilon \quad (13-3)$$

$$Rptb = \alpha + \beta_1 \times INC + \beta_2 \times Size + \beta_3 \times Roa + \beta_4 \times Leverage + \beta_5 \times Grow +$$
$$\beta_6 \times First + \beta_7 \times Indpratio + \beta_8 \times Soe + \beta_9 \times Board + \beta_{10} \times Law +$$
$$\beta_{11} \times Gov + \beta_{12} \times Lngdp + \sum Industry + \sum Year + \varepsilon \quad (13-4)$$

第四节　实证结果与分析、稳健性检验及进一步研究

一、儒家文化对第一类代理冲突影响的多元回归与分析

（一）相关变量描述性统计与分析

本章对变量进行了描述性统计与分析（见表13-2），可以看出公司管理费用率（Expence）的均值为0.103，最大值高达0.686；公司资产周转率（Turnover）均值为0.647，最小值仅为0.0289，最大值为2.642。对比Ang等（2000）等的研究可知，中国上市公司普遍存在较高的第一类代理成本和较低的第一类代理效率。受儒家文化的影响（INC）均值为0.657，说明受儒家文化影响大的上市公司样本量占总体样本的65.7%。从控制变量来看，45.6%为国有控股上市公司，第一大股东持股比例高达35.9%，表明中国上市公司的股权较集中，普遍存在大股东等问题。董事会平均人数约为9人，最少仅为1人，而独立董事占比的均值为36.9%，最小为14.3%，最大为57.1%。

表 13-2　描述性统计与分析

变量	N	mean	min	max	sd	p25	p50	p75
Expence	17 693	0.103	0.010 5	0.686	0.097 3	0.047 5	0.079 9	0.123
Turnover	17 693	0.647	0.028 9	2.642	0.465	0.340	0.537	0.809
INC	17 693	0.657	0	1	0.475	0	1	1
Soe	17 693	0.456	0	1	0.498	0	0	1
Lnsize	17 693	21.92	18.73	25.75	1.292	21.02	21.77	22.66
Grow	17 693	0.150	−0.567	1.833	0.348	−0.035 2	0.104	0.264
Roa	17 693	0.063 1	−0.141	0.417	0.067 3	0.029 8	0.054 8	0.089 9
First	17 693	0.359	0	0.784	0.154	0.236	0.340	0.467
Lev	17 693	0.455	0.051 7	0.975	0.218	0.284	0.451	0.620
Bsize	17 693	8.820	1	15	1.738	8	9	9
Indpratio	17 693	0.369	0.143	0.571	0.052 8	0.333	0.333	0.400
Law	17 693	6.380	0.210	10.05	2.336	4.720	6.730	8.120
Gov	17 693	5.172	−1.500	10	2.685	3.260	5.280	7.530
Lngdp	17 693	10.08	7.633	11.30	0.796	9.630	10.12	10.67

（二）相关性分析

从表 13-3 可以看出儒家文化（INC）与公司管理费用率（Expence）存在显著的负相关，与公司资产周转率（Turnover）存在显著的正相关，即与公司的代理成本存在显著的负相关。

表 13-3　相关性分析

变量	Expence	Turnover	INC	Soe	Lnsize	Grow	Roa
Expence	1						
Turnover	−0.388***	1					
INC	−0.028***	0.072***	1				
Soe	−0.142***	0.088***	−0.129***	1			
Lnsize	−0.350***	0.018**	−0.094***	0.334***	1		
Grow	−0.140***	0.053***	0.019***	−0.116***	0.028***	1	
Roa	−0.126***	0.147***	0.026***	−0.110***	0.017**	0.249***	1

表13-3（续）

变量	First	Lev	Bsize	Indpratio	Law	Gov	GDP
First	1						
Lev	0.058***	1					
Bsize	0.020***	0.145***	1				
Indpratio	0.047***	−0.015*	−0.397***	1			
Law	0.022***	−0.122***	−0.101***	0.036***	1		
Gov	0.016**	−0.074***	−0.069***	−0.006 00	0.636***	1	
GDP	−0.035***	−0.118***	−0.103***	0.013*	0.446***	0.483***	1

注：***、**、*分别表示在1%、5%和10%水平上显著。

（三）儒家文化对第一类代理冲突影响的多元回归结果与分析

回归结果（见表13-4）显示，在控制了行业、时间效应及公司与地区相关数据的基础上，管理费用率（Expence）与受儒家文化的影响（INC）的大小显著负相关，资产周转率（Turnover）与受儒家文化的影响（INC）显著正相关。具体来看，公司受儒家文化影响的大小对公司管理费用率及资产周转率的回归系数分别为−0.010（p<0.01）、0.038（p<0.01），这意味着相对而言，公司受儒家文化影响越大的公司管理费用率越低，公司的资产周转率越高，代理成本越低，代理冲突越小。假设1得到经验数据的支持。

回归结果同时也显示，公司产权性质（Soe）对公司管理费用率没有显著影响，但相对于非国有控股公司，国有控股公司的资产周转率更高；公司规模（lnsize）越大其管理费用率与资产周转率越低；盈利能力（Roa）越强的公司其管理费用率越低，资产周转率越高；第一大股东持股比例（First）越大其公司管理费用率越低，资产周转率越高；董事会规模（Bsize）越大公司管理费用率越低，资产周转率越高。上述相关结果与已有相关文献的结论基本一致。

表 13-4　儒家文化对第一类代理冲突影响的回归结果

变量	Expence	Turnover
INC	−0.010***	0.038***
	(0.003)	(0.012)
Soe	−0.004	0.065***
	(0.002)	(0.007)

表13-4(续)

变量	Expence	Turnover
Lnsize	−0.025 ***	−0.063 ***
	(0.001)	(0.002)
Grow	−0.042 ***	0.091 ***
	(0.001)	(0.004)
Roa	−0.100 ***	0.653 ***
	(0.009)	(0.022)
First	−0.075 ***	0.120 ***
	(0.006)	(0.017)
Lev	0.031 ***	0.152 ***
	(0.004)	(0.010)
Bsize	−0.000 ***	0.000 ***
	(0.000)	(0.000)
Ind	−0.000	0.005 ***
	(0.001)	(0.001)
Law	0.001 ***	0.002
	(0.001)	(0.001)
Gov	−0.001	−0.001
	(0.000)	(0.001)
GDP	−0.003 ***	0.015 ***
	(0.001)	(0.003)
_cons	0.671 ***	1.537 ***
	(0.024)	(0.075)
Control year	Yes	Yes
Control ind	Yes	Yes
N	17 693	17 693
Log likelihood	23 172.91	3 469.34

注：***、**、* 分别表示在1%、5%和10%水平上显著，括号内为标准误。

（四）稳健性检验

为了确保本章相关结论的稳健性，我们采用了三种方法进行稳健性检验，回归结果见表 13-5。

1. 剔除中小板、创业板上市公司

考虑到 A 股中小板、创业板上市公司与 A 股主板上市公司在公司特征方面可能存在系统性差异，为确保研究结果稳健，我们尝试删除样本中的中小板、创业板 A 股上市公司，并重复上述各项回归，实证结果基本一致，显示了整体模型较好的稳健性。

2. 剔除北京、上海、广东的上市公司

考虑到北京、上海、广东为我国的经济发达地区，这三个地区的上市公司数量相对其他地区要多得多。借鉴陈冬华等（2013）的做法，为确保研究结果稳健，我们尝试删除这三个地区 A 股上市公司，并重复上述各项回归，回归结果表明儒家文化对降低管理费用率不太显著，但对提高资产周转率更显著。

3. 增加相关控制变量

为了减少遗漏重要变量可能带来的系统偏差，我们在回归模型中增加经营净现金流（Ncfic）、机构持股比例（Inst）、审计意见（Opinion）、董事长与总经理两职合一（Dual）等作为控制变量，实证结果与主回归结果基本一致，显示了模型整体上具有较好的稳健性。

表 13-5　稳健性检验的回归结果

变量	剔除中小板、创业板上市公司		剔除北京、上海、广东的上市公司		增加相关控制变量	
	Expence	Turnover	Expence	Turnover	Expence	Turnover
INC	−0.008 **	0.050 ***	−0.004	0.042 ***	−0.009 ***	0.038 ***
	（0.004）	（0.014）	（0.004）	（0.014）	（0.003）	（0.012）
Soe	−0.000	0.076 ***	−0.003	0.060 ***	−0.005 **	0.062 ***
	（0.003）	（0.009）	（0.003）	（0.008）	（0.002）	（0.007）
Lnsize	−0.025 ***	−0.072 ***	−0.031 ***	−0.060 ***	−0.023 ***	−0.066 ***
	（0.001）	（0.003）	（0.001）	（0.003）	（0.001）	（0.002）
Grow	−0.039 ***	0.089 ***	−0.038 ***	0.100 ***	−0.041 ***	0.090 ***
	（0.002）	（0.004）	（0.002）	（0.004）	（0.001）	（0.004）
Roa	−0.177 ***	0.774 ***	−0.111 ***	0.607 ***	−0.093 ***	0.648 ***
	（0.010）	（0.027）	（0.010）	（0.027）	（0.009）	（0.022）
First	−0.069 ***	0.120 ***	−0.073 ***	0.134 ***	−0.070 ***	0.117 ***
	（0.007）	（0.020）	（0.007）	（0.020）	（0.006）	（0.017）
Lev	0.025 ***	0.196 ***	0.049 ***	0.103 ***	0.016 ***	0.165 ***
	（0.005）	（0.013）	（0.005）	（0.012）	（0.004）	（0.011）
Bsize	−0.001	0.003 **	−0.000	0.006 ***	−0.000	0.005 ***
	（0.001）	（0.002）	（0.001）	（0.002）	（0.001）	（0.001）
Indpratio	0.029 *	−0.035	0.033 *	−0.023	0.030 **	−0.036
	（0.016）	（0.043）	（0.017）	（0.045）	（0.014）	（0.036）
Law	0.001 **	0.005 ***	0.001	−0.000	0.001 ***	0.002
	（0.001）	（0.002）	（0.001）	（0.002）	（0.001）	（0.001）

表13-5(续)

变量	剔除中小板、创业板上市公司		剔除北京、上海、广东的上市公司		增加相关控制变量	
	Expence	Turnover	Expence	Turnover	Expence	Turnover
Gov	−0.001 (0.001)	−0.002 (0.002)	0.000 (0.001)	−0.002 (0.002)	−0.001 (0.000)	−0.000 (0.001)
GDP	−0.003 *** (0.001)	0.014 *** (0.003)	−0.014 *** (0.002)	0.045 *** (0.009)	−0.004 *** (0.001)	0.015 *** (0.003)
Ncfic					−0.000 *** (0.000)	0.000 *** (0.000)
Inst					0.000 (0.000)	0.000 *** (0.000)
Opinion					0.052 *** (0.003)	−0.035 *** (0.008)
Dual					0.003 (0.002)	−0.012 *** (0.004)
_cons	0.674 *** (0.029)	1.689 *** (0.090)	0.872 *** (0.033)	1.190 *** (0.110)	0.622 *** (0.024)	1.599 *** (0.075)
Control year	Yes	Yes	Yes	Yes	Yes	Yes
Control ind	Yes	Yes	Yes	Yes	Yes	Yes
N	11 171	11 171	12 209	12 209	17 627	17 627
Log likelihood	23 172.91	3 469.34	16 039.41	2 407.501 3	23 328.05	3 482.168 2

注:*** 、** 、* 分别表示在1%、5%和10%水平上显著,括号内为标准误。

(五) 进一步研究

1. 不同产权性质下儒家文化对缓和公司第一类代理冲突的影响

我们进一步研究儒家文化对国有企业和非国有企业两种不同产权性质的企业违规的影响。表13-6分别是国有企业和非国有企业分组后儒家文化对管理费用率(Expence)和资金周转率(Turnover)的影响进行回归分析的结果。列(1)的结果表明,受儒家文化的影响(INC)在国有企业组回归系数为负,且在5%的水平上显著,说明儒家文化对管理费用率(Expence)具有较显著的抑制作用。列(3)的结果表明,受儒家文化的影响(INC)在国有企业组回归系数为正,且在5%的水平上显著,说明儒家文化能较显著提高公司资产周转率(Turnover)。在非国有企业组,受儒家文化的影响(INC)对管理费用率(Expence)和资金周转率(Turnover)的影响进行回归分析的结果见列(2)和列(4)。列(2)的结果表明,受儒家文化的影响（INC）对管理费用率（Expence）影响的回归系数为负，且在1%的水平上显著，说明儒家文化对管理费用率（Expence）具有显著的抑制作用，而且这种抑制作用比对国有企业更加显著。列（4）的结果表明，受儒家文化的影响（INC）对资产周转率（Turnover）的影响的回归系数为正，且在1%的水平上显著，说明儒家文化能显著提高公司资金周转率（Turnover），而且提高资金周转率的作用比对国有企业更加显著，儒家文化对非国有企业第一类代理冲突的抑制作用比国有企业更显著，可能有国有企业第一类代理冲突的产生有自身制度上的原因，比如所有者对经理层监督不力甚至缺位等。

表 13-6　不同产权性质下儒家文化对代理冲突影响的回归结果

变量	管理费用率（Expence）		资金周转率（Turnover）	
	国有企业（1）	非国有企业（2）	国有企业（3）	非国有企业（4）
INC	-0.011** (0.005)	-0.012*** (0.004)	0.039** (0.019)	0.053*** (0.014)
Lnsize	-0.019*** (0.001)	-0.027*** (0.001)	-0.070*** (0.004)	-0.070*** (0.003)
Grow	-0.043*** (0.002)	-0.042*** (0.002)	0.112*** (0.006)	0.083*** (0.004)
Roa	-0.031** (0.012)	-0.159*** (0.012)	0.474*** (0.036)	0.751*** (0.028)
First	-0.071*** (0.009)	-0.068*** (0.008)	0.126*** (0.027)	0.155*** (0.022)
Lev	0.039*** (0.006)	0.031*** (0.005)	0.099*** (0.017)	0.169*** (0.013)
Bsize	-0.000 (0.001)	-0.000 (0.001)	0.007*** (0.002)	0.003* (0.002)
Indpratio	0.007 (0.017)	0.025 (0.020)	-0.002 (0.053)	-0.071 (0.049)
Law	0.001** (0.001)	0.000 (0.001)	0.002 (0.002)	0.001 (0.002)
Gov	-0.000 (0.001)	-0.000 (0.001)	-0.001 (0.002)	0.002 (0.002)
GDP	-0.005*** (0.002)	-0.003** (0.002)	0.021*** (0.005)	0.011*** (0.004)
_cons	0.550*** (0.034)	0.694*** (0.035)	1.680*** (0.121)	1.716*** (0.096)

表13-6（续）

变量	管理费用率（Expence）		资金周转率（Turnover）	
	国有企业 （1）	非国有企业 （2）	国有企业 （3）	非国有企业 （4）
Control year	Yes	Yes	Yes	Yes
Control ind	Yes	Yes	Yes	Yes
N	8 075	9 621	8 075	9 621
Log likelihood	11 759.688	11 957.511	1 548.616 3	2 163.874 6

注：***、**、*分别表示在1%、5%和10%水平上显著，括号内为标准误。

2. 不同开放程度下儒家文化对公司第一类代理冲突的影响

下面，我们进一步研究儒家文化对不同开放程度地区上市公司违规行为的影响。本章借鉴夏立军和陈信元（2007）衡量地区开放程度的方式，使用20世纪80年代率先开放的沿海城市来衡量地区的对外开放程度。具体地，深圳、珠海、汕头、厦门、海南、大连、秦皇岛、天津、烟台、青岛、连云港、南通、上海、宁波、温州、福州、广州、湛江、北海、营口这些经济特区或沿海开放城市的所在省级行政区域对外开放程度高，因此，浙江、江苏、广东、上海、海南、福建、山东、辽宁、河北、天津、广西省级行政区域或自治区、直辖市作为开放程度较高地区，注册在这些行政区域的上市公司受外来文化影响大，其他省级行政区、自治区和直辖市开放程度低，注册在这些地区的上市公司受外来文化影响小。如表13-7所示，列（1）、列（3）的结果表明，在对外开放程度高的组，受儒家文化的影响（INC）对管理费用率（Expence）的影响为正，且在10%的水平上显著，说明受儒家文化的影响一定程度上提高了管理费用率，对提高资金周转率（Turnover）的作用不显著。列（2）、列（4）的结果表明，在开放程度低的组，受儒家文化的影响（INC）对管理费用率（Expence）的影响为负，且在1%的水平上显著，对资金周转率（Turnover）的影响显著为正，且在1%的水平上显著，说明受儒家文化的影响能显著抑制管理费用率，显著提高公司资金周转率（Turnover），这意味着，受儒家文化的影响（INC）对管理费用率（Expence）的抑制作用和对公司资金周转率（Turnover）提高的促进作用在受外来文化冲击较小的地区更加显著，地区开放程度显著地降低了儒家文化的影响。这一结果与理论预期和实践现实非常吻合。

表 13-7　不同开放程度下儒家文化对公司第一类代理冲突影响的回归结果

变量	管理费用率（Expence）		资金周转率（Turnover）	
	开放程度高 （1）	开放程度低 （2）	开放程度高 （3）	开放程度低 （4）
INC	0.008* (0.005)	-0.022*** (0.005)	0.009 (0.018)	0.053*** (0.017)
Soe	0.005 (0.003)	-0.013*** (0.004)	0.055*** (0.010)	0.077*** (0.010)
Lnsize	-0.020*** (0.001)	-0.031*** (0.001)	-0.080*** (0.003)	-0.047*** (0.004)
Grow	-0.041*** (0.002)	-0.044*** (0.002)	0.092*** (0.005)	0.093*** (0.005)
Roa	-0.126*** (0.010)	-0.095*** (0.014)	0.721*** (0.030)	0.574*** (0.033)
First	-0.064*** (0.007)	-0.086*** (0.010)	0.034 (0.022)	0.232*** (0.026)
Lev	0.019*** (0.005)	0.049*** (0.007)	0.193*** (0.014)	0.113*** (0.016)
Bsize	0.001 (0.001)	-0.001 (0.001)	0.004** (0.002)	0.007*** (0.002)
Indpratio	0.001 (0.017)	0.076*** (0.023)	-0.069 (0.048)	0.021 (0.056)
Law	-0.001* (0.001)	0.003*** (0.001)	0.005** (0.002)	-0.000 (0.002)
Gov	0.001** (0.001)	-0.002*** (0.001)	-0.002 (0.002)	0.001 (0.002)
GDP	-0.002* (0.001)	0.001 (0.004)	0.010*** (0.004)	0.047*** (0.014)
_cons	0.534*** (0.030)	0.742*** (0.051)	2.011*** (0.105)	0.841*** (0.158)
Control year	Yes	Yes	Yes	Yes
Control ind	Yes	Yes	Yes	Yes
N	10 338	7 358	10 338	7 358
Log likelihood	14 600.388	8 874.555 2	2 106.057 5	1 453.752 6

注：***、**、*分别表示在1%、5%和10%水平上显著，括号内为标准误。

3. 不同法治环境下儒家文化对缓和公司第一类代理冲突的影响

我们进一步研究儒家文化对法治环境较好的地区和法治环境较差的地区企业第一类代理冲突的影响。表13-8分别是在法治环境较好的地区和法治环境较差地区，受儒家文化的影响（INC）对管理费用率（Expence）和资产周转率（Turnover）的影响进行回归分析的结果，列（1）、列（3）的结果表明，在法治环境较好地区，受儒家文化的影响（INC）对管理费用率（Expence）的回归系数显著为负，且在1%的水平上显著，受儒家文化的影响（INC）对资产周转率（Turnover）的影响显著为正，且在1%的水平上显著，说明受儒家文化的影响能降低公司的管理费用率，提高公司资产周转率。这是因为，儒家文化讲诚信的文化信念为法治有效发挥作用提供了基础，良好的法治环境能促使人们把讲诚信的文化信念落实到行动中（胡少华，2018）。这说明受儒家文化的影响和法治环境对缓解公司代理冲突具有相互促进的作用。所得结论与以前的理论分析保持一致。列（2）、列（4）的结果表明，在法治环境较差地区，受儒家文化的影响（INC）对管理费用率（Expence）的回归系数显著为负但不显著，受儒家文化的影响（INC）对资产周转率（Turnover）的影响显著为正，且在5%的水平上显著，说明受儒家文化的影响在法治环境较差的地区对降低公司的管理费用率的作用不明显，提高公司资金周转率的作用较显著。这可能是因为法治环境差会阻碍人们诚信的文化信念落实到行动中。

表13-8　不同法治环境下儒家文化对第一类代理冲突影响的回归结果

变量	管理费用率（Expence）		资金周转率（Turnover）	
	法治环境好（1）	法治环境差（2）	法治环境好（3）	法治环境差（4）
INC	−0.014***	−0.006	0.043***	0.035**
	(0.004)	(0.004)	(0.016)	(0.014)
Soe	−0.000	−0.006**	0.075***	0.068***
	(0.003)	(0.003)	(0.010)	(0.010)
Lnsize	−0.018***	−0.032***	−0.085***	−0.042***
	(0.001)	(0.001)	(0.003)	(0.003)
Grow	−0.042***	−0.041***	0.093***	0.097***
	(0.002)	(0.002)	(0.005)	(0.005)
Roa	−0.151***	−0.081***	0.698***	0.582***
	(0.012)	(0.012)	(0.032)	(0.030)
First	−0.064***	−0.073***	0.102***	0.130***
	(0.008)	(0.008)	(0.023)	(0.024)
Lev	−0.011**	0.055***	0.234***	0.100***
	(0.005)	(0.006)	(0.015)	(0.015)

表13-8（续）

变量	管理费用率（Expence）		资金周转率（Turnover）	
	法治环境好（1）	法治环境差（2）	法治环境好（3）	法治环境差（4）
Bsize	0.000	−0.000	0.006 ***	0.006 ***
	(0.001)	(0.001)	(0.002)	(0.002)
Indpratio	0.023	0.036 *	0.025	−0.014
	(0.018)	(0.020)	(0.049)	(0.052)
Law	0.010 ***	−0.001	−0.005	0.001
	(0.002)	(0.001)	(0.006)	(0.002)
Gov	−0.001 *	0.000	−0.001	−0.001
	(0.001)	(0.001)	(0.002)	(0.002)
GDP	−0.002	−0.004 **	0.011	0.017 ***
	(0.003)	(0.001)	(0.012)	(0.004)
_cons	0.448 ***	0.797 ***	2.124 ***	1.058 ***
	(0.047)	(0.030)	(0.164)	(0.094)
Control year	Yes	Yes	Yes	Yes
Control ind	Yes	Yes	Yes	Yes
N	9 408	8 852	9 408	8 852
Log likelihood	12 862.132	10 981.373	2 088.975 8	1 269.255 1

注：***、**、*分别表示在1%、5%和10%水平上显著，括号内为标准误。

二、儒家文化对第二类代理冲突影响的多元回归与分析

（一）相关变量描述性统计与分析

从表13-9可以看出，第一类关联交易（Rpta）的均值为0.234，最大值为2.048；第二类关联交易（Rptb）的均值为0.232，最大值为2.008。受儒家文化的影响（INC）均值为0.657，说明受儒家文化影响大的上市公司样本量占总体样本的65.7%。从控制变量来看，46.2%为国有控股上市公司，第一大股东持股比例高达36.2%，表明中国上市公司的股权较集中，普遍存在大股东控制等问题。董事会平均人数约为9人，最多为15人，最少仅为3人，而独立董事占比的均值为0.369，最小为0.143。

表 13-9 描述性统计与分析

变量	N	mean	min	max	sd	p25	p50	p75
Rpta	17 167	0.234	0	2.048	0.335	0.019 1	0.120	0.312
Rptb	17 167	0.232	0	2.008	0.331	0.017 6	0.118	0.310
INC	17 167	0.657	0	1	0.475	0	1	1
Soe	17 167	0.462	0	1	0.499	0	0	1
Lnsize	17 167	21.94	18.73	25.75	1.283	21.04	21.78	22.67
Grow	17 167	0.150	−0.561	1.820	0.348	−0.035 2	0.103	0.263
Roa	17 167	0.062 7	−0.139	0.417	0.066 7	0.029 8	0.054 8	0.089 4
First	17 167	0.362	0.100	0.788	0.150	0.240	0.342	0.469
Lev	17 167	0.455	0.051 8	0.974	0.218	0.283	0.450	0.621
Ncfic	17 167	7.880	−92.33	75.69	21.74	0.520	7.360	16.54
Bsize	17 167	8.825	3	15	1.732	8	9	9
Indpratio	17 167	0.369	0.143	0.571	0.052 2	0.333	0.333	0.400
Law	17 167	6.374	0.210	10.05	2.340	4.720	6.730	8.120
Gov	17 167	5.160	−1.500	10	2.694	3.260	5.280	7.530
GDP	17 167	10.08	7.633	11.30	0.798	9.630	10.12	10.67

（二）相关性分析

从表 13-10 可以看出，受儒家文化的影响（INC）与第一类关联交易（Rpta）和第二类关联交易（Rptb）显著负相关。

表 13-10 相关性分析

变量	Rpta	Rptb	INC	Soe	Lnsize	Grow	Roa
Rpta	1						
Rptb	0.997***	1					
INC	−0.040***	−0.041***	1				
Soe	0.111***	0.112***	−0.132***	1			
Lnsize	0.070***	0.073***	−0.098***	0.326***	1		
Grow	−0.020***	−0.020***	0.022***	−0.117***	0.029***	1	
Roa	−0.079***	−0.081***	0.030***	−0.105***	0.034***	0.250***	1

表13-10(续)

变量	First	Lev	Ncfic	Bsize	Indpratio	Law	Gov
First	1						
Lev	0.056***	1					
Ncfic	0.025***	0.146***	1				
Bsize	0.047***	−0.015*	−0.418***	1			
Indpratio	0.024***	−0.122***	−0.099***	0.036***	1		
Law	0.013*	−0.073***	−0.068***	−0.005 00	0.638***	1	
Gov	−0.037***	−0.118***	−0.101***	0.014*	0.447***	0.485***	1

注:***、**、*分别表示在1%、5%和10%水平上显著。

(三) 回归结果与分析

从表13-11可以看出,在控制了相关因素之后,受儒家文化的影响(INC)对第二类代理冲突产生的代理成本回归系数分别为−0.008和−0.007,均表现弱负向关系,但不够显著。其显示儒家文化在对第二类代理冲突具有一定的抑制作用,但作用不够明显。儒家文化对第二类代理冲突影响不够明显可能是因为缺乏监督机制,这可能恰恰说明即使是根深蒂固的文化影响也需要良好的监督机制予以控制。

表13-11 儒家文化对第二类代理冲突影响的回归结果

变量	Rpta	Rptb
INC	−0.008	−0.007
	(0.009)	(0.009)
Soe	0.035***	0.039***
	(0.007)	(0.008)
Lnsize	−0.016***	−0.013***
	(0.003)	(0.003)
Grow	0.003	0.004
	(0.004)	(0.005)
Roa	0.118***	0.115***
	(0.027)	(0.028)
First	0.128***	0.129***
	(0.019)	(0.019)
Lev	0.422***	0.440***
	(0.012)	(0.013)

表13-11(续)

变量	Rpta	Rptb
Bsize	−0.003*	−0.003*
	(0.002)	(0.002)
Indpratio	−0.129***	−0.149***
	(0.044)	(0.045)
Law	−0.001	−0.002
	(0.002)	(0.002)
Gov	0.001	0.001
	(0.001)	(0.001)
GDP	0.002	0.001
	(0.004)	(0.004)
_cons	0.303***	0.243***
	(0.073)	(0.075)
Control year	Yes	Yes
Control ind	Yes	Yes
N	17 167	17 167
Log likelihood	1 615.659 6	861.687 51

注: ***、**、*分别表示在1%、5%和10%水平上显著,括号内为标准误。

(四) 稳健性检验

为了确保本章相关结论的稳健性,我们采用了三种方法进行稳健性检验,回归结果见表13-12:

1. 剔除中小板、创业板上市公司

考虑到A股中小板、创业板上市公司与A股主板上市公司在公司特征方面可能存在系统性差异,为确保研究结果稳健,我们尝试删除样本中的中小板、创业板A股上市公司,并重复上述各项回归,实证结果基本一致,显示了整体模型较好的稳健性。

2. 剔除北京、上海、广东的上市公司

考虑到北京、上海、广东为我国的经济发达地区,这三个地上市公司数量相对其他地区要多得多。借鉴陈冬华等 (2013) 的做法,为确保研究结果稳健,我们尝试删除这三个地区A股上市公司,并重复上述各项回归,回归结果表明,儒家文化对第二类代理冲突产生的代理成本回归系数分别为−0.022和−0.024,且在5%的水平上显著,可能北京、上海及广东的上市公司数量多,因此,剔除这些地区的上市公司对回归结果影响大。

北京属于北方地区，受儒家文化影响相对小，上海和广东开放程度大，受外来文化冲击较大，因此，这三个地区儒家文化的影响较小，剔除这些受儒家文化影响小的地区的上市公司，使得回归结果中儒家文化对第二类代理冲突的抑制作用较显著。

3. 增加相关控制变量

为了减少遗漏重要变量可能带来的系统偏差，我们在回归模型中增加经营净现金流（Ncfic）、机构持股比例（Inst）、审计意见（Opinion）、董事长与总经理两职合一（Dual）等作为控制变量，实证结果与主回归结果基本一致，显示了模型整体上具有较好的稳健性。

表 13-12　稳健性检验的回归结果

变量	剔除中小板、创业板上市公司		剔除北京、上海、广东的上市公司		增加相关控制变量	
	Rpta	Rptb	Rpta	Rptb	Rpta	Rptb
INC	0.005	0.007	−0.022 **	−0.024 **	−0.006	−0.005
	(0.010)	(0.011)	(0.011)	(0.011)	(0.009)	(0.009)
Soe	0.013	0.017 *	0.046 ***	0.050 ***	0.035 ***	0.039 ***
	(0.009)	(0.009)	(0.008)	(0.009)	(0.007)	(0.007)
Lnsize	−0.012 ***	−0.008 **	−0.013 ***	−0.010 ***	−0.017 ***	−0.014 ***
	(0.003)	(0.003)	(0.003)	(0.003)	(0.003)	(0.003)
Grow	0.005	0.007	−0.005	−0.003	0.001	0.003
	(0.005)	(0.006)	(0.005)	(0.006)	(0.004)	(0.004)
Roa	0.038	0.039	0.184 ***	0.175 ***	0.138 ***	0.135 ***
	(0.033)	(0.034)	(0.033)	(0.034)	(0.027)	(0.028)
First	0.127 ***	0.131 ***	0.138 ***	0.133 ***	0.132 ***	0.134 ***
	(0.021)	(0.022)	(0.022)	(0.022)	(0.018)	(0.019)
Lev	0.403 ***	0.425 ***	0.420 ***	0.437 ***	0.411 ***	0.428 ***
	(0.015)	(0.015)	(0.015)	(0.015)	(0.012)	(0.013)
Bsize	−0.002	−0.002	−0.004 **	−0.004 **	−0.003 *	−0.003 *
	(0.002)	(0.002)	(0.002)	(0.002)	(0.002)	(0.002)
Indpratio	−0.125 **	−0.151 ***	−0.055	−0.075	−0.122 ***	−0.142 ***
	(0.052)	(0.054)	(0.054)	(0.055)	(0.043)	(0.044)
Law	−0.002	−0.002	0.003	0.003	−0.002	−0.002
	(0.002)	(0.002)	(0.002)	(0.002)	(0.002)	(0.002)
Gov	0.001	0.001	−0.003	−0.003 *	0.001	0.001
	(0.002)	(0.002)	(0.002)	(0.002)	(0.001)	(0.001)
GDP	0.004	0.003	−0.001	−0.002	0.003	0.002
	(0.004)	(0.004)	(0.007)	(0.008)	(0.004)	(0.004)

表13-12(续)

变量	剔除中小板、创业板上市公司		剔除北京、上海、广东的上市公司		增加相关控制变量	
	Rpta	Rptb	Rpta	Rptb	Rpta	Rptb
Ncfic					−0.000 ***	−0.000 ***
					(0.000)	(0.000)
Inst					0.000	0.000
					(0.000)	(0.000)
Opinion					0.014	0.014
					(0.009)	(0.010)
Dual					−0.018 ***	−0.019 ***
					(0.005)	(0.005)
_cons	0.214 **	0.133	0.214 **	0.155	0.314 ***	0.257 ***
	(0.085)	(0.090)	(0.100)	(0.103)	(0.073)	(0.075)
Control year	Yes	Yes	Yes	Yes	Yes	Yes
Control ind	Yes	Yes	Yes	Yes	Yes	Yes
N	10 994	10 994	12 064	12 064	17 366	17 366
Log likelihood	1 362.750 4	604.826 96	940.782 39	390.899	1 669.281	889.554 41

注：***、**、*分别表示在1%、5%和10%水平上显著，括号内为标准误。

第五节　小结与启示

儒家文化的"忠信""崇德向善"的核心价值观对降低上市公司高管违规行为，完善上市公司治理，提高上市公司治理水平发挥了积极的作用。然而，却鲜有研究深入考察儒家文化对中国上市公司代理冲突的影响。本章基于文化地理学的视角，采用上市公司的注册地所受儒家文化影响程度作为代理变量，考察儒家文化对我国上市公司代理冲突的影响。

本章研究发现，儒家文化对我国上市公司股东与经理层的代理冲突（第一类代理冲突）具有显著的抑制作用，剔除中小板、创业板上市公司、剔除北京、上海、广东的上市公司及增加相关控制变量之后，这一结论依然成立。本章进一步研究表明，公司产权性质、公司所在地区对外开放程度以及公司所在地区的法治环境都会对儒家文化对公司代理冲突产生影响。儒家文化对非国有上市公司、对公司所在地区对外开放程度低的上市公司、对法治环境好的地区上市公司第一类代理冲突的抑制作用更加显著。此外，我们的证据表明，儒家文化对大股东与中小股东代理冲突的抑制作用不够显著。造成这种结果的一个可能的原因是，相对于第一类代理冲突，第二类冲突缺乏更为有力的监控机制。事实上，由于小股东分散化，很难有有效的机制对大股东的关联交易等"隧道行为"产生监控，这也是需要完善公司治理的法治环境的根本原因。

对比儒家文化对两类代理冲突的经验证据，我们认为，儒家文化对代理冲突的作用并非完全自动的，也需要良好的监督机制和法治环境相配合。如前所述，有丰富的证据表明，儒家文化传统下的集体主义行为在西方个体主义情景下衰减很快，并在一定情境下表现出更为强烈的个体主义。没有很好的监督机制，儒家文化"忠信""崇德向善""注重和谐"的价值观难以约束经理层的自利行为，也难以抑制代理冲突。

本章的结论丰富了上市公司代理冲突的相关文献，从儒家文化的视角出发，凸显了文化因素对上市公司股东与经理层代理冲突的影响，扩展了我国上市公司治理的研究。本章启示如下：我们应该努力弘扬儒家文化"忠信""崇德向善""注重和谐"的核心价值观，同时，还要不断提高法治水平，发挥大股东对经理层的监督作用，从而减少上市公司股东与经理层的代理冲突，完善我国上市公司治理。

第十四章　儒家文化与股东权益保护：来自中国 A 股市场的经验证据

第一节　引言

公司治理在很大程度上是外部股东保护其利益免受内部人（控股股东和管理者）侵害的一套机制，如何保护股东权益是各国公司治理关注的重要问题。股东权益保护是国内外理论界和实务界普遍关注的热点问题，在新兴资本市场国家里，相关法律法规不完善，更容易发生损害股东权益的行为，股东权益保护更是焦点问题。在我国资本市场上，侵害股东尤其是中小股东权益的行为屡屡发生，已经成为制约我国资本市场发展的重要问题。通过研究现有的股东权益保护的相关文献，我们可以看出，学者基本上采用 La Porta 等（1998）开创的研究方法，从国家的法律规则，如公司法、企业破产法等是否包含股东的相关权益以及这些法律规则是否得到有效执行进行跨国比较研究，探讨不同国家股东权益保护的不同及其导致的后果。但是，这种方法只适应于对不同国家的股东权益进行保护，而对于处于同样的法律规则和法律规则执行的情形，这种方法就不适应。姜付秀（2008）在问卷调查的基础上，从投资者在公司的权益出发，兼顾微观公司层面和宏观制度执行层面，设计了中国上市公司投资者权益保护指数，为投资者及相关人员评价上市公司的投资者权益保护提供了一个客观、可行的标准。

本章试图找到并描绘在我国公司治理中可能起到重要作用的某一非正式制度——儒家文化。之所以选择儒家文化作为切入点，主要有以下两个方面原因：第一，儒家文化在长期的历史过程中已经内化为中国人的一套价值规范。帕森斯（Parsons，1951）强调规范在激励行为上的重要性，因为它影响了人们的内在效应。心理学家把受内在激励的行动定义为这样一种情形：尽管采取该行动没有任何报酬，但是为了行动本身的价值，该行动仍然会被采纳（Frey，1997）。第二，儒家文化通常会影响上市公司高管的价值观和经营理念，从而影响上市公司股东权益的保护。相对于已有的研究，本章的研究贡献可能主要体现在三个方面：

第一，本章从文化地理学的视角，以我国上市公司注册地作为切入点，手工收集和整理我国上市公司受儒家文化影响的大小和体现上市公司治理水平等微观层面的数据，研究儒家文化这一非正式制度对上市公司股东权益保护的影响，从而突破了以往过多基于正式制度和宏观框架的单一视角研究，丰富了上市公司股东权益保护研究的理论与途径，并拓宽了上市公司股东权益保护的研究范畴。

第二，本章借鉴姜付秀等（2008）在函询征求专家意见并汇总整理各位专家意见的基础上，设计了的一个指数—投资者权益保护指数作为衡量股东权益保护的指标，并以此作为因变量，实证检验儒家文化对股东权益保护的影响。

第三，跨学科的交叉融合是近年来公司治理领域关注和研究的热点。尽管以往文献基于非正式制度影响公司治理的基本逻辑框架，探讨了宗教、媒体、传统文化和老乡关系等对公司治理的影响（沈洪涛，冯杰，2012；陈冬华等，2013；陆瑶，胡江燕，2014；毕茜 等，2015），但儒家文化作为中国传统文化的主流和重要组成部分，如何影响上市公司股东权益保护的研究还十分匮乏。

本章接下来的结构安排如下：第二部分是制度背景、理论分析与研究假设；第三部分是研究设计；第四部分是结论与分析；第五部分是稳健性检验；第六部分是小结与启示。

第二节　制度背景、理论分析与研究假设

本章制度背景同第十章。

儒家文化的"忠信""崇德向善"的核心价值观对降低上市公司高管违规行为，促使上市公司管理层更加诚信，促进上市公司管理层为股东利益努力工作，提高上市公司治理水平发挥了积极的作用。因此，我们提出

如下假设。

假设1：一个上市公司受儒家文化影响越大，该上市公司对股东权益保护程度越高。

假设2：一个上市公司受儒家文化影响越大，该上市公司对股东的知情权保护程度越高。

假设3：一个上市公司受儒家文化影响越大，该上市公司股东对公司利益的平等享有权保护越好。

假设4：一个上市公司受儒家文化影响越大，该上市公司越能追求股东财富最大化。

假设5：一个上市公司受儒家文化影响越大，该上市公司股东投资回报越高。

假设6：一个上市公司受儒家文化影响越大，该上市公司越讲诚信。

第三节　研究设计

一、样本与数据

本章选取 Wind 的上市公司财务数据库中 2008—2016 年的沪深 A 股上市公司为初始样本。我们从 Wind 数据库和 CSMAR 数据库中获取计算股东权益保护的相关数据。按照已有研究惯例和本研究的特点，我们按以下标准对样本进行筛选：①剔除金融行业上市公司，因为这些公司存在行业的特殊性；②剔除 ST、＊ST 的上市公司；③剔除上市时间不满一年的公司，因为这些公司可能存在 IPO 效应；④剔除相关数据缺失的样本；⑤为了控制极端值对回归结果的影响，我们对所有的连续变量 1% 以下和 99% 以上的分位数进行了缩尾处理（winsorize）。

二、变量定义

（一）上市公司受儒家文化影响程度的衡量

此部分内容与第十一章相同，此处不再赘述。

（二）公司股东权益保护的衡量

姜付秀等（2008）认为投资者权益保护是一个复合的概念，有多方面的含义，现实中没有一个指标可以准确地反映出这一概念所包含的内容。为了准确地揭示我国上市公司投资者权益保护的状况，使人们在评价和研究公司的投资者权益保护情况时有一个可以利用的指标，他们试图通过设计一个指数，即投资者利益保护指数，尝试从多个方面，将投资者的权益保护的内涵能够尽量多地包含在里面。他们所设计的投资者权益保护指数包含的内容及权重如表14-1所示。本章参照姜付秀等（2008）的投资者权益保护指数来计算股东权益保护指数。具体数据来源见表14-2。

表14-1　投资者权益保护指数包含的内容及权重

项目	占比及分值	衡量指标	赋值方法
一、知情权（Information）	10%	—	—
财务报告质量	10分	审计意见类型	无保留、无解释赋值10分；无保留有解释赋值为6分；保留意见赋值3分；其他为0分
二、股东对公司利益的平等享有权（Shareholder right）	20%	—	—
1. 关联交易	10分	关联交易占总销售收入的比	该指标为0赋值为10分，其他按照从小到大排序，分为9等份，并依次赋值为1~9分
2. 大股东占款	10分	大股东占款占总资产的比	其他按照从小到大排序，分为9等份，并依次赋值为1~9分
三、股东财富最大化（Profitability）	35%	—	—
1. 盈利性	15分	净资产收益率	亏损公司赋值为0分，其他按照从大到小排序，等分，依次赋值为15~1分
2. 市场评价	10分	Tobin's Q	该指标小于100记为0分，按照从大到小排序，等分，依次赋值为10~1分
3. 盈利潜力	10分	利润增长率	若该指标为负值，赋值为0分，其他按照从大到小排序，等分，依次赋值为10~1分
四、投资回报（Return）	35%	—	—
1. 现金分红	10分	现金分红占股本的比例	不分红记为0分，其他按照从大到小排序，依次赋值为10~1分
2. 股票股利	10分	股票股利占总股本的比例	不分红记为0分，其他按照从大到小排序，等分，依次赋值为10~1分

表14-1(续)

项目	占比及分值	衡量指标	赋值方法
3. 持有股票收益	15分	回报率	该指标若为负数记0分，0~1年存款利率为4分；1年期存款利率-2倍的1年期存款利率记为8分；2倍的1年期存款利率-3倍的1年期存款利率记为12分；其他记为15分
五、上市公司诚信（Penalty）	—	—	—
1. 被证监会处罚	-15分	—	—
2. 被证监会、证券交易所通报批评	-5分	—	—

注：1. 为了更直观，姜付秀等对专家打分进行汇总时，取了整数值，而不是实际值。譬如，某项的分值汇总为9.3或11.3，赋值为10。

2. 一次处罚所对应的年度或行为可能不同，因此，我们参照姜付秀（2008）的做法，在计算该指标的分值时，按实际违法违规行为发生所对应的年度来进行计算，即只要某年有违法违规行为就对其进行扣分处理。

表 14-2 具体数据来源

一、知情权		
财务报告质量	审计意见类型	CSMAR 数据库
二、股东对公司利益的平等享有权		
1. 关联交易	关联交易占销售收入比重	销售收入取自 Wind 数据库；关联交易数据取自 CSMAR 数据库，删除了"17 = 合作项目""18 = 许可协议""19 = 研究与开发成果""20 = 关键管理人员薪酬""21 = 其他事项"等可能并非以获取私利为目的而发生的交易项目
2. 大股东占款	大股东占款占总资产比重	总资产数据取自 Wind 数据库，大股东占款数据取自 CSMAR 数据库中关联交易下的资金往来文件，并进行以下处理：参照黄冰冰、马元驹 2018 年的论文《股权集中度对现金持有的影响路径》中对大股东占款数据的衡量方法：①删除 relation（关联关系）中"02 = 上市公司的子公司""06 = 上市公司的合营企业""7 = 上市公司的联营企业""11 = 上市公司的关联方之间"；②保留 transfer（资金往来科目分类）的"21 = 其他资产类""7 = 其他应收款"，并删除"21 = 其他资产类""7 = 其他应收款"中非财务存款、非其他应收款项目

表14-2(续)

三、股东财富最大化		
1. 盈利性	净资产收益率	Wind 数据库
2. 市场评价	Tobin's Q	CSMAR 数据库
3. 盈利潜力	利润增长率	CSMAR 数据库
四、投资回报		
1. 现金分红	现金分红占股本的比例	Wind 数据库
2. 股票分红	股票股利占总股本的比例	Wind 数据库
3. 持有股票收益	回报率	CSMAR 数据库
五、上市公司诚信		
1. 被证监会处罚	—	CSMAR 数据库
2. 被证监会、证券交易所通报批评	—	CSMAR 数据库

（三）控制变量

影响公司股东权益保护的因素很多，我们分别从上市公司、审计机构和上市公司注册地所处的环境三个层面对股东权益保护的影响因素进行控制。其中，公司层面的基本因素包括：公司规模（Size）、财务杠杆（Leverage）、成长性（Grow）、盈利能力（Roa）、亏损虚拟变量（Loss）、产权性质（Soe）、经营现金流（Ncfic）、大股东持股比率（First）、董事会规模（Bsize）和独立董事的比重（Indpratio）。机构控制变量为审计机构类型（Bigfour）。地区层面变量包括：各省法律发展指数（Law）、各省政府干预程度指数（Gov）[①]、当年该省（直辖市）GDP 的自然对数（Lngdp）。另外，本章还加入了年度（Year）与行业（Ind）虚拟变量，以控制年度与行业固定效应。同时，为避免公司层面的聚集效应对标准误的影响，回归时在公司层面进行了 Cluster 处理。所有变量的详细定义见表 14-3。

---

① 数据取自：王小鲁，樊纲，余静文. 中国分省份市场化指数报告［M］. 北京：社会科学文献出版社，2017。2009 年的数据用 2010 年的数据代替，2011 年的数据用 2012 年的数据代替，2013 年、2015 年、2016 年的数据用 2014 年的数据代替。各省法律发展指数使用的是"维护市场的法治环境"一项的数据；各省政府干预程度指数使用的是"减少政府对企业的干预"一项的数据。

表 14-3 变量的详细定义

变量类型	变量符号	变量名称	度量方法
解释变量	INC	公司受儒家文化的影响	当公司受儒家文化的影响大时，INC＝1，否则为 0
因变量	Protection	股东权益保护指数	具体内容及计算方法见表 14-1
	Information	知情权	具体内容及计算方法见表 14-1
	Shareholder right	股东对公司利益的平等享有权	具体内容及计算方法见表 14-1
	Profitability	股东财富最大化	具体内容及计算方法见表 14-1
	Return	投资回报	具体内容及计算方法见表 14-1
	Penalty	上市公司诚信	具体内容及计算方法见表 14-1
控制变量	Size	公司规模	年末总资产的自然对数
	Leverage	财务杠杆	资产负债率＝公司年末总负债/总资产
	Roa	盈利能力	总资产收益率＝净利润/资产总额
	Grow	成长性	营业收入增长率
	First	大股东持股	大股东持股比例＝第一大股东所持的股份数/总股数
	Bsize	董事会规模	董事会人数
	Indpratio	独立董事比例	独立董事占董事会人数的比例
	Soe	产权性质	若控股股东为国有资产管理部门或国有企业，则取值为 1；否则，取值为 0
	Ncfic	经营现金流	经营活动产生的现金流量净额/营业收入
	Bigfour	审计机构类型	审计机构为国际四大会计师事务所为 1，否则取 0
	Loss	亏损虚拟变量	当企业净利润为负时，Loss＝1，否则，Loss＝0
	Law	各省法律发展指数	维护市场的法治环境
	Gov	各省政府干预程度指数	减少政府对企业的干预
	Lngdp	当年该省（直辖市）地区生产总值的自然对数	当年该省（直辖市）地区生产总值的自然对数
	Ind	行业虚拟变量	按照中国证监会 2012 年行业分类标准，各行业进一步划分了二级子行业，共设置 19 个行业虚拟变量
	Year	年度虚拟变量	9 个研究年度取 8 个年份虚拟变量

三、模型设计

为检验上文提出的研究假设 1 至假设 6，本章构建如下六个多元回归模型。

$$
\begin{aligned}
\text{Protection} = {} & \alpha + \beta_1 \times \text{INC} + \beta_2 \times \text{Size} + \beta_3 \times \text{Roa} + \beta_4 \times \text{Leverage} + \\
& \beta_5 \times \text{Grow} + \beta_6 \times \text{First} + \beta_7 \times \text{Indpratio} + \beta_8 \times \text{Soe} + \\
& \beta_9 \times \text{Ncfic} + \beta_{10} \times \text{Bigfour} + \beta_{11} \times \text{Board} + \beta_{12} \times \text{Loss} + \\
& \beta_{13} \times \text{Law} + \beta_{14} \times \text{Gov} + \beta_{15} \times \text{Lngdp} + \sum \text{Industry} + \\
& \sum \text{Year} + \varepsilon
\end{aligned}
\tag{14-1}
$$

$$
\begin{aligned}
\text{Information} = {} & \alpha + \beta_1 \times \text{INC} + \beta_2 \times \text{Size} + \beta_3 \times \text{Roa} + \beta_4 \times \text{Leverage} + \\
& \beta_5 \times \text{Grow} + \beta_6 \times \text{First} + \beta_7 \times \text{Indpratio} + \beta_8 \times \text{Soe} + \\
& \beta_9 \times \text{Ncfic} + \beta_{10} \times \text{Bigfour} + \beta_{11} \times \text{Board} + \beta_{12} \times \text{Loss} + \\
& \beta_{13} \times \text{Law} + \beta_{14} \times \text{Gov} + \beta_{15} \times \text{Lngdp} + \sum \text{Industry} + \\
& \sum \text{Year} + \varepsilon
\end{aligned}
\tag{14-2}
$$

$$
\begin{aligned}
\text{Equality} = {} & \alpha + \beta_1 \times \text{INC} + \beta_2 \times \text{Size} + \beta_3 \times \text{Roa} + \beta_4 \times \text{Leverage} + \\
& \beta_5 \times \text{Grow} + \beta_6 \times \text{First} + \beta_7 \times \text{Indpratio} + \beta_8 \times \text{Soe} + \\
& \beta_9 \times \text{Ncfic} + \beta_{10} \times \text{Bigfour} + \beta_{11} \times \text{Board} + \beta_{12} \times \text{Loss} + \\
& \beta_{13} \times \text{Law} + \beta_{14} \times \text{Gov} + \beta_{15} \times \text{Lngdp} + \sum \text{Industry} + \\
& \sum \text{Year} + \varepsilon
\end{aligned}
\tag{14-3}
$$

$$
\begin{aligned}
\text{Profitability} = {} & \alpha + \beta_1 \times \text{INC} + \beta_2 \times \text{Size} + \beta_3 \times \text{Roa} + \beta_4 \times \text{Leverage} + \\
& \beta_5 \times \text{Grow} + \beta_6 \times \text{First} + \beta_7 \times \text{Indpratio} + \beta_8 \times \text{Soe} + \\
& \beta_9 \times \text{Ncfic} + \beta_{10} \times \text{Bigfour} + \beta_{11} \times \text{Board} + \beta_{12} \times \text{Loss} + \\
& \beta_{13} \times \text{Law} + \beta_{14} \times \text{Gov} + \beta_{15} \times \text{Lngdp} + \sum \text{Industry} + \\
& \sum \text{Year} + \varepsilon
\end{aligned}
\tag{14-4}
$$

$$
\begin{aligned}
\text{Return} = {} & \alpha + \beta_1 \times \text{INC} + \beta_2 \times \text{Size} + \beta_3 \times \text{Roa} + \beta_4 \times \text{Leverage} + \\
& \beta_5 \times \text{Grow} + \beta_6 \times \text{First} + \beta_7 \times \text{Indpratio} + \beta_8 \times \text{Soe} + \beta_9 \times \text{Ncfic} + \\
& \beta_{10} \times \text{Bigfour} + \beta_{11} \times \text{Board} + \beta_{12} \times \text{Loss} + \beta_{13} \times \text{Law} + \beta_{14} \times \text{Gov} + \\
& \beta_{15} \times \text{Lngdp} + \sum \text{Industry} + \sum \text{Year} + \varepsilon
\end{aligned}
\tag{14-5}
$$

$$
\begin{aligned}
\text{Penality} = {} & \alpha + \beta_1 \times \text{INC} + \beta_2 \times \text{Size} + \beta_3 \times \text{Roa} + \beta_4 \times \text{Leverage} + \beta_5 \times \text{Grow} + \\
& \beta_6 \times \text{First} + \beta_7 \times \text{Indpratio} + \beta_8 \times \text{Soe} + \beta_9 \times \text{Ncfic} + \\
& \beta_{10} \times \text{Bigfour} + \beta_{11} \times \text{Board} + \beta_{12} \times \text{Loss} + \beta_{13} \times \text{Law} + \\
& \beta_{14} \times \text{Gov} + \beta_{15} \times \text{Lngdp} + \sum \text{Industry} + \sum \text{Year} + \varepsilon
\end{aligned}
\tag{14-6}
$$

第四节 实证结果与分析

从表 14-4 主要变量的描述性统计中可以看到：股东权益保护指数（Protection）得分的平均值为 39.25，中位数为 39，标准差为 9.152，表明股东权益保护指数得分的变动区间较大；知情权（Information）得分的平均值为 9.947，中位数为 10，标准差为 0.544，表明知情权得分的变动区间较小；股东对公司利益的平等享有权（Shareholder right）得分的平均值为 15.20，中位数为 17，标准差为 4.588，表明股东对公司利益的平等享有权得分的变动区间较大；股东财富最大化的平均得分为 7.992，中位数为 7，标准差为 5.218，表明股东财富最大化（Profitability）得分的变动区间较大；投资回报（Return）得分平均值为 6.621，中位数为 6，标准差为 4.501，表明投资回报得分的变动区间较大；上市公司诚信（Penalty）得分平均值为 -0.272，中位数为 0，标准差为 1.680，表明投资回报得分的变动区间较小。

表 14-4 主要变量的描述性统计

变量	N	sd	mean	p50	min	max
Protection	12 289	9.152	39.25	39	0	59
Information	12 289	0.544	9.947	10	0	10
Shareholder right	12 289	4.588	15.2	17	0	20
Profitability	12 289	5.218	7.992	7	0	34
Return	12 289	4.501	6.621	6	1	30
Penalty	12 289	1.68	−0.272	0	−20	0
INC	12 289	0.466	0.680	1	0	1
Lnsize	12 289	1.235	22.08	21.90	18.73	25.75
Lev	12 289	0.204	0.422	0.417	0.051 8	0.974
Roa	12 289	0.057 8	0.071	0.062 2	−0.139	0.417
Grow	12 289	0.314	0.161	0.117	−0.561	1.82
First	12 289	0.151	0.366	0.351	0	0.788

表14-4（续）

变量	N	sd	mean	p50	min	max
Bsize	12 289	1.725	8.875	9	3	15
Indpratio	12 289	0.052 4	0.369	0.333	0.143	0.571
Soe	12 289	0.495	0.429	0	0	1
Bigfour	12 289	0.216	0.049	0	0	1
Loss	12 289	0.212	0.047 2	0	0	1
Law	12 289	2.230	6.628	7.38	0.21	10.05
Gov	12 289	2.614	5.364	5.680	−1.5	10
Lngdp	12 289	0.766	10.15	10.17	7.633	11.30
Ncfic	12 289	0.198	0.090 5	0.081 4	−0.923	0.757

我们采用回归技术对假设进行了检验，表14-5的基准回归模型显示，在公司其他特征相同的情况下，公司受儒家文化影响（INC）对股东权益保护具有正向的影响，系数为0.027，但不够显著；公司受儒家文化影响（INC）对知情权具有负向的影响，系数为−0.048，但不够显著；公司受儒家文化影响（INC）对股东对公司利益的平等享有权具有正向的影响，系数为0.02，但不够显著；公司受儒家文化影响（INC）对股东财富最大化具有正向的影响，系数为0.126，但不够显著；公司受儒家文化影响（INC）对投资回报具有负向的影响，系数为−0.003，但不够显著；公司受儒家文化影响（INC）对上市公司诚信具有正向的影响，系数为0.003，但不够显著。

表 14-5　儒家文化对股东权益保护的回归结果

变量	股东权益保护	知情权	股东对公司利益的平等享用权	股东财富最大化	投资回报	上市公司诚信
INC	0.027	−0.048	0.002	0.126	−0.003	0.003
	(0.231)	(0.149)	(0.089)	(0.117)	(0.029)	(0.014)
Size	−0.085	−0.531***	−0.286***	0.635***	0.017	0.037***
	(0.122)	(0.071)	(0.054)	(0.057)	(0.013)	(0.010)
Leverage	−6.150***	−4.534***	3.315***	−4.031***	−0.084	−0.320***
	(0.670)	(0.354)	(0.307)	(0.302)	(0.080)	(0.064)
Roa	72.749***	4.085***	53.450***	13.539***	0.348*	0.037
	(2.116)	(0.897)	(1.147)	(0.981)	(0.207)	(0.172)

表14-5(续)

变量	股东权益保护	知情权	股东对公司利益的平等享用权	股东财富最大化	投资回报	上市公司诚信
Grow	4.034***	0.313**	3.985***	-0.082	-0.029	0.027
	(0.238)	(0.126)	(0.140)	(0.130)	(0.030)	(0.018)
First	-1.275*	-1.274***	-1.140***	1.637***	0.156*	0.056
	(0.679)	(0.417)	(0.264)	(0.323)	(0.089)	(0.039)
Bsize	0.012	0.073**	-0.051*	0.041	-0.016*	-0.001
	(0.058)	(0.036)	(0.026)	(0.029)	(0.008)	(0.004)
Indpratio	0.008	0.045***	-0.020***	-0.013	-0.002	-0.002*
	(0.017)	(0.011)	(0.008)	(0.009)	(0.002)	(0.001)
Soe	-0.934***	-0.533***	0.207**	-1.039***	0.153***	0.003
	(0.241)	(0.161)	(0.094)	(0.116)	(0.032)	(0.015)
Bigfour	0.484	-0.019	0.331*	0.086	0.073	-0.019
	(0.375)	(0.285)	(0.186)	(0.204)	(0.052)	(0.026)
Loss	-1.659***	-0.328*	-0.238	-0.159	-0.245***	-0.214***
	(0.353)	(0.174)	(0.176)	(0.160)	(0.065)	(0.042)
Law	0.081	0.103**	0.020	0.012	-0.011	-0.001
	(0.064)	(0.041)	(0.029)	(0.033)	(0.009)	(0.004)
Gov	0.018	-0.037	0.030	0.008	0.006	-0.003
	(0.054)	(0.034)	(0.024)	(0.030)	(0.007)	(0.004)
Lngdp	0.345**	0.138*	-0.028	0.154**	0.030	0.007
	(0.135)	(0.075)	(0.061)	(0.073)	(0.019)	(0.007)
Ncfic	2.196***	0.400*	0.776***	0.808***	0.062	-0.006
	(0.391)	(0.214)	(0.207)	(0.210)	(0.054)	(0.029)
_cons	34.299***	9.180***	26.458***	9.560***	-8.060***	-1.060***
	(2.888)	(0.230)	(1.669)	(1.298)	(1.353)	(0.349)
Year	Yes	Yes	Yes	Yes	Yes	Yes
Ind	Yes	Yes	Yes	Yes	Yes	Yes
N	12 289	12 289	12 289	12 289	12 289	12 289
R-squared	0.372 9	0.033 4	0.199 8	0.523 6	0.136 8	0.021 7

注：***、**、*分别表示在1%、5%和10%水平上显著，括号内为标准误。

第五节　稳健性检验

为了确保本章相关结论的稳健性，我们采用了两种方法进行检验。

一、剔除中小板、创业板上市公司

考虑到A股中小板上市公司、创业板上市公司与A股主板上市公司在公司特征方面可能存在系统性差异，为确保研究结果稳健，我们尝试删除样本中A股中小板上市公司、A股创业板上市公司，并重复上述各项回归，结果见表14-6。

回归结果显示，公司受儒家文化的影响对股东权益保护具有正向作用，且在10%的水平显著；公司受儒家文化的影响对知情权、股东对公司利益的平等享用权、股东财富最大化、投资回报具有正向左右，但不显著；公司受儒家文化的影响对上市公司诚信具有正向作用，且在5%的水平上显著。

表14-6　剔除中小板、创业板的回归结果

变量	股东权益保护	知情权	股东对公司利益的平等享用权	股东财富最大化	投资回报	上市公司诚信
INC	0.582 * (0.307)	0.031 (0.026)	0.223 (0.214)	0.072 (0.125)	0.150 (0.154)	0.076 ** (0.034)
Size	−0.000 (0.153)	0.074 *** (0.017)	−0.455 *** (0.095)	−0.394 *** (0.069)	0.747 *** (0.068)	0.022 (0.017)
Leverage	−1.779 * (0.985)	−0.627 *** (0.138)	−3.195 *** (0.517)	3.833 *** (0.475)	−1.554 *** (0.374)	−0.034 (0.108)
Roa	76.062 *** (2.906)	0.190 (0.298)	4.034 *** (1.271)	57.431 *** (1.486)	14.378 *** (1.267)	−0.006 (0.283)
Grow	2.708 *** (0.299)	0.077 ** (0.031)	0.155 (0.179)	3.275 *** (0.197)	−0.635 *** (0.161)	−0.006 (0.036)
First	−1.823 * (0.939)	−0.008 (0.068)	−1.553 ** (0.607)	−0.762 ** (0.380)	0.861 ** (0.438)	0.194 (0.123)
Bsize	0.022 (0.067)	0.001 (0.006)	0.036 (0.047)	0.000 (0.032)	0.031 (0.034)	−0.013 (0.008)
Indpratio	0.013 (0.024)	−0.004 * (0.002)	0.054 *** (0.016)	−0.027 ** (0.011)	−0.014 (0.012)	0.002 (0.003)
Soe	−0.412 (0.316)	0.006 (0.024)	−0.246 (0.212)	0.005 (0.128)	−0.642 *** (0.150)	0.154 *** (0.045)
Bigfour	0.807 ** (0.411)	−0.041 (0.037)	0.241 (0.297)	0.398 * (0.205)	0.137 (0.220)	0.039 (0.051)
Loss	−1.375 *** (0.446)	−0.299 *** (0.073)	−0.357 (0.225)	−0.277 (0.222)	0.134 (0.203)	−0.207 *** (0.076)

表14-6(续)

变量	股东权益保护	知情权	股东对公司利益的平等享用权	股东财富最大化	投资回报	上市公司诚信
Law	0.039 (0.080)	−0.005 (0.007)	0.075 (0.053)	0.019 (0.039)	−0.017 (0.042)	−0.015 (0.010)
Gov	−0.032 (0.068)	−0.005 (0.006)	−0.031 (0.045)	0.016 (0.034)	−0.005 (0.038)	0.001 (0.008)
Lngdp	0.329* (0.191)	0.000 (0.014)	0.114 (0.113)	−0.089 (0.088)	0.198** (0.093)	0.026 (0.022)
Ncfic	1.846*** (0.408)	−0.049 (0.033)	0.483** (0.232)	0.464** (0.227)	0.799*** (0.213)	0.004 (0.053)
_cons	30.465*** (3.538)	8.382*** (0.388)	24.386*** (2.151)	12.533*** (1.620)	−12.026*** (1.607)	−1.370*** (0.427)
Year	Yes	Yes	Yes	Yes	Yes	Yes
Ind	Yes	Yes	Yes	Yes	Yes	Yes
N	6 537	6 537	6 537	6 537	6 537	6 537
R-squared	0.369 6	0.058 5	0.144 0	0.524 1	0.160 1	0.025 5

注:***、**、*分别表示在1%、5%和10%水平上显著,括号内为标准误。

二、剔除北京、上海、广东的上市公司

考虑到北京、上海、广东为我国的经济发达地区,这三个地区的上市公司数量相对其他地区要多得多。借鉴陈冬华等(2013)的做法,为确保研究结果稳健,我们尝试删除这三个地区A股上市公司,并重复上述各项回归,结果见表14-7。

回归结果显示,公司受儒家文化的影响对股东权益保护和投资回报具有正向作用,且在10%的水平上显著;公司受儒家文化的影响对知情权、股东对公司利益的平等享用权和上市公司诚信具有正向作用,但不够显著;公司受儒家文化的影响对股东财富最大化具有负向作用,但不够显著。

表 14-7 剔除北京、上海、广东上市公司后的回归结果

变量	股东权益保护	知情权	股东对公司利益的平等享用权	股东财富最大化	投资回报	上市公司诚信
INC	0.459* (0.274)	0.004 (0.016)	0.139 (0.178)	−0.057 (0.105)	0.266* (0.137)	0.044 (0.035)

表14-7(续)

变量	股东权益保护	知情权	股东对公司利益的平等享用权	股东财富最大化	投资回报	上市公司诚信
Size	−0.388**	0.045***	−0.682***	−0.350***	0.581***	0.016
	(0.154)	(0.014)	(0.089)	(0.069)	(0.070)	(0.017)
Leverage	−5.776***	−0.348***	−4.668***	3.483***	−3.647***	−0.155
	(0.856)	(0.085)	(0.434)	(0.368)	(0.379)	(0.102)
Roa	75.087***	0.033	4.448***	54.437***	15.064***	0.249
	(2.625)	(0.229)	(1.098)	(1.362)	(1.261)	(0.247)
Grow	3.895***	0.018	0.305*	3.996***	−0.259	−0.012
	(0.308)	(0.026)	(0.164)	(0.181)	(0.168)	(0.039)
First	−1.114	0.047	−1.108**	−1.028***	1.713***	0.133
	(0.828)	(0.053)	(0.514)	(0.326)	(0.392)	(0.107)
Bsize	0.021	−0.006	0.109**	−0.062*	0.043	−0.019*
	(0.071)	(0.005)	(0.043)	(0.032)	(0.035)	(0.011)
Indpratio	0.009	−0.003*	0.048***	−0.022**	−0.017	0.001
	(0.022)	(0.002)	(0.013)	(0.010)	(0.012)	(0.003)
Soe	−0.968***	0.011	−0.646***	0.140	−0.854***	0.121***
	(0.275)	(0.018)	(0.185)	(0.108)	(0.138)	(0.035)
Bigfour	0.434	−0.009	−0.278	0.347	0.181	0.088*
	(0.466)	(0.030)	(0.357)	(0.237)	(0.235)	(0.047)
Loss	−1.860***	−0.215***	−0.216	−0.417**	−0.225	−0.237***
	(0.421)	(0.050)	(0.204)	(0.210)	(0.177)	(0.078)
Law	−0.028	−0.002	0.022	0.065	0.005	−0.034***
	(0.092)	(0.006)	(0.057)	(0.042)	(0.050)	(0.013)
Gov	0.057	−0.004	−0.005	0.009	0.014	0.014
	(0.073)	(0.005)	(0.044)	(0.031)	(0.040)	(0.010)
Lngdp	0.602***	0.008	0.350***	−0.124	0.290***	0.045
	(0.205)	(0.012)	(0.128)	(0.088)	(0.105)	(0.031)
Ncfic	2.170***	−0.011	0.308	0.736***	1.023***	0.072
	(0.498)	(0.040)	(0.286)	(0.270)	(0.267)	(0.080)
_cons	37.930***	9.151***	27.622***	11.767***	−8.673***	−1.170**
	(3.771)	(0.291)	(2.187)	(1.695)	(1.775)	(0.466)
Year	Yes	Yes	Yes	Yes	Yes	Yes
Ind	Yes	Yes	Yes	Yes	Yes	Yes
N	8 177	8 177	8 177	8 177	8 177	8 177
R-squared	0.398 3	0.036 1	0.223 5	0.531 6	0.148 5	0.023 2

注: ***、**、*分别表示在1%、5%和10%水平上显著,括号内为标准误。

第六节　小结与启示

儒家文化在长期的历史过程中已经内化为中国人的一套价值规范，对中国社会的影响十分深远，然而却鲜有研究深入考察儒家文化对中国上市公司股东权益保护的影响。姜付秀等（2008）在函询征求专家的意见并汇总整理各位专家意见的基础上，设计了一个指数—投资者权益保护指数，试图从多个方面将投资者权益尽量多地包含其中。本章借鉴姜付秀等（2008）的投资者权益保护指数的计算方法，分别从知情权、股东对公司利益的平等享有权、股东财富最大化、投资回报和上市公司诚信五个方面进行打分，分别计算出这五个方面的得分及股东权益保护指数的总得分，以这六个指标作为因变量，研究儒家文化对这个六个指标的影响。

本章研究发现，公司受儒家文化影响对股东权利保护具有正向的影响，但不够显著；公司受儒家文化影响对知情权具有负向的影响，但不够显著；公司受儒家文化影响对股东对公司利益的平等享有权具有正向的影响，但不够显著；公司受儒家文化影响对股东财富最大化具有正向的影响，但不够显著；公司受儒家文化影响对股东回报具有负向的影响，但不够显著；公司受儒家文化影响对上市公司诚信具有正向的影响，但不够显著。总之，本章研究反映了儒家文化对股东权益保护没有显著的促进作用。但是，在我国上市公司治理中，在强调股东的责任和长远利益的同时，应该注重对股东权益的保护，我们弘扬的中国优秀传统文化，也包含了发展，与时俱进，甚至刨除它那些不合理的东西。儒家文化强调"义务先于权利""注重长远"等价值观是对的，但是完全忽视股东权益和短期利益，不注重股东权益和短期利益，是不对的。因此，我们应该对儒家文化进行创造性转化，强化儒家文化的权利意识，使儒家文化在强化股东权益保护中发挥更加积极的作用。

第十五章 儒家文化与债权人权益保护：来自中国 A 股市场的经验证据

第一节 引言

公司治理在很大程度上是外部投资者保护其利益免受内部人（控股股东和管理者）侵害的一种机制。对投资者权益保护机制的研究受到了越来越多的关注，并已经成为公司治理领域的重要研究课题。企业债务融资行为实质上是一种典型的委托—代理行为，即投资者（委托人）将资金交由企业（代理人）代为使用并收取一定的利息。投资者之所以愿意暂时转让资金使用权，就是因为他们得到了某种承诺，即在约定的时间偿还本息。这种承诺可能是来自企业本身，也可能来自法律和道德规范的约束保障。债权人权利保护机制的研究产生于资本结构理论，并随着人们对债权不同的认识而演化出不同的债权人保护理论。

本章试图找到并描绘在我国上市公司债权人权利保护中可能起到重要作用的某一非正式制度——儒家文化。之所以选择儒家文化作为切入点，主要有以下两个方面原因：第一，儒家文化在长期的历史过程中已经内化为中国人的一套价值规范。帕森斯（Parsons，1951）强调规范在激励行为上的重要性，因为它影响了人们的内在效应。心理学家把受内在激励的行动定义为这样一种情形：尽管采取该行动没有任何报酬，但是为了行动本身的价值，该行动仍然会被采纳（Frey，1997）。第二，儒家文化通常会影响上市公司高管的价值观和经营理念，从而影响对上市公司债权人的权益保护。

相对于已有的研究，本章的研究贡献可能主要体现在两个方面：

第一，本章从文化地理学的视角，以我国上市公司注册地为切入点，手工收集和整理我国上市公司受儒家文化影响大小的数据，研究儒家文化这一非正式制度对我国上市公司债权人权利保护的影响，从而突破了以往过多基于正式制度的单一视角研究，丰富了上市公司债权人权利保护的理论与途径，并拓宽了上市公司债权人权利保护领域的研究范畴。

第二，跨学科的交叉融合是近年来公司治理领域关注和研究的热点。尽管以往文献基于非正式制度影响公司治理的基本逻辑框架，探讨了宗教、媒体、传统文化和老乡关系等对公司治理的影响（沈洪涛，冯杰，2012；陈冬华 等，2013；陆瑶，胡江燕，2014；毕茜 等，2015），但儒家文化作为中国传统文化的主流和重要组成部分，关于其如何影响上市公司债权人权利保护的研究还十分匮乏。

本章的结构安排如下：第二部分是制度背景、理论分析与研究假设；第三部分是研究设计；第四部分是实证结果与分析、机制检验；第五部分是稳健性检验；第六部分是小结与启示。

第二节　制度背景、理论分析与研究假设

本章制度背景同第十章。

儒家文化在长期的历史过程中已经内化为中国人的一套价值规范，儒家讲诚信的文化信念促进了信誉机制的形成和有效发挥作用。在我国上市公司治理中，儒家文化信念能降低作为股东代理人的经理讲信誉的成本（胡少华，2018）。上市公司高管因受儒家文化影响具有讲诚信的文化信念，因此，受儒家文化影响越大的高管，其自律性更强，从而强化为一种更加诚信的处事风格，并逐步形成一种内在的自我约束机制，约束自己的非道德行为，当外部监督机制较弱时，儒家文化作为非正式制度可以作为外部监督机制的一种替代，从而降低股东与债权人的代理成本，缓和股东与债权人之间的代理冲突。儒家文化信念促进多边惩罚策略形成，在多边惩罚策略下，上市公司股东及经理人更能遵守与债权人的借贷合约，履行偿债义务，更能遵守与债权人的借贷合约，更好地保护债权人的权利，债权人所要求的补偿更低，企业的债务融资成本也就更低。

受儒家文化影响大的高管从提高公司的会计稳健性和降低公司的盈余管理程度两个方面提高会计信息质量。企业会计信息的质量则会直接影响债务契约的设定（Sengupta，1998；Bharath et al.，2008）。具体而言，会

计信息是债权人用以筛选和监督债务人的主要工具；企业会计信息质量直接影响债权人对于企业未来现金流是否能够按期偿还其贷款可能性的估计（周楷唐 等，2017）。会计信息质量越高，企业未来现金流预测的可信程度越高，债权人估计的不能按期偿还其贷款的风险越低，相应地，债权人所要求的风险溢价也越低，故企业的债务融资成本也就越低（Bharath et al.，2008）。同时，高质量的会计信息能够降低企业与债权人之间的信息不对称，即使公司出现不良状况，信息也能够得到及时的披露，债权人可以据此进行及时调整，从而降低贷款风险以保障自己的利益，债权人便相应要求更低的补偿，企业的债务融资成本也就降低（La Fond & Watts，2008；Zhang，2008）。可见，儒家文化可以通过降低企业的信息风险来降低保护债权人的权益，从而降低企业债务融资的成本。综合上述债务代理风险及企业信息风险的分析，本章提出如下研究假设。

假设：一个上市公司受儒家文化影响越大，信息披露质量越高，债务融资成本越低，该上市公司对债权人权利保护程度越高。

第三节 研究设计

一、样本与数据

本章选取 Wind 数据库中的上市公司财务数据库中 2008—2016 年的沪深 A 股上市公司为初始样本。计算上市公司债务融资成本的相关数据从 CSMAR 数据库中提取，其他数据均从 Wind 数据库中提取。按照已有研究惯例和本研究的特点，我们以下标准对样本进行筛选：①剔除金融行业上市公司，因为这些公司存在行业的特殊性；②剔除 ST/PT 的上市公司；③剔除上市时间不满一年的公司，因为这些公司可能存在 IPO 效应；④剔除相关数据缺失的样本；⑤为了控制极端值对回归结果的影响，我们对所有的连续变量 1%以下和 99%以上的分位数进行了缩尾处理（winsorize）。

在此基础上，我们从文化地理学的视角，根据上市公司注册地受儒家文化影响的大小来判断上市公司受儒家文化影响的大小。

二、变量定义

（一）上市公司受儒家文化影响程度的衡量
此部分内容与第十一章相同，此处不再赘述。

（二）公司债权人权利保护的衡量

作为资金交易的价格，利率在资金交易中是债权人投资权益的最直接的体现。一笔资金交易的具体利率的决定因素主要有三个方面：无风险利率水平（r_s）、信用风险升水（P）和其他影响因素（U），即 $r = f(r_s, P, U)$，在控制了其他因素的情况下，信用风险是影响债务成本的重要因素，而信息披露质量又是影响信用风险最重要的因素。因变量 DebtCost 为债务成本的衡量指标，它等于利息支出除以长短期债务总额平均值（Pittman & Fortin，2004）。

上市公司对债权人权利的保护主要通过以下措施：一是提高公司的信息披露质量；企业的债权人相信，良好的公司治理有助于提高其财务会计信息质量，从而能据以更可靠地评估企业的财务状况和成长能力，这意味着较低的风险，从而意味着较低的债务成本；二是提高董事会的独立性。Anderson 等（2004）研究发现，债权人关注董事会和审计委员会在财务会计过程中的监督作用。董事会及审计委员会的独立性越强，公司债务融资成本越低。作为资金交易的价格，利率在资金交易中是债权人投资权益的最直接的体现。儒家文化影响信息披露质量，从而影响债务融资成本。

基于以上分析，本章使用公司债务融资的成本来衡量债权人权利保护。在控制了其他因素的情况下，债务融资成本越低，说明债权人权益保护越好。

（三）控制变量

影响公司债权人权益保护的因素很多，我们分别从上市公司、审计机构和上市公司注册地所处的环境三个层面对债权人权益保护的影响因素进行控制。其中，公司层面的基本因素包括：公司规模（Size）、财务杠杆（Leverage）、成长性（Grow）、盈利能力（Roa）、亏损虚拟变量（Loss）、产权性质（Soe）、经营现金流（Ncfic）、大股东持股比率（First）、董事会规模（Bsize）和独立董事的比重（Indpratio）。机构控制变量为审计机构类型（Bigfour）。地区层面变量包括：各省法律发展指数（Law）、各省政府干预程度指数（Gov）①、当年该省地区生产总值的自然对数（Lngdp）。另外，本章还加入了年度（Year）与行业（Ind）虚拟变量，以控制年度与行业固定效应。所有变量的详细定义见表 15-1。

---

① 数据取自：王小鲁，樊纲，余静文. 中国分省份市场化指数报告［M］. 北京：社会科学文献出版社，2017。2009 年的数据用 2010 年的数据代替，2011 年的数据用 2012 年的数据代替，2013 年、2015 年、2016 年的数据用 2014 年的数据代替。各省法律发展指数使用的是"维护市场的法治环境"一项的数据；各省政府干预程度指数使用的是"减少政府对企业的干预"一项的数据。

表 15-1 变量的详细定义

变量类型	变量符号	变量名称	度量方法
解释变量	INC	公司受儒家文化的影响	当公司受儒家文化的影响大时，INC＝1，否则为 0
因变量	DebtCost	债务融资成本	债务融资成本＝利息支出①/长短期债务总额平均值② 长短期债务总额平均值＝（年初长期债务与短期债务之和+年末长期债务与短期债务之和）/2
控制变量	Size	公司规模	年末总资产的自然对数
	Leverage	财务杠杆	资产负债率＝公司年末总负债/总资产
	Roa	盈利能力	总资产收益率＝净利润/资产总额
	Grow	成长性	营业收入增长率
	First	大股东持股	大股东持股比例＝第一大股东所持的股份数/总股数
	Bsize	董事会规模	董事会人数
	Indpratio	独立董事比例	独立董事占董事会人数的比例
	Soe	产权性质	若控股股东为国有资产管理部门或国有企业，则取值为1；否则，取值为 0
	Ncfic	经营现金流	经营活动产生的现金流量净额/营业收入
	Bigfour	审计机构类型	审计机构为国际四大会计师事务所为1，否则取 0
	Loss	亏损虚拟变量	当企业净利润为负时，Loss＝1，否则，Loss＝0
	Law	各省法律发展指数	维护市场的法治环境
	Gov	各省政府干预程度指数	减少政府对企业的干预
	Lngdp	当年该省地区生产总值的对数	当年该地区生产总值的自然对数
	Ind	行业虚拟变量	按照中国证监会 2012 年行业分类标准，各行业进一步划分了二级子行业，共设置 19 个行业虚拟变量
	Year	年度虚拟变量	9 个研究年度取 8 个年份虚拟变量

① 利息支出数据取自财务报表附注中"财务费用"下的"利息支出项目"含债券利息，并且剔除了票据贴息、融资租赁利息、精算师离职后福利利息、其他利息支出等与长短期借款无关的利息。

② 长短期债务总额平均值中包含债券余额。

三、模型设计

为检验上文提出的研究假设，本章构建如下多元回归模型：

$$
\begin{aligned}
\text{DebtCost} = & \ \alpha + \beta_1 \times \text{INC} + \beta_2 \times \text{Size} + \beta_3 \times \text{Roa} + \beta_4 \times \text{Leverage} + \\
& \beta_5 \times \text{Grow} + \beta_6 \times \text{First} + \beta_7 \times \text{Indpratio} + \beta_8 \times \text{Soe} + \beta_9 \times \text{Ncfic} + \\
& \beta_{10} \times \text{Bigfour} + \beta_{11} \times \text{Board} + \beta_{12} \times \text{Loss} + \beta_{13} \times \text{Law} + \beta_{14} \times \text{Gov} + \\
& \beta_{15} \times \text{Lngdp} + \sum \text{Industry} + \sum \text{Year} + \varepsilon \qquad (15\text{-}1)
\end{aligned}
$$

第四节　实证结果与分析、机制检验

一、实证结果与分析

表 15-2 报告了样本分布及描述统计。其中，受儒家文化影响大的公司观测值有 9 464 个，约占总样本观测值的 65.95%。

表 15-2　样本分布　　　　　　　　单位：个

年度	受儒家文化影响小	受儒家文化影响大	合计
2008	360	629	989
2009	264	522	786
2010	446	862	1 308
2011	521	1 013	1 534
2012	570	1 148	1 718
2013	643	1 237	1 880
2014	657	1 277	1 934
2015	687	1 325	2 012
2016	737	1 451	2 188
合计	4 885	9 464	14 349

从表 15-3 主要变量的描述性统计中可以看到，DebtCost 的平均值为 0.070 5，中位数为 0.062 1，标准差为 0.054 3，表明样本公司平均债务成本为 7.05%，标准差为 5.43%，债务融资成本水平浮动区间较大。

表 15-3　主要变量描述性统计

变量	N	mean	sd	p25	p50	p75
DebtCost	14 349	0.070 5	0.054 3	0.045 7	0.062 1	0.079 1
INC	14 349	0.660	0.474	0	1	1
Size	14 349	22.07	1.260	21.19	21.92	22.81
Leverage	14 349	0.482	0.206	0.323	0.477	0.637
Roa	14 349	0.058 6	0.062 3	0.028 9	0.052 2	0.083 9
Grow	14 349	0.153	0.350	−0.034 8	0.104	0.265
First	14 349	0.355	0.152	0.234	0.336	0.459
Bsize	14 349	8.865	1.735	8	9	9
Indpratio	14 349	0.370	0.05	0.330	0.330	0.400
Soe	14 349	0.477	0.500	0	0	1
Bigfour	14 349	0.051 5	0.221	0	0	0
Loss	14 349	0.095	0.293	0	0	0
Law	14 349	6.421	2.314	4.720	6.990	8.120
Gov	14 349	5.119	2.707	3.120	5.270	7.530
GDP	14 349	10.10	0.794	9.662	10.15	10.67
Ncfic	14 349	0.070 7	0.216	0.001 50	0.067 7	0.155

　　从表 15-4 分样本比较可以看到，DebtCost 在受儒家文化影响大和受儒家文化影响小的样本的平均值分别为 0.07 和 0.072，两者差异在 5%水平上显著。在公司受儒家文化影响大样本中，DebtCost 中位数小于公司受儒家文化影响小的样本但不够显著。这个结果表明，儒家文化能降低债务融资的成本，初步证实了本章的研究假设。其余控制变量与已有研究基本一致（朱凯，陈信元，2009；姜付秀 等，2016）。

表 15-4 分样本比较

变量	平均数检验				中位数检验			
	公司受儒家文化影响大(1)	公司受儒家文化影响小(0)	(1)—(0)	t 值	公司受儒家文化影响大(1)	公司受儒家文化影响小(0)	(1)—(0)	z 值
DebtCost	0.07	0.072	-0.002^{**}	$-2.344\ 2$	0.062	0.063	-0.001	-1.523
Size	21.98	22.263	-0.287^{***}	-13.008	21.854	22.066	-0.212^{***}	-11.705
Leverage	0.47	0.503	-0.033^{***}	-9.106	0.463	0.501	-0.038^{***}	-8.928
Roa	0.06	0.057	0.003^{**}	2.34	0.053	0.05	0.003^{***}	3.915
Grow	0.158	0.143	0.015^{**}	2.485	0.107	0.095	0.012^{**}	3.202
First	0.348	0.368	-0.02^{***}	-7.398	0.33	0.348	-0.018^{***}	-6.483
Bsize	8.806	8.979	-0.173^{***}	-5.677	9	9	0^{***}	4.293
Indpratio	0.37	0.37	0	-0.326	0.301	0.301	0	-0.100
Soe	0.431	0.566	-0.135^{***}	-15.481	0	1	-1^{***}	-15.353
Bigfour	0.045	0.064	-0.019^{***}	-5.059	0	0	0^{***}	5.054
Loss	0.914	0.887	-0.027^{***}	5.291	1	1	0^{***}	5.286
Law	6.897	5.498	1.399^{***}	-35.833	7.54	5.38	2.16^{***}	29.696
Gov	6.026	3.363	2.663^{***}	63.114	6.71	3.71	3^{***}	54.257
GDP	10.246	9.812	0.434^{***}	32.150	10.272	9.877	0.395^{***}	33.783
Ncfic	0.071	0.069	0.002	0.559	0.067	0.069	-0.002	-1.065

注: $***$ 、 $**$ 、 $*$ 分别表示在 1%、5%、10%水平上显著。

我们采用回归技术对假设进行了检验，表 15-5 的基准回归模型显示，在不控制行业与年份时，公司其他特征相同的情况下，公司受儒家文化影响（INC）对其债务融资成本（DebtCost）具有负向的影响，系数为 -0.002，但不够显著；而且，这种负向影响即使控制行业与年份也较为稳健，表明受儒家文化影响大的公司，其债务融资成本更低。

考虑到以注册地作为度量公司受儒家文化影响大小的指标可能的内生性问题，我们进一步采用了 PSM 匹配（一对一匹配）回归技术对相关数据进行了分析。结果显示，在保持其他因素相同的情况下，匹配后的 INC 效应仍然为负（-0.002），且在 5%的水平上显著（p<0.05），并表现出行业和时间方面的稳健性。这表明，我们关于儒家文化对公司债务融资成本的负向关系预期能够得到经验数据的支持，假设得到验证。

另外，回归结果显示，企业规模（Size）的估计系数为显著为负，表明企业规模越大，其债务融资成本越低；财务杠杆（Leverage）的估计系数显著为正，表明企业财务风险越大，债务融资成本越高。这些结果都符合我们的预期，也与之前的文献所发现的结果一致。

表 15-5 基准回归与 PSM 匹配

变量	基准回归		PSM 匹配	
	DebtCost	DebtCost	DebtCost	DebtCost
INC	−0.002	−0.001	−0.002 **	−0.002 **
	(0.002)	(0.002)	(0.001)	(0.001)
Size	−0.007 ***	−0.006 ***	−0.106 ***	−0.107 ***
	(0.001)	(0.001)	(0.011)	(0.012)
Leverage	0.005 *	0.006 *	0.089	0.018
	(0.003)	(0.003)	(0.067)	(0.071)
Roa	0.085 ***	0.087 ***	−0.232	−0.338
	(0.009)	(0.009)	(0.234)	(0.239)
Grow	−0.004 ***	−0.002 *	0.039	0.041
	(0.001)	(0.001)	(0.036)	(0.037)
First	−0.013 ***	−0.014 ***	−0.355 ***	−0.398 ***
	(0.004)	(0.004)	(0.082)	(0.084)
Bsize	0.001	0.000	0.019 **	0.018 **
	(0.000)	(0.000)	(0.008)	(0.008)
Indpratio	0.013 0	0.015 4	0.342	0.466 **
	(1.138)	(1.131)	(24.987)	(25.428)
Soe	0.005 ***	0.005 ***	−0.099 ***	−0.114 ***
	(0.002)	(0.002)	(0.027)	(0.028)
Bigfour	−0.003	−0.002	−0.076	−0.081
	(0.003)	(0.003)	(0.053)	(0.054)
Loss	0.013 ***	0.012 ***	−0.151 ***	−0.111 **
	(0.002)	(0.002)	(0.048)	(0.049)
Law	0.003 ***	0.001 *	−0.007	−0.028 ***
	(0.000)	(0.000)	(0.007)	(0.009)
Gov	−0.002 ***	−0.001 *	0.237 ***	0.263 ***
	(0.000)	(0.000)	(0.006)	(0.007)
GDP	−0.001	−0.000	0.115 ***	0.094 ***
	(0.001)	(0.001)	(0.017)	(0.020)
Ncfic	0.009 ***	0.010 ***	0.090	0.084
	(0.002)	(0.002)	(0.056)	(0.059)

表15-5(续)

变量	基准回归		PSM 匹配	
	DebtCost	DebtCost	DebtCost	DebtCost
_cons	0. 226 ***	0. 213 ***	0. 072 ***	0. 072 ***
	(0. 014)	(0. 017)	(0. 001)	(0. 001)
Control year	No	Yes	No	Yes
Control ind	No	Yes	No	Yes
N	14 349	14 349	9 770	9 770
R-squared			0. 000	0. 000
r2_ a			0. 000 313	0. 000 310

注：括号内为标准误，*** 、** 、* 分别表示在 1%、5%、10%水平上显著。

二、机制检验

上文在研究假设中提出，在控制了董事会的独立性后，儒家文化通过提高信息披露质量来降低公司债务融资成本。接下来，我们直接检验这种作用机制是否成立。本章从两个角度考察上市公司信息披露质量：①上市公司被出具的审计意见类型（Opinon）；②上市公司财务报告的盈余管理程度（DA）。表 15-6 的结果表明：受儒家文化的影响（INC）对出具非标准审计意见（Audop）具有显著的负向影响（$-0.591\,6$，$p<0.05$），表明受儒家文化影响越大的公司，其被出具非标准审计意见的概率越低，信息披露质量越高。受儒家文化的影响（INC）对公司操纵性应计利润占前期资产的比重的绝对值（Absda）具有显著的负面影响（$-0.006\,1$，$p<0.01$），这表明，上市公司受儒家文化影响越大，盈余管理程度越低（说明：变量 lnfee 为审计费用的自然对数，Bigfour 为审计机构类型，审计机构为国际四大会计师事务所为 1，否则取 0。其他变量的含义见表 15-1）。

表 15-6　儒家文化与债务融资成本：作用机制

变量	（1） Audop	（2） Absda
INC	$-0.591\,6$ **	$-0.006\,1$ ***
	(0. 277 9)	(0. 001 7)
Lnsize	$-1.117\,7$ ***	$-0.006\,5$ ***
	(0. 117 6)	(0. 000 7)

表15-6（续）

变量	（1） Audop	（2） Absda
Lev	0.063 1***	0.000 5***
	(0.005 5)	(0.000 0)
Grow	−0.004 8***	0.000 2***
	(0.001 8)	(0.000 0)
Roa	−0.033 8***	0.001 2***
	(0.010 1)	(0.000 1)
First	−0.025 4***	0.000 1*
	(0.008 0)	(0.000 0)
Bsize	0.052 2	−0.000 7*
	(0.075 6)	(0.000 4)
Indpratio	1.918 5	0.005 6
	(2.142 8)	(0.011 1)
Law	−0.075 5	−0.000 6
	(0.061 8)	(0.000 5)
Gov	0.059 8	−0.000 0
	(0.063 7)	(0.000 5)
Lngdp	−0.183 0	−0.000 6
	(0.129 6)	(0.001 2)
Lnfee	−0.039 2	
	(0.201 7)	
Bigfour	0.319 9	
	(0.695 1)	
Constant	18.220 7***	0.195 2***
	(3.709 5)	(0.014 9)
Observations	−0.591 6**	19 742
Industry fixed effect	Yes	Yes
Year fixed effect	Yes	Yes

注：括号内为标准误，***、**、*分别表示在1%、5%、10%水平上显著。

为进一步检验儒家文化对降低上市公司债务融资成本的作用机制，我们在前面的基准回归及PSM匹配的基础上增加审计意见类型（Audop）及操纵性应计利润占前期资产比重的绝对值（Absda）这两个反映上市公司信息披露质量的变量，重新进行基准回归及PSM匹配回归，回归结果表明，PSM匹配回归结果不显著（见表15-7）。而没有审计意见类型（Audop）

及操纵性应计利润占前期资产比重的绝对值（Absda）这两个控制变量的时候，结果显示，在保持其他因素相同的情况下，匹配后的 INC 效应仍然为负（-0.002），且在 5% 的水平上显著（p<0.05），并表现出行业和时间方面的稳健性（见表 15-5）。可见，回归结果表明，在控制了其他因素后，受儒家文化的影响的确是通过提高公司信息质量来降低公司债务融资成本。

表 15-7　基准回归与 PSM 匹配

变量	基准回归		PSM 匹配	
	DebtCost	DebtCost	DebtCost	DebtCost
INC	-0.000	-0.001	-0.001	-0.001
	(0.002)	(0.002)	(0.001)	(0.001)
Lnsize	-0.006***	-0.005***	-0.129***	-0.129***
	(0.001)	(0.001)	(.012)	(-0.129)
Lev	-0.002	-0.002	0.218***	0.15**
	(0.005)	(0.005)	(0.072)	(0.15)
Roa	0.070***	0.068***	-0.071	-0.051
	(0.015)	(0.015)	(0.256)	(-0.051)
Grow	-0.003*	-0.002	0.023	0.042
	(0.001)	(0.002)	(0.037)	(0.042)
First	-0.012**	-0.012**	-0.363***	-0.408***
	(0.005)	(0.005)	(0.084)	(-0.408)
Bsize	0.000	0.000	0.018**	0.015*
	(0.000)	(0.000)	(0.008)	(0.015)
Indpratio	1.172	1.349	36.828	49.603*
	(1.216)	(1.215)	(25.787)	(49.603)
Soe	0.005***	0.005***	-0.094***	-0.112***
	(0.002)	(0.002)	(0.028)	(-0.112)
Bigfour	-0.002	-0.002	-0.086	-0.088
	(0.002)	(0.002)	(0.055)	(-0.088)
Loss	0.011***	0.009***	-0.09*	-0.038
	(0.002)	(0.002)	(0.051)	(-0.038)
Law	0.003***	0.001*	-0.018***	-0.046***
	(0.000)	(0.000)	(0.007)	(-0.046)
Gov	-0.002***	-0.001*	0.252***	0.278***
	(0.000)	(0.000)	(0.006)	(0.278)
GDP	0.000	-0.000	0.09***	0.081***
	(0.001)	(0.001)	(0.018)	(0.081)

表15-7(续)

变量	基准回归		PSM 匹配	
	DebtCost	DebtCost	DebtCost	DebtCost
Nefic	0.007***	0.008***	0.086	0.029
	(0.003)	(0.003)	(0.061)	(0.029)
DA	0.008	0.015**	−0.037	−0.509***
	(0.006)	(0.006)	(0.134)	(−0.509)
Opinon	0.014***	0.015***	−0.417***	−0.417***
	(0.004)	(0.004)	(0.07)	(−0.417)
_cons	0.180***	0.178***	0.071***	0.071***
	(0.019)	(0.020)	(0.001)	(0.001)
Control year	No	Yes	No	Yes
Control ind	No	Yes	No	Yes
N	13 742	13 734	13 742	13 734
R-squared			0.000	0.000

注：括号内为标准误，***、**、*分别表示在1%、5%、10%水平上显著。

第五节　稳健性检验

为了确保本章相关结论的稳健性，我们采用了三种方法进行检验。

一、改变债务融资成本指标

借鉴钱雪松等（2019）稳健性检验的方法，考虑到企业债务融资成本有多种测度指标，为了避免指标选取对实证结果的影响，我们为债务融资成本选取替代性指标进行稳健性检验。具体地，我们分别以"利息支出除以总负债"和"财务费用除以总负债"两个替代性指标作为债务融资成本的测度。

我们采用回归技术对假设进行了检验，表15-8的回归结果显示，在不控制行业与年份，公司其他特征相同的情况下，公司受儒家文化影响（INC）对其债务融资成本（DebtCost）（利息支出/总负债）具有负向影响（但不显著），系数为−0.000，对其债务融资成本（DebtCost）（财务费用/总负债）具有负向的影响，系数为−0.004，且在1%的水平上显著；控制行业与年份后，公司受儒家文化影响（INC）对其债务融资成本（DebtCost）（财务费用/总负债）具有负向影响，回归系数为-0.001，说明儒家文化影响大的公司，其债务融资成本更低。

考虑到以注册地作为度量公司受儒家文化影响大小的指标可能的内生性问题，我们进一步采用了PSM匹配回归技术对相关数据进行了分析。结果显示（见表15-9），在保持其他因素相同的情况下，公司受儒家文化影响（INC）对其债务融资成本（DebtCost）（利息支出/总负债）具有负向影响，系数为-0.001，且在5%的水平上显著（p<0.05），并表现出行业和时间方面的稳健性。公司受儒家文化影响（INC）对其债务融资成本（DebtCost）（财务费用/总负债）具有负向影响，系数为-0.003，且在1%的水平上显著（p<0.01），并表现出行业和时间方面的稳健性。这表明，我们关于儒家文化能降低公司债务融资成本的结论是稳健的。

表15-8　儒家文化对债务融资成本的影响

变量	利息支出/总负债		财务费用/总负债	
INC	-0.000	0.000	-0.004 ***	-0.001
	(0.001)	(0.001)	(0.001)	(0.001)
Size	-0.002 ***	-0.001 **	-0.001 **	-0.001
	(0.000)	(0.000)	(0.000)	(0.000)
Leverage	0.016 ***	0.015 ***	0.070 ***	0.069 ***
	(0.001)	(0.001)	(0.003)	(0.003)
Roa	0.013 ***	0.012 ***	0.042 ***	0.042 ***
	(0.003)	(0.003)	(0.006)	(0.006)
Grow	-0.004 ***	-0.003 ***	-0.002 **	-0.001 *
	(0.000)	(0.000)	(0.001)	(0.001)
First	-0.005 ***	-0.008 ***	-0.014 ***	-0.014 ***
	(0.002)	(0.002)	(0.003)	(0.003)
Bsize	0.000	-0.000	-0.000 *	-0.000 *
	(0.000)	(0.000)	(0.000)	(0.000)
Indpratio	0.149	0.221	0.175	0.417
	(0.326)	(0.321)	(0.658)	(0.652)
Soe	0.002 ***	0.001	0.006 ***	0.004 ***
	(0.001)	(0.001)	(0.001)	(0.001)
Bigfour	0.001	0.000	0.001	0.001
	(0.001)	(0.001)	(0.002)	(0.002)

表15-8(续)

变量	利息支出/总负债		财务费用/总负债	
Loss	0.004 ***	0.003 ***	0.005 ***	0.004 ***
	(0.000)	(0.000)	(0.001)	(0.001)
Law	0.000 ***	0.000	0.000 ***	−0.000
	(0.000)	(0.000)	(0.000)	(0.000)
Gov	−0.000 ***	−0.000 ***	0.000 **	−0.000
	(0.000)	(0.000)	(0.000)	(0.000)
GDP	−0.001 ***	0.000	0.002 **	0.002 ***
	(0.000)	(0.000)	(0.001)	(0.001)
Ncfic	0.004 ***	0.003 ***	0.002	0.000
	(0.001)	(0.001)	(0.001)	(0.001)
_cons	0.055 ***	0.044 ***	−0.018 *	−0.004
	(0.006)	(0.006)	(0.010)	(0.012)
Control year	No	Yes	No	Yes
Control ind	No	Yes	No	Yes
N	14 918	14 918	14 918	14 918
R−squared	0.076 4	0.160 2	0.184 8	0.230 9

注：括号内为标准误，***、**、* 分别表示在1%、5%、10%水平上显著。

表 15-9　儒家文化对债务融资成本的影响（PSM 匹配）

变量	利息支出/总负债		财务费用/总负债	
INC	−0.001 **	−0.001 **	−0.003 ***	−0.003 ***
	(0.000)	(0.000)	(0.001)	(0.001)
Size	−0.098 ***	−0.101 ***	−0.098 ***	−0.101
	(0.011)	(0.011)	(0.011)	(0.011)
Leverage	0.091	0.038	0.091	0.038
	(0.064)	(0.068)	(0.064)	(0.068)
Roa	−0.088	−0.139	−0.088	−0.139
	(0.223)	(0.227)	(0.223)	(0.227)
Grow	0.035	0.033	0.035	0.033
	(0.035)	(0.036)	(0.035)	(0.036)
First	−0.328 ***	−0.360 ***	−0.328	−0.360
	(0.079)	(0.081)	(0.079)	(0.081)
Bsize	0.019 **	0.018 **	0.019	0.018
	(0.007)	(0.007)	(0.007)	(0.007)
Indpratio	48.005 **	59.442 **	48.005 **	59.442 **
	(24.572)	(25.011)	(24.572)	(25.011)

表15-9(续)

变量	利息支出/总负债		财务费用/总负债	
Soe	−0.093***	−0.104***	−0.093	−0.104
	(0.026)	(0.027)	(0.026)	(0.027)
Bigfour	−0.087	−0.090*	−0.087	−0.090
	(0.053)	(0.027)	(0.053)	(0.054)
Loss	−0.105**	−0.101	−0.143***	−0.101**
	(0.050)	(0.048)	(0.047)	(0.048)
Law	0.010	−0.034	−0.010	−0.034
	(0.006)	(0.008)	(0.006)	(0.008)
Gov	0.237***	0.265***	0.237	0.265
	(0.005)	(0.007)	(0.005)	(0.007)
GDP	0.077***	0.096***	0.119***	0.096***
	(0.020)	(0.019)	(0.017)	(0.019)
Ncfic	0.067	0.065	0.067	0.065
	(0.054)	(0.058)	(0.054)	(0.058)
_cons	0.023***	0.023***	0.015***	0.015***
	(0.000)	(0.000)	(0.000)	(0.000)
Control year	No	Yes	No	Yes
Control ind	No	Yes	No	Yes
N	10 140	10 140	10 140	10 140
R-squared	0.000	0.000	0.002	0.002
r2_ a	0.000 242	0.000 252	0.001 46	0.001 48

注：括号内为标准误，***、**、* 分别表示在1%、5%、10%水平上显著。

二、剔除中小板、创业板上市公司

考虑到 A 股中小板、创业板上市公司与 A 股主板上市公司在公司特征方面可能存在系统性差异，为确保研究结果稳健，我们尝试删除样本中的中小板、创业板 A 股上市公司，并重复上述各项回归，结果见表 15-10。表 15-10 的回归结果显示，在不控制行业与年份，公司其他特征相同的情况下，公司受儒家文化影响（INC）对其债务融资成本具有负向影响，回归系数为−0.003，且在 10% 的水平上显著。在控制行业与年份时，公司其他特征相同的情况下，公司受儒家文化影响（INC）对其债务融资成本具有负向影响，回归系数为−0.002，但不够显著。考虑到以注册地作为度量公司受儒家文化影响的指标可能的内生性问题，我们进一步采用了 PSM 匹配回归技术对相关数据进行了分析。结果显示（见表15-10），在保持其他因素相同的情况下，公司受儒家文化影响（INC）对其债务融资成本具有负向影响，系数为-0.003，且在1%的水平上显著（p<0.01），并表现出行业和时间方面的稳健性。

表15-10　儒家文化对债务融资成本的影响

变量	剔除中小板、创业板		剔除中小板、创业板（PSM 匹配）	
INC	−0.003*	−0.002	−0.003***	−0.003***
	(0.002)	(0.002)	(0.001)	(0.001)
Size	−0.008***	−0.007***	−0.114***	−0.110***
	(0.001)	(0.001)	(0.011)	(0.012)
Leverage	0.006	0.007	0.009	−0.084
	(0.005)	(0.006)	(0.070)	(0.074)
Roa	0.084***	0.085***	−0.156	−0.256
	(0.016)	(0.016)	(0.243)	(0.248)
Grow	−0.004***	−0.003*	0.124**	0.119***
	(0.002)	(0.002)	(0.039)	(0.040)
First	−0.013**	−0.013***	−0.427***	−0.453***
	(0.005)	(0.005)	(0.084)	(0.087)
Bsize	0.001	0.000	0.022***	0.020**
	(0.000)	(0.000)	(0.008)	(0.008)
Indpratio	0.545	0.760	41.145	48.321*
	(1.243)	(1.239)	(26.082)	(26.545)
Soe	0.004**	0.004**	−0.125***	−0.147***
	(0.002)	(0.002)	(0.027)	(0.028)
Bigfour	−0.003	−0.003	−0.095*	−0.103*
	(0.003)	(0.003)	(0.053)	(0.054)
Loss	0.012***	0.011***	−0.150***	−0.105**
	(0.002)	(0.002)	(0.049)	(0.050)
Law	0.003***	0.001*	0.024***	0.008
	(0.000)	(0.001)	(0.007)	(0.009)
Gov	−0.002***	−0.001*	0.214***	0.235***
	(0.000)	(0.000)	(0.006)	(0.007)
GDP	−0.001	−0.001	0.096***	0.077***
	(0.001)	(0.001)	(0.018)	(0.020)
Ncfic	0.009***	0.010***	0.104*	0.083
	(0.003)	(0.003)	(0.057)	(0.061)
_cons	0.240***	0.220***	0.073***	0.073***
	(0.019)	(0.021)	(0.001)	(0.001)

表15-10(续)

变量	剔除中小板、创业板		剔除中小板、创业板(PSM 匹配)	
Control year	No	Yes	No	Yes
Control ind	No	Yes	No	Yes
N	12 910	12 910	12 910	12 910
R-squared	0.044 1	0.068 1	0.001	0.001
			0.000 551	0.000 546

注: 括号内为标准误, *** 、** 、* 分别表示在1%、5%、10%水平上显著。

三、剔除北京、上海、广东的上市公司

考虑到北京、上海、广东为我国的经济发达地区,这三个地区的上市公司数量相对其他地区要多得多。借鉴陈冬华等(2013)的做法,为确保研究结果稳健,我们尝试删除这三个地区 A 股上市公司,并重复上述各项回归,结果见表 15-11。表 15-11 的回归结果显示,在不控制行业与年份,公司其他特征相同的情况下,公司受儒家文化影响(INC)对其债务融资成本具有负向影响,回归系数为-0.003,但不够显著。在控制行业与年份,公司其他特征相同的情况下,公司受儒家文化影响(INC)对其债务融资成本具有负向影响,回归系数为-0.001,也不够显著。考虑到以注册地作为度量公司受儒家文化影响的指标可能的内生性问题,我们进一步采用了 PSM 匹配回归技术对相关数据进行了分析。结果显示,在保持其他因素相同的情况下,公司受儒家文化影响(INC)对其债务融资成本具有负向影响,系数为-0.001,但仍不够显著,并表现出行业和时间方面的稳健性。

表 15-11 儒家文化对债务融资成本的影响

变量	剔除北京、上海、广东的上市公司		剔除北京、上海、广东的上市公司(PSM 匹配)	
INC	−0.003	−0.001	−0.001	−0.001
	(0.002)	(0.002)	(0.001)	(0.001)
Size	−0.008 ***	−0.007 ***	−0.106 ***	−0.062
	(0.001)	(0.001)	(0.013)	(0.014)
Leverage	0.009	0.009	0.079	−0.145
	(0.006)	(0.006)	(0.075)	(0.080)
Roa	0.091 ***	0.092 ***	0.045	−0.295
	(0.019)	(0.019)	(0.269)	(0.277)

表15-11(续)

变量	剔除北京、上海、广东的上市公司		剔除北京、上海、广东的上市公司(PSM匹配)	
Grow	-0.004 ***	-0.003	0.141	0.086
	(0.002)	(0.002)	(0.042)	(0.043)
First	-0.017 ***	-0.016 ***	-0.122	-0.136
	(0.006)	(0.006)	(0.095)	(0.098)
Bsize	0.000	0.000	0.030 ***	0.026
	(0.000)	(0.000)	(0.009)	(0.009)
Indpratio	-0.094	0.135	31.348	29.028
	(1.407)	(1.408)	(29.244)	(29.762)
Soe	0.005 **	0.005 **	-0.083	-0.120
	(0.002)	(0.002)	(0.030)	(0.031)
Bigfour	-0.002	-0.002	-0.138	-0.143
	(0.003)	(0.003)	(0.063)	(0.065)
Loss	0.014 ***	0.013 ***	-0.150	-0.107 **
	(0.002)	(0.002)	(0.053)	(0.054)
Law	0.003 ***	0.000	0.157 ***	0.236 ***
	(0.000)	(0.001)	(0.008)	(0.012)
Gov	-0.001 ***	-0.000	0.099	0.051 ***
	(0.000)	(0.001)	(0.006)	(0.009)
GDP	-0.003 *	-0.003	0.020	0.014
	(0.001)	(0.002)	(0.021)	(0.023)
Ncfic	0.008 **	0.009 **	0.106	0.105
	(0.003)	(0.004)	(0.065)	(0.069)
_cons	0.254 ***	0.254 ***	0.072 ***	0.072 ***
	(0.023)	(0.028)	(0.001)	(0.001)
Control year	No	Yes	No	Yes
Control ind	No	Yes	No	Yes
N	9 989	9 989	7 480	7 480
R-squared	0.042 5	0.064	0.000	0.000
			5.04e-05	5.04e-05

注:括号内为标准误,***、**、*分别表示在1%、5%、10%水平上显著。

第六节　小结与启示

儒家文化在长期的历史过程中已经内化为中国人的一套价值规范，对中国社会的影响十分深远，然而却鲜有研究深入考察儒家文化对我国上市公司债权人权益保护的影响。本章从文化地理学的视角，探讨了作为非正式制度的重要组成部分之儒家文化对上市公司债权人权益保护的影响。研究发现，儒家文化能较显著提高债权人权益保护水平。从作用机制来看，在控制了董事会的独立性后，儒家文化通过提高上市公司信息披露质量来提高债权人权益保护水平。在改变债务融资成本的计算方式、剔除中小板、创业板上市公司以及剔除北京、上海、广东的上市公司之后，这一结论依然成立。本章的结论丰富了上市公司债权人权益保护的相关文献，从儒家文化的视角出发，凸显了文化因素对上市公司债权人权益保护的影响，扩展了我国上市公司治理的研究。本章研究的启示：我们应该努力弘扬儒家文化讲诚信的核心价值观，努力提高上市公司信息披露的质量，进而提高债权人权益保护水平，完善我国上市公司治理。

第十六章 儒家文化对中国家族上市公司治理的影响：以三一重工为例[①]

第一节 引言

现代公司治理的理论基础是现代经济学的委托代理理论和信息不对称理论，是建立在现代经济学的"理性人"假设基础之上的。但是，任何公司治理都离不开特定的文化、社会等环境，我国有效的公司治理一定是融合了西方公司治理理论与经验并契合我国本土文化的。中国文化博大精深，与西方文化相比较，特色鲜明，影响深远。中国文化以儒家文化为核心。儒家文化是一种源远流长的文化，代表了中国人的核心价值观，在中国历史上塑造了各个领域最为重要的制度。随着儒家文化的复兴，儒家文化很可能在中国社会秩序的构建中发挥更大的作用，同样，也会对我国公司治理产生影响。儒家文化如何影响公司治理，这是一个值得深入研究的问题，相关研究还起步不久。当前研究儒家文化与公司治理的关系大多数还是经验研究，就是利用儒家文化作为解释变量，公司治理机制作为被解释变量，来检验儒家文化对公司治理的影响，但缺乏质性研究、案例研究等其他方法的尝试，更缺乏对作用机制等的深入的理论分析和新理论框架的构建。

文化的内涵极其丰富，儒家文化尤其如此。本章以三一重工为案例，

[①] 因本章为案例研究，为保持完整性和独立性，内容或与前文有所重复。

构建了价值观、社会规范和社会网络三个维度来研究儒家文化对公司治理的影响。

目前对公司治理问题研究多采用定量的实证研究方法，这种方法对于公司治理理论的检验及推进公司治理研究的规范性、严谨性以形成统一的研究范式有重要作用。本章采取探索性、诠释性的质性研究方法，"探索（discovery）始终比验证（verification）更令人感兴趣，更让人有积极性，探索性的研究能够生产出完全透彻的、具有深度的诸种成果"（Friedberg，1997）。本章采用探索性案例研究方法，其合理性在于：本章关注的问题是"儒家文化如何影响中国家族上市公司治理"，适宜采用侧重解决"如何"问题以及关注动态过程的案例研究法，用以解释某一特殊现象背后复杂而动态的作用机制，同时提炼更具启发意义的理论和规律。

第二节　文献综述

文化是民族、宗教和社会团体一代一代不变地传承的共同信念和价值观（Guiso et al.，2006；Alesina & Giuliano，2015）。张维迎（2001）认为可将文化看作"预期和信念"，是特定人群共同遵守的社会规范。制度、法制和文化背景对公司治理的影响，是国内外学者近年来一直关注的领域，相关的研究不仅方法多样，而且成果较多。理解中国的种种社会、经济问题，如果仅局限于近代以来中国所接纳、吸收和改良的各种正式制度，而忽略长达数千年的历史中缓慢形成而影响深远的非正式制度，应该是不够的（Allen et al.，2005；陈冬华 等，2008）。儒家文化是一种源远流长的文化，代表了中国人的核心价值观，这套核心价值观是跟中国人的历史文化处境和生存条件相符合的，它和中国人生存的历史环境、历史条件、生产方式、交往方式是融合在一起的，因此符合当时中国社会的需要，所以它成了中国文化的主体部分（陈来，2015）。Stulz 和 Williamson（2003）认为，文化至少通过三种渠道影响金融，第一，一个国家占主导地位的价值观依赖于它的文化。第二，文化影响制度。例如，法律制度就受到文化观念影响。第三，文化影响经济中的资源分配。宗教鼓励把资源从生产投资中转移到教堂或枪支方面的消费。Newman 和 Nollen（1996）使用同一公司在欧亚 176 个分部研究了地域文化对公司治理的影响，结果发现分部的组织结构与当地文化越契合，其业绩越好。他们的研究对经理们具有重要的意义：管理实践活动适应当地的文化才能最有效。经理们努力激励员工参与可能改善在低权力距离文化的国家中企业的盈利能力，如美国，但不能改善高权力距离文化的国家中企业的盈利能力，如东亚国家。

蔺子荣和王益民（1995）认为，中国传统文化是以宗法家庭为背景、以儒家伦理思想为正统和核心的文化价值体系。中国传统文化在漫长的内生化过程中形成了中国独特的传统"文化网络"，这是中国文化的一大特色，也是文化在社会结构中发挥巨大威力的根本原因。儒家文化如何影响公司治理？有一些分析立足于儒家文化与其他公司治理影响因素之间的相互作用，Allen和Qian（2005）研究认为，在儒家文化影响下形成的成熟的基于声誉、隐性契约关系和合作的制度，是中国企业发展的重要原因。La Porta等（1997）研究认为，儒家文化通过提高社会信任水平来影响中国的微观经济和公司治理。Chan和Young（2012）研究认为，儒家的核心思想是"三纲五常"鼓励企业家和管理者采取更高的行为标准，即成为君子的标准，这一思想作为治理了中国商业半个世纪的非法律机制，比法律的要求更高、更受重视，这些自我规制的治理措施作为一种宏观的"实践社区"，对公司治理等机制具有很深的影响。有学者认为，儒家强调"慎独"的"修身"观念，正是儒家高行为标准的一种体现，以及认为，尽管儒家没有提炼出代理成本的概念，但已经观察到代理人的行为可能导致效率损失，因此，通过向代理人灌输"慎独"和"修身"观念提高其自律性，从而减少监督支出，同时又要求代理人遵守"忠信"的职业伦理和"义利"观，最终达到减少代理人保证支出和事后的剩余损失的目的。因此，随着儒家影响力的增强，公司代理成本随之降低（古志辉，2015）。胡少华和李承华（2016）研究认为，儒家文化对公司治理制度和公司治理行为的影响至少可以概括为以下四个方面：第一，儒家文化会影响公司管理者和员工的习俗、规则，进而影响公司的文化。第二，儒家文化会影响管理者公司治理的理念和治理行为。第三，儒家文化会影响我国公司治理制度、规则和法律。第四，儒家文化强调的"礼治"对完善我国公司治理具有积极的作用。张维迎（2013）认为儒家文化构成一个社会治理的主导体系，是因为它为社会提供了一个规范模式，在中国历史中体现为"礼法"制度。儒家的种种思想，在2 000年的中国法律发展中，不断通过

"春秋决狱""援礼入法"等方式将基于身份和伦理的道德规范直接变成法律，从而形成了独特的治理方式：社会规范和法律紧密结合，相互协调一致。La Porta（1998）指出，公司治理机制除了受到法律等正式制度的影响外，与国家文化特征也存在密切的联系。

价值观是嵌入在组织的正式结构、战略及员工行为中的非正式规则，价值观管理依靠自觉性、内在化的伦理因素而非强制性、外在化的权威来对组织实施管理（胡国栋，2017）。家族企业最强大也是最普遍的资产之一就是一套能够渗透整个企业的价值观。价值观导向领导是现代企业中很普及的一个概念，很多伟大的企业领导都通过这种方式发展他们的企业。但是家族企业比较特别，因为它们的领导通常都以家族和企业的核心价值观为导向，而且这些价值观世代相传，因此它们是家族和企业的基因密码（莫顿·班纳德森，范博宏，2015）。公司的核心价值观也会影响公司治理的原则和策略。

杨典（2013）研究认为，最好的公司治理其实应该是一个契合特定社会、政治、文化等制度环境的"建构"结果。儒家文化会影响我国公司治理制度、规则和法律。吴晓和刘世林（2011）从"规则文化"视角，用美国安然事件和中国国美事件进行比较实证分析，指出中国受儒家文化影响所形成的社会"规则文化"与美国等成熟市场国家的"规则文化"不同，导致两国的公司治理理念和实践存在差异。

中国文化的网络维度的特征重点体现在对"人情文化"的重视上，郑志刚等（2012）研究指出，在中国文化背景下，上市公司任人唯亲的董事会文化对经理人超额薪酬的影响严重。宝贡敏和史江涛（2008）认为，起源于儒家思想的关系实践，在中国社会和组织活动中长期、普遍存在，在信任、知识共享及决策行为等方面发挥着重要作用。它影响了资源流和企业与环境的互动（Park & Luo，2001）。

第三节　儒家文化影响公司治理的概念框架及路径

儒家文化的价值观、社会规范和社会网络会对公司治理产生重要影响，其相关概念框架及发挥作用的路径如表16-1所示。

表 16-1　儒家文化影响公司治理的概念框架及路径

概念	定义	路径
治理理念	治理指导思想和原则	指引治理目标和方向
治理制度	公司治理相关制度	法治与礼治
治理行为	公司治理相关行为	规范治理行为
治理秩序	公司治理秩序	缓解代理冲突

一、儒家文化的价值观影响公司治理理念

文化的核心问题是价值观问题，任何一种主流文化的形成都是以其特有的主流价值观为基本元素。儒家文化的价值观会影响公司治理的指导思想和原则，进而指引公司治理的目标和方向。儒家文化价值观与西方文化相比具有四个基本特点：第一个特点是"责任先于自由"，这种价值观会使上市公司重视承担社会责任。儒家文化价值观强调个人对他人、对社群，甚至对自然所负有的责任，体现出强烈的责任意识，这种价值观会使上市公司重视承担社会责任。第二个特点是"义务先于权利"。西方社会自近代以来非常强调个人权利的优先性，但儒家文化强调义务的优先性。这种价值观会使上市公司注重对所有利益相关者承担自己的责任和义务。第三个特点是"群体高于个人"。强调以人为本，不是主张以个人为本，而是强调以群体为本，所以在价值上群体是高于个人的。这种价值观会使上市公司的所有领导和员工注重团队合作，注重集体利益。第四个特点是"和谐高于冲突"。儒家文化注重和谐、融洽的人际关系会影响公司治理的指导思想和原则，指引公司把建立和谐的利益相关者关系作为公司治理的重要目标之一。具体来说，其就是在上市公司治理中，既要重视股东的利益，也要重视员工、债权人、供应商、客户和社区等其他利益相关者的利益。总之，儒家文化这些价值观会影响上市公司治理理念，为上市公司治理提供指导思想和原则，从而指引上市公司治理的目标和方向。

二、儒家"礼"作为社会规范影响公司治理制度、行为和秩序

所谓"礼"，在中国古代是指社会的典章制度和道德规范。作为典章制度，它体现了当时的社会政治制度，规定着人与人交往时的礼节仪式。作为道德规范，它是人们行为的准则，以一种社会传统的形式维持着社会

的秩序，调节着人际关系。中国因人们依礼行事而被称为"礼仪之邦""礼治社会"。在儒家哲学中，"礼"作为重要的社会规范，没有停留在维系群体价值的"仪文"，而是上升到了"秩序"的高度。对于"秩序"，学术界曾提出多种概念，其中以哈耶克的概括较为权威。哈耶克（1973）指出："无数要素之间形成了一种紧密联系，允许人们通过对整体中的某个时空的了解而能够对其余部分准确进行某种预期的状况即为秩序。"

"礼"之基础不在于外在的"天"或其他权威，而在于人之自觉心或价值意识。"君子义以为质，礼以行之。"（《论语·卫灵公》）"义"即人之正当意识，是人的自觉心之显现。人之所以能够求"正当"，在于人能立公心，即人有"仁"。"仁"是儒家学说的中心。儒家的"礼"能影响和约束公司利益相关者的行为，从而规范上市公司治理制度、治理行为和治理秩序。儒家积极入世的思想"修身、齐家、治国、平天下""达则兼善天下，穷则独善其身"也能影响上市公司高管的治理行为。

三、儒家"差序格局"的社会网络影响公司治理的行为和秩序

1947 年，费孝通提出"差序格局"的概念，概括了中国人际关系逻辑与社会结构特点，契合中国人情、人性，被学术界广泛应用。近年来，有不少学者将"差序格局"运用到组织行为领域的研究（如"差序式领导"等）。儒法并用的"礼治"制度使古代中国的社会结构形成了费孝通所说的"礼治秩序"（费孝通，2004）。郑伯埙等（1991）认为，华人组织最明显的价值体系是家族主义所展现的两种价值，即家长权威和关系差异价值。基于"家族第一"的概念，"圈内人"和"圈外人"壁垒分明，进而直接影响企业的领导作风、人事管理、资源分配等管理实务活动。陈其南等（1985）指出，华人企业组织是差序关系导向的纯营利经营方式，从表面上来看，这种特殊主义可能会伤害科层组织的经济理性。儒家"差序格局"的社会网络在公司创业初期可减少甚至消除成员之间的不信任和可能的机会主义，使得关系型交易较其他类型交易的交易成本更低，能通过高度确定性的强连接关系缓解股东与经理层的代理冲突，寓于情感与忠诚的关系可以大大影响董事会治理，提高董事会的沟通效率，降低公司治理的代理成本。

儒家文化核心价值观、社会规范和社会网络影响公司治理的具体路径如图 16-1 所示。

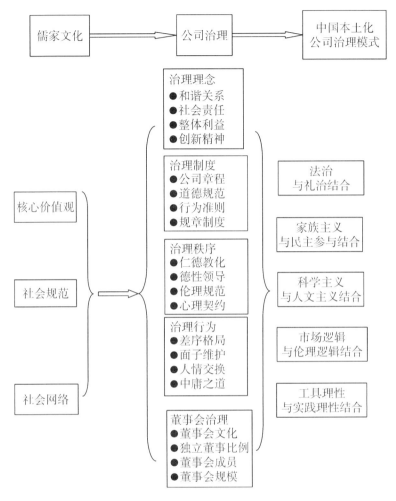

图 16-1　儒家文化影响公司治理的具体路径

第四节　案例研究：以三一重工为例

一、案例选择

本章之所以采用纵向案例来研究设计，因为一是案例研究方法适合回答"怎么样"和"为什么"类型的研究（Eisenhardt，1989；Yin，2014），二是采用纵向案例分析，可以确认关键事件发生的次序，有利于构念间因果关系的识别（Eisenhardt，1989）。

本章选择家族上市公司作为案例研究的样本。儒家文化对家族上市公司治理的影响更具代表性。家族企业既是营利性质的经济组织，同时也是维系亲情的亲缘共同体。一方面，家族企业的经营和其他完全市场化导向的民营企业不同，其运作并不完全遵循物质利益最大化的经济理性和市场规律，而受到家族内部情感、伦理等非正式规则的影响，"关系"对于家族企业的公司治理具有特殊意义；另一方面，家族企业要长盛不衰，既取决于其"关系"的运作，更取决于与现代资本运作及职业管理相适应的经济理性与组织理性，使原来的家族关系在某种程度上纳入契约化、制度化和理性化的轨道。因而，家族企业成为传统社会的家族亲情与现代社会的市场理性交汇与冲突最为集中的地方，我们从中可以窥见儒家文化与现代市场经济制度在公司治理中的冲突、交织与融合的复杂关系。

根据 Eisenhardt（1989）的建议，案例选择应遵循理论抽样原则，即所选案例是出于理论发展的需要。根据本章研究的主题，本章选择三一重工作为研究儒家文化对我国上市公司治理的影响的案例。

二、案例简介

三一重工于 1994 年 11 月 22 日成立，2003 年 7 月 3 日上市，是一家主要从事混凝土机械、路面机械、履带起重机械、桩工机械、挖掘机械、汽车起重机械的制造和销售的公司，属工程机械行业。该公司是国内混凝土机械龙头企业，主要产品包括拖式混凝土输送泵、混凝土输送泵车、全液压振动压路机、摊铺机、挖掘机、平地机等，其中主导产品混凝土泵车在 2005 年国内市场份额高达 59%，拖泵也达 50%左右，继续保持国内第一品牌地位，国内市场占有率稳居第一。公司多年被评为中国工程机械行业综合竞争力第一位. 公司是我国股权分置改革首批试点企业。2016 年，公司实现营业收入 232.8 亿元，同比下降 0.81%；归属于上市公司股东的净利润达 2.03 亿元，同比（追溯调整前）增长 46.81%；经营活动产生的现金流量净额达 32.49 亿元，同比（追溯调整前）增长 52.13%。截至 2016 年12 月 31 日，公司总资产为 615.55 亿元，归属于上市公司股东的净资产为227.17 亿元。2017 年三一重工净利润增长 9 倍，混凝土机械稳居全球第一品牌。受益于国际、国内经济同步复苏，工程机械行业快速增长，2017 年公司实现营业收入 383.35 亿元，同比增长 64.67%；归属于上市公司股东的净利润达 20.92 亿元，同比增长 928.35%；经营活动产生的现金流量净额达 85.65 亿元，同比增长 163.57%，超过历史最高水平。公司全线产品的销售收入，较 2016 年均大幅增长。其中混凝土机械实现销售收入为 126 亿元，较 2016 年增长 32.59%，稳居全球第一品牌。2017 年，公司持续推进国际化、深耕"一带一路"。全年实现国际销售收入 116.18 亿元，同比增长 25.12%，领跑行业。同时，公司海外各大区域经营质量持续提升，"普茨迈斯特""三一美国""三一印度"等业绩指标全面增长，其中"三一印度"突破 10 亿元销售规模。2018 年，公司实现营业收入 558.22 亿元，同比增长 45.61%；归属于上市公司股东的净利润达 61.16 亿元，同比增长 192.33%；经营活动产生的现金流量净额达 105.27 亿元，同比增长 22.91%。截至 2018 年 12 月 31 日，公司总资产达 737.75 亿元，归属于上市公司股东的净资产达 314.85 亿元。图 16-2 是三一重工成长的时间线。

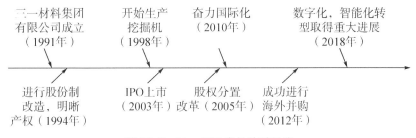

图 16-2　三一重工成长的时间线

三、数据收集及分析

本章主要采用了公开出版物、公司年报、文献资料和深度访谈四种不同的数据收集方法，以确保通过多样化的研究信息和资料来源对研究数据进行相互补充和交叉验证（Yin，2014）。不同的证据来源构成了"资料三角形"，避免了共同方法偏差，有利于验证同一个事实，提高了案例本身的建构效度。

（一）公开出版物

Eisenhardt（1989）和 Yin（2014）均指出，只要出版物是思考性的，就可以作为学术研究的素材。Langley 等（2007）同样指出，研究者可以利用出版物作为信息源。国内有研究采取这种资料收集方式。例如，贾良定等（2004）、项国鹏等（2009）以及刘志成等（2012）的研究均采用二手资料作为资料来源。本章研究使用的公开出版物包括：①《梁稳根的三一之路》（作者：程富广、肖瑜、李佳怡，浙江人民出版社，2013 年出版）；②《我与首富梁稳根：揭秘三一》（作者：何真临，人民邮电出版社，2013 年出版）。

（二）文献资料

一是通过中国期刊全文数据库、重要报纸全文数据库、行业统计报告、行业协会刊物等检索与三一重工相关的文献。二是通过百度搜索有关三一重工的信息。三是通过三一重工的网站、政府主管部门的网站及重工等行业网站了解三一重工的相关信息。

（三）公司年报

具体包括三一重工 2016 年公司年报、2017 年公司年报、2018 年公司年报。

（四）深度访谈

很多重要媒体对三一重工进行了深度访谈，我们以他们的访谈内容作为我们研究的重要信息来源。这些媒体访谈情况如表 16-2 所示。

表 16-2　媒体访谈情况

媒体	访谈对象	职务	发表时间
商务周刊	向文波	三一集团执行总裁	2007 年 11 月 5 日
专用汽车	易小刚	三一集团执行总裁	2011 年 10 月
东方企业文化	何真临	三一集团党委副书记、副总裁	2007 年 12 月
高端访谈	何真临	三一集团党委副书记、副总裁	2009 年 5 月
品牌故事	蒋志辉	三一重工搅拌设备研究院院长	2019 年 1 月

四、研究发现

（一）儒家文化、核心价值观与上市公司治理

价值观管理就是在日益复杂多变和模糊的环境下，革新控制思维，激活个体价值，使之通过自主管理和自我激励，高效率地实现组织目标的一种后现代管理模式（胡国栋，2017）。根深蒂固的传统和广为接纳与共享的信念支配着当代的企业组织。而价值观作为经营理念的核心，为所有成员提供共同目标，企业的成功常由于其"成员能够认同、信奉和实践组织的价值观"。价值观是嵌入在组织正式结构、战略及员工行为中的非正式规则，价值观管理依靠自觉性、内在化的伦理因素而非强制性、外在化的权威因素来对组织实施管理。价值观即是通过意义建构将个体认知转化为组织认知，从而获取耦合性目标的过程。三一重工的公司治理根植于中国

本土的特殊情境，尤其离不开厚重的中国传统文化提供的思想和智慧。三一重工确定了"一切为了客户，一切源于创新"的核心经营理念，这种核心经营理念确立了三一重工判断行为结果的价值标准，给予了其共同的意义取向，促使员工在决策过程中产生一致性行为。"一切为了客户"是儒家伦理"思利及人"的表现。"思利及人"是儒家处理人与人之间利益关系时提出的一种忠恕伦理。"夫子之道，忠恕而已矣"（《论语·里仁》），忠恕作为儒家"合外内之道"的基本原则，在儒家伦理体系中具有十分重要的地位。三一重工又一核心价值观是"一切源于创新"。三一重工董事长向文波说："具体来说，我们允许员工犯错，不是一味对错误进行惩罚。公司会对创新进行投入，不仅将收入的5%用于技术研发投入，而且在待遇薪酬、股权激励等方面建立了相应的机制来保证创新。对企业家个体来说，创新精神是一个基本素质要求。同时，企业家带领企业不断追求卓越的目标也会成为创新的动力。"儒家文化蕴含着丰富的创新精神。儒家经典《礼记·大学》里有一句著名的话"苟日新，日日新，又日新"就是从勤于省身和动态的角度来强调及时反省和不断创新。

三一重工的企业伦理"公正信实，心存感激"。"公正信实"体现了儒家"忠信"的价值观。"心存感激"体现了儒家"义"的价值观。

三一重工的核心价值观"先做人，后做事"源于儒家由"内圣"而"外王"，由"齐家"推演到"治世"的伦理体系。杜维明先生指出："说中国传统中的'儒'的概念，在当代近似于人文科学的学者，也许并不牵强。"① 他还指出："在儒家看来，学就是学做人。诚然，我们无可逃避的是人，并且在自然主义的意义上说，这是我们与生俱来的权利。但是，从美学或宗教意义上看，成为人却必须有一个学习的过程。因此，学做人意味着审美上的精致化、道德上的完善化和宗教信仰上的深化。"② 在儒家的领导理论中，领导与伦理的内在联系体现在儒家"内圣"与"外王"之间的逻辑推演。"内圣"以德为本，"外王"以领导为用，这就是说，道德伦理是内在部分，领导是由伦理推导出来的外显部分，是一种从自我修养入手，逐步向他人、组织和社会推导的由内及外的过程。胡国栋（2017）认为，德性领导是领导者秉持人本主义理念，通过涵养内部德性，以伦理决策为核心，在特定的领导场景中与被领导者达成一种心理契约，在无形中

---

① 杜维明. 儒家思想：以创造转化为自我认同 [M]. 北京：生活·读书·新知三联书店，2013：49.

② 同①：45.

自然形成群体价值观和组织凝聚力，上下同心协力实现效益和情感兼顾的复合性领导目标的过程和活动。

三一重工的企业精神"自强不息，产业报国"体现了儒家倡导的"格物、致知、诚意、正心、修身、齐家、治国、平天下"。儒家讲的人生态度就是刚健有为。《周易》里有两句话"天行健，君子以自强不息。地势坤，君子以厚德载物"。天的运行是很刚健的，君子要模仿它，要刚健有为、自强不息；地势坤就是地的厚重，厚德载物，就是要宽容和谐。在创业初期，三一重工原董事长梁稳根就提出了"品质改变世界"的文化理念。三一重工原副总裁何真临认为，"改变世界"是自古以来人们梦寐以求的事情，哲学家心中的改变世界就是修身、治国，平天下；革命家用武力来改变世界；政治家用变革来改变世界；作为企业家，要用品质来改变世界。当今时代企业家应承担改造世界的责任。"品质改变世界"不是一句空话，它有很多内涵：品质包括人的品质、产品的品质、企业的品质。对于人，三一重工信奉"先做人，后做事"，嫉"慢"如仇，心存感激，要求"三一人"讲诚信，有高度的敬业精神，有理想与追求，有完成本职工作的技能，也就是有德有才，并尤其强调诚信。对于产品，三一重工认为品质是唯一不可妥协的事情，为了打造高品质的产品，塑造市场信得过的品牌，三一重工甚至亲手销毁刚刚下线的不合格泵车。同时，何真临还指出，一个企业存在的价值是要能为市场提供服务，其中一个是高品质的服务，三一重工为市场、为客户提供大量的服务，并且坚定、快速、可靠，这也是三一重工比同类品牌的产品价格高的一个重要原因。企业的品质则涵盖了企业本身的方方面面，如战略、管理、企业文化、团队、企业群体等。"一个高品质的企业，必然有优秀的企业家和团队，必然有先进的与时代贴近的文化理念，必然有符合现代化生产的管理体系，必然有在国内外叫得响的品牌。"何真临解释说。可以说，没有好的企业品质，就生产不出好的产品品质，而没有好的人的品质，就不可能组成好的企业。

从三一重工的成功运作经验来看，价值观管理包括以上的核心经营理念、核心价值观及三一重工的作风三个部分。三一重工价值观管理的第一步是，由梁稳根等企业核心管理者创造了凝练生产和强力推进价值观。价值观的最初形成往往和组织历史及核心领导成员个性息息相关。梁稳根本人是一位开拓创新和精益求精的企业家，在三一重工成立之初，他就将"一切为了客户，一切源于创新"的核心经营理念根植于三一重工的组织管理和公司治理之中。三一重工的文化，可以浓缩为三个最重要的理念：

一是品质改变世界；二是一切为了客户；三是帮助员工成功。"品质改变世界"，指的是对国家、社会乃至世界的承诺；"一切为了客户"，是对客户的承诺，如果没有客户，没有市场，企业就难以生存；"帮助员工成功"，则是对员工的承诺，如果没有员工的奋发努力，那么战略的推进是不可能达到的。实际上，这三条理念的逻辑性非常强。

儒家文化、核心价值观与上市公司治理的案例证据如表 16-3 所示。

表 16-3　儒家文化、核心价值观与上市公司治理的案例证据

公司治理事件	儒家文化的价值维度	儒家文化影响公司治理的路径	公司治理的内容	案例证据
SS1	社会责任意识强	核心价值观	认真履行社会责任	2010 年 8 月 5 日，智利北部阿塔卡马沙漠中的圣何塞铜矿发生了严重的塌方事故，33 名正在操作的矿工被困在 700 多米之深的地下。三一重工生产的 SCC4000 型履带起重机成为参与救援的关键设备并圆满地完成了救援任务
SS2	社会责任意识强	核心价值观	认真履行社会责任	三一重工更多地将绿色制造、环境保护、绿色研发、节能减排这些环保概念放在首位。作为中国最大的路面机械设备生产商，三一重工已在路面机械领域深耕 20 余年，三一沥青搅拌站连续数年品牌关注度、销量稳居行业第一。除了缔造最高品质的路面机械，三一路机还在推动环保事业方面担起了重任
SS3	社会责任意识强	核心价值观	认真履行社会责任	社会的发展是三一重工前进的基石，社会责任也是三一重工的使命，无论是"5·12"汶川地震还是"4·20"雅安地震，都有三一机械前往救援的身影。为全面贯彻《国务院关于印发"十三五"脱贫攻坚规划的通知》精神，认真落实《中国证监会关于发挥资本市场作用服务国家脱贫攻坚战略的意见》要求，积极履行上市公司社会责任，公司根据经营实际情况，自 2017 年 9 月起连续 5 年每年提供不少于 1 000 万元的资金与资源用于精准扶贫
HR1	注重和谐	核心价值观	重视利益相关者利益	客户至上。三一重工执行总裁周福贵在谈到如何为顾客创造更大价值时指出，三一重工始终致力于研发和服务这两个方面来为顾客创造出更大的价值。在产品技术研发上，三一重工一直保证产品的高安全性、高可靠性，再提升重工能力，提示设备运行速度和装卸运输方便性，以及提高转售价值等。此外，在不断追求产品质量提升的同时，三一重工还在服务方面努力为客户创造价值。三一重工集团原董事王佐春表示，不断创新的技术是三一重工产品卓越性能的技术保证，而严格的质量监督和控制更是三一重工产品畅销全球的坚强后盾

表16-3(续)

公司治理事件	儒家文化的价值维度	儒家文化影响公司治理的路径	公司治理的内容	案例证据
HR2	注重和谐	核心价值观	重视利益相关者利益	善待员工。三一重工总裁唐修国表示:"三一在发展过程中,一直在强调要做一家谦虚、善待员工的企业。起初我并没有深刻理解这句话的含义,但在后来的管理中,我逐渐体会到这句话的内涵。对此,我给出的解释是,企业即使做得再好,如果不能善待员工,照样也不能得到发展。也就是说,企业要善待员工,只有这样,企业才能做大。"三一重工善待员工还表现在对员工的信任上。三一重工原董事长梁稳根认为,信任是激发员工责任感,并使企业得到效益的有效方法。建立起有效的反馈机制是信任的第一要素。在这个机制里,员工可以实时地将出现的问题反馈给领导者,而领导者也能及时接收到员工反馈的问题,并采取有针对性的措施
HR3	注重和谐	核心价值观	重视利益相关者利益	保护股东利益。1994年11月,三一重工进行了股权分配,它不仅将三一重工企业的产权人格化,更重要的是,它明确地指出了大家"为谁干"这个涉及公司未来发展的重大问题,也为日后三一重工良好的公司治理结构打下了良好的基础
HR4	注重和谐	核心价值观	重视利益相关者利益	三一重工把投资者关系管理制度化,制定了《三一重工股份有限公司投资者关系管理制度》,目的是加强三一重工股份有限公司与投资者和潜在投资者之间的信息沟通,增进投资者对公司的了解和认同,切实保护投资者特别是广大社会公众投资者的合法权益,促进公司与投资者之间建立长期、稳定的良好关系,完善公司治理结构
IS1	创新精神	核心价值观	持续创新	三一重工每年在创新上的投入占销售收入的5%~7%,三一重工原副总裁何真临在接受《高端访谈》记者的采访时说,"三一在创新上有'六高',即高的投入、高的人才集聚、高的创新成果、高的成果转化、高的品牌、高的收益"。三一重工董事长向文波在接受《中国新闻周刊》记者的采访时说:"三一发展的第一驱动力就是研发创新。"1994年,三一重工便研发出国内第一台高压力、大排量的混凝土输送泵。1999年,三一重工的拖泵在深圳赛格广场施工中钢框结构建筑垂直泵送混凝土300.8米,创国内新高

表16-3(续)

公司治理事件	儒家文化的价值维度	儒家文化影响公司治理的路径	公司治理的内容	案例证据
IS2	创新精神	核心价值观	持续创新	自从三一重工进入工程机械制造领域，梁稳根就深刻地意识到工程机械持续发展的关键是要掌握核心技术，并不断进行创新，这样，企业的发展才有保障。十年磨一剑，成就桩机行业卓越品牌。三一重工经过 SYR200 的研发，在桩机领域已经取得了丰富的经验。在此后的发展过程中，研发成果非常丰硕，备受市场和客户关注的 SR150、SR250、SR280、SR110、SR130U 等产品陆续研发成功，而其他类型的产品，如潜孔钻机、全方位旋喷钻机、电液桩架等，也接连下线
IS3	创新精神	核心价值观	持续创新	三一重工充分发挥集体的智慧，充分发掘每个员工的创造性，最大限度发挥员工的创新热情和团结协作的团队精神，形成创新的企业文化，开创全员创新局面。支持创新的企业文化必须具备以下几个特质：市场和客户导向，这是企业所有工作的指南；强调自我导向，尊重个体差异、注重个人需求与企业需求的平衡对等；强调信任、亲密、平等、开放与合作的人际关系；尊重决策的参与，强调上下距离的缩短，加强上下级平行的沟通
IS4	创新精神	核心价值观	持续创新	2019 年 4 月，中兴通讯与三一重工在长沙产业园签署全面战略合作协议，共同探索 5G 技术与工业领域的深度融合。三一重工和中兴通讯将全面深化 5G 合作，联手打造 5G 高地，共同推动智能制造产业升级，加快数字化转型。三一重工创新盈利模式，通过研发创新提升产品竞争力，降低成本费用。三一重工坚持"核心技术自主研发、核心部件自主研制"，实现产品质量及关键性能指标的"数一数二"，打造绝对优势产品。三一重工通过不断的研发创新、产品创新、服务创新，为客户和社会提供最高品质的产品和服务

表16-3(续)

公司治理事件	儒家文化的价值维度	儒家文化影响公司治理的路径	公司治理的内容	案例证据
SO	自强不息追求卓越	核心价值观	不断为所有利益相关者创造更大价值	三一重工企业文化的核心理念是"创建一流的企业，造就一流的人才，做出一流的贡献"。三一重工前掌门人梁稳根这样解释道："一流的企业就是市场占有率第一、企业的品牌影响力第一、企业资本号召力第一、人才拥有量第一，如果企业满足这四个条件，就可以被称为一流企业。"梁稳根一直强调，员工在企业中要想修炼成功就必须和组织进行有机结合。在梁稳根看来，员工在企业中的修炼应该从身体、精神、心智以及为人处世方面入手。对于做出一流贡献，三一这样表示：企业发展要时刻以社会和国家为前提，多做一些对社会和国家有意义的事情。对此，梁稳根从企业本质和社会两个层面进行了解释。在他看来，企业首先要用自身生产出的产品为社会做贡献。当企业实现盈利后，通过向国家上缴税收等方式，参与社会财富的二次分配，从而对维护社会运行起着积极的作用
SO	自强不息追求卓越	核心价值观	不断为所有利益相关者创造更大价值	三一重工的经营理念：一切为了客户，一切源于创新。三一重工在服务客户方面，通过建立提供优质服务的6S店，以及"三一重机服务万里行"等方式，让客户感受到三一重工独特的服务理念，从而最大程度地满足客户的需求，为客户提供了"超出期望值"的服务。三一重工为了给用户提供更全面的金融解决方案，成立了湖南首家汽车金融公司与久隆保险。公司团队由金融行业及汽车生产销售管理精英组成，其中硕士以上学历成员占4成。三一重工主要面向工程机械行业提供金融服务及解决方案。业务涵盖贷款、租赁、保险、信托等众多领域，为客户提供一站式、全流程整体解决方案，并在全球市场形成具有个性特色的金融产品、服务和业务模式。三一重工拥有完善的风险管控体系，以及强大的金融服务和金融资产运营能力，三一汽车金融依托三一集团主业发展，将从国内起步，逐步扩展到全球各地，建立全球范围内统一管理、相互协调的支持企业发展金融业务板块空间布局

表16-3(续)

公司治理事件	儒家文化的价值维度	儒家文化影响公司治理的路径	公司治理的内容	案例证据
SO	自强不息追求卓越	核心价值观	不断为所有利益相关者创造更大价值	服务已成为三一重工的核心竞争力,其提供的主要服务有咨询服务、设计和研发服务、培训服务、产品检测与技术应用服务、金融服务、物流运输服务、租赁服务、系统的解决方案服务、回收循环服务、维修维护服务和零配件供应服务。具体包括:通过线上、线下方式为客户提供咨询;利用仿真技术将客户需求融入研发阶段;向客户提供专业培训;通过提供金融融资等服务为客户使用产品提供便利;为客户运输产品;通过实时监控产品运行状态,及时为客户提供解决方案;从传统的销售产品到采用租赁产品的方式;及时为客户提供所需零配件;通过回收废旧产品进而提升产品利用率;通过远程监控及时发现问题并采取相应措施

二、儒家文化、社会规范与上市公司治理

社会规范就是儒家倡导的礼治秩序。劳思光(2005)认为,作为儒家学说之始点的"礼"有广、狭二义,狭义之"礼"指仪文而言,广义之"礼"则指具有实体内容的制度。更具体而言,在儒家学说中,"礼"是以血缘为基础(自然主义)、以仁义为宗旨(伦理导向)、以等级为特征(理性建构)的氏族社会体系,它实际上是一系列对一切氏族成员具有强大约束力和强制性的未成文习惯法(李泽厚,2003)。在公司治理中,"礼治"则是与"法治"相对而言的一种治理模式,即在公司治理中把社会规范作为处理各种治理关系和问题的依据。我们认为,儒家礼治秩序就是儒家所倡导的和合精神。

儒家的和合精神源远流长。张立文(1998)认为,"和"是和平、和谐、祥和,"合"是融合、合作、结合。"和合"是指自然、社会、人际、人的心灵及文明中诸多要素、元素的相互冲突、融合以及在冲突、融合的动态过程中各元素、要素和合为新生命、新事物的总和。张立文(2006)以和合精神为指导,对自然科学、伦理、人类学、技术科学、经济学、管理学、决策学以及美学进行反思,发展出系统的"和合学"理论,提出和生、和处、和立、和达、和爱五大原理,并主张以和合人文精神来化解当今社会存在的人与自然、人与社会、人与人、人的心灵、不同文明之间的

五大冲突。中国古代的群己和合观启发我们，个人与社会、与他者完全可以和睦相处。群己和谐依靠道德的力量。胡国栋（2017）认为，道德力量的本源是内在"自律"情感，群己和谐所凭依的自然情感建立在人的生理—心理结构之上，具有极强的现实性，同时也能上升到信念与信仰的高度。我们认为，在我国公司治理中，德性领导是实现和谐的公司治理关系，提高公司治理水平的重要因素，具体表现在和而不同的董事会文化、领导者权威及领导与员工的和谐三个方面。儒家强调德性领导。作为领导者的权威来自自身的德性修养和以身作则的表率作用。作为企业家，一方面要有追求外在事功的抱负，为企业和社会创造价值；另一方面要有内在追求，注重个人修养和内在之美。新教伦理影响下的欧美国家在人性本恶的假设之下，通过公司法、证券法等与公司治理相关的法律来实行公司治理。三一重工信奉"先做人，后做事""嫉'慢'如仇，心存感激"。其要求"三一人"讲诚信，有高度的敬业精神，有理想与追求，有完成本职工作的技能，也就是有德有才，并尤其强调诚信。诚信是和合精神的道德基础。儒家推崇的"民无信不立"在现代公司治理中展现出无限的生命力，具体来说，表现在对股东、客户、员工等利益相关者的诚信，在追求股东的利益最大化的同时，维护好其他利益相关者的利益，要为消费者提供质量可靠的产品和服务，努力提高信息披露质量等。

和谐关系是和合精神的具体表现。和谐关系具体表现在和谐的公司治理结构、和谐的利益相关者关系及和谐的代理关系。和谐的公司治理结构又具体表现在产权关系的明晰及责、权关系的明晰。和谐的利益相关者关系即所有利益相关者关系的和谐。和谐的代理关系主要指股东与经理层、大股东与中小股东关系的和谐。

儒家文化、社会规范与上市公司治理的案例证据如表 16-4 所示。

表 16-4　儒家文化、社会规范与上市公司治理的案例证据

公司治理事件	儒家文化	儒家社会规范影响公司治理的路径	公司治理的内容	案例证据
SS1	和合精神	德性领导	和而不同的董事会文化	梁文根说："古人云：'君子和而不同，小人同而不和'。尽管在三一的发展过程中，我们常有不同的观点、意见，但我们的出发点是相同的，目标是相同的，因而能在沟通后达成和解，这就是'和而不同'。"

表16-4（续）

公司治理事件	儒家文化	儒家社会规范影响公司治理的路径	公司治理的内容	案例证据
SS2	和合精神	德性领导	领导者权威	梁文根作为三一重工的创始人和原董事长在三一重工拥有绝对的权威。这种权威来自他的德性领导。2005年，梁稳根成功领导三一重工完成股权分置改革，获得素有中国经济奥斯卡大奖之称的"CCTV经济年度人物"奖项。评委会的评语是：他花了19年时间，把创业梦想耕耘成中国经济改革的试验田。2018年，梁稳根获评改革开放40年百名杰出民营企业家，以及获评《财富》2018中国最具影响力的50位商界领袖
SS3	和合精神	德性领导	帮助员工成功	三一重工文化理念之一是"帮助员工成功"，这是对员工的承诺，如果没有员工的奋发努力，那么战略的推进是不可能达到的。清晰可见的职业通道：在三一重工，无论什么专业、什么层次，都有畅通的职业发展通道，如管理人员、技术人员、营销服务人员从初级到高级都有明确的发展通道
HR1	和合精神	诚信	可靠的产品质量	三一重工的文化理念之一是品质改变世界。"品质改变世界"，指的是对国家、社会乃至世界的承诺。对于产品，三一重工认为品质是唯一不可妥协的事情，为了打造高品质的产品，塑造市场信得过的品牌，三一重工甚至亲手销毁刚刚下线的不合格泵车
HR2	和合精神	诚信	较高的信息披露质量	2018年度，公司信息披露真实、准确、完整，无差错、无违规。在遵循信息披露原则的前提下，公司尽可能增加与投资者交流与沟通的机会，主动组织投资者路演和反向路演，完善了公司与投资者交流渠道，积极协调公司高管、事业部营销总监、经销商总经理，就公司战略、生产经营等情况与投资者进行沟通、交流
HR3	和合精神	诚信	诚信的服务文化	三一重工经营理念之一是"一切为了客户"，这是对客户的承诺，如果没有客户，没有市场，企业就难以生存。三一重工服务战略是：一个中心（以客户为中心），一个承诺（一切让您满意），三个支撑（三一服务文化、优秀服务团队、快速反应系统），三个一流（一流的速度、一流的技能、一流的态度），四项控制（客户满意率>98%、服务投诉率<1%、服务差错率<1%、员工满意率>98%），五心运作（我们做到用心、热心、爱心、诚心、虚心，让客户感到放心、称心、舒心、温馨、倾心），六种规范（仪容规范、语言规范、行为规范、着装规范、设施规范、制度规范）

表16-4(续)

公司治理事件	儒家文化	儒家社会规范影响公司治理的路径	公司治理的内容	案例证据
IS1	和合精神	和谐关系	和谐的公司治理结构	三一重工作为首家上市的机械工程类民营企业,实施公司制治理,明晰了产权,明确了权责,做到了管理和决策的民主科学化。三一重工的管理制度按现代企业制度的规范设立,设有董事会、监事会、经理室,权责明确,减少了企业内外推诿、扯皮的现象
IS2	和合精神	和谐关系	公司与自然的和谐	三一重工把环境保护纳入公司治理的重要内容,注重环境信息披露。公司严格遵守环境保护相关法律、法规、规章及地方环保标准,并制定了《环境管理规定》《危险废物污染防治责任制度》等公司内部环境保护制度,规范了公司在生产中对废水、废气、固体废弃物及噪声等污染物的管理。公司及下属子公司严格执行环境管理制度规范,对各单位的环境管理情况定期检查和检测,公司未发生重大环境事件和污染事故。公司注重生产经营中资源的高效利用,钻研运用环保技术,创建环境友好型企业
IS3	和合精神	和谐关系	和谐的代理关系	三一重工严格依照有关法律、法规以及公司章程等规定组织召开股东大会,保障公司全体股东特别是中小股东充分行使投票权利。股东大会的召集、召开、审议、投票、表决等程序均符合法定要求,并由律师出席见证,出具法律意见书,保证股东大会合法有效。公司与控股股东在业务、人员、资产、机构和财务等方面完全分开。公司与控股股东及其下属单位之间的关联交易定价公允,遵循公开、公平、公正的市场原则。控股股东严格遵照《上市公司治理准则》等法律、法规要求,没有超越公司股东大会直接或间接干预公司决策和经营活动

三、儒家文化、社会网络与上市公司治理

社会网络是用于保护和促进人际关系的一系列的沟通渠道。其中,网络中的成员通过相互强制的机制,发展并保持相互之间的信任并信守承诺。在社会网络中,人们遵守相互约束的协议和共同的社会准则。儒家社会网络是以泛家族主义为核心的社会关系网络。"从熟悉中得到信任"是传统中国社会信任生成的基本逻辑(费孝通,1985;1947),其实质是一种本土化的情感信任构建路径。在这种情景中,社会信任往往以"己"为

中心向外扩展，随着交往边界的外推，信任程度也随之减弱（胡安宁，周怡，2013）。

如图 16-3 所示，儒家社会网络有效地发挥作用：在宏观层面，表现为法律的执行、合同的规定以及儒家社会规范；在中观层面，表现为对声誉的考虑，即声誉机制的作用；在微观层面，表现为家族成员之间密不可分的依存关系及对儒家伦理的理解和认同。

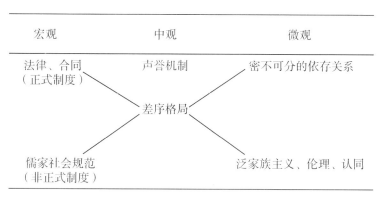

图 16-3　儒家社会网络的作用机制

一般来看，社会网络的形成最初源于人们相同或相似的文化价值观、经济利益和社会地位。在此基础上，网络中的人们便形成了共同的道德规范和行为准则。从社会关系来看，我国社会的组织形式是以亲属关系为主轴的网络关系社群，即"差序格局"（费孝通，1985）。西方社会则是以边界清楚的组织为主体构建，依靠法律关系来维持。费孝通先生的"差序格局"理论指出，中国文化具有伦理本位、关系导向特征，每个人的社会网络犹如投入水中的石子，激起由近及远的波纹预示着个体间关系的亲疏远近、依次相连。关系在中国乃至整个华人社会都十分重要，不管是对市场的经济行为还是上市公司治理，都有深刻的影响。在这样的企业中人际关系具有特殊意义，人与人之间的信息共享按照等级关系进行，但是交易主体之间可实现平等的谈判。如果交易主体拥有共同的偏好和信仰，可促使交易更加顺利地进行。甚至许多交易只能发生在特定的关系网中。蒋神州（2010）研究认为，在关系型交易方式中信息集中于一个关系链的核心人物即首领，他是建立在一种人际关系等级结构基础上的，这样的等级结构一般是人格魅力型。笔者认为，在三一重工中，梁稳根就是这样一个首领。从他创业的过程来看，他的团队逐步形成了这样一个关系型团体，在这个关系型团体内部,有他过去的同事、校友和亲戚。这个团体的成员有趋于一致的信仰和价值观,这样可减少甚至消除成员之间的不信任和可能的机会主义,使得关系型交易较其他类型交易的交易成本更低。一旦这种关系依存的等级结构与权力等级融合后,这种等级将生成更加牢固的关系官僚结构,可产生极强的凝聚力,使得交易的信任度更加高,交易成本更低。交易的次数是随着关系的建立更加频繁,这样就会产生一个趋于无穷次的重复博弈,即便博弈参与人的惩罚机制是双边的,也一样能有巨大的约束力。关系型交易的产生是基于制度和信息的不完备。一种治理结构的建立和运转是有成本的,如果是多次发生的交易,则治理结构的运行成本容易从交易的好处得到补偿,而在单次大数目的非人格化交易中,一方可能利用其占据的有利地位敲诈对方,则无法建立较有效的治理结构,交易双方也容易采取机会主义态度。关系型交易这时则展示了固有的优越性。社会关系的性质对经济交易的影响表现出很大的不同:差序格局下的社会关系难以拓展经济交易的规模,但对不确定性有更强的适应性(Fuku-yama,1996)。

但是,亲缘化或"哥们"团队治理易生道德风险和法律风险,表现为大股东侵犯小股东利益和债权人利益。2010 年 1 月 26 日,三一重工就曝出存在治理混乱、章程需完善、财务造假和信息披露不充分四大问题。要克服关系治理的弊端,需要扩展社会信任网络。形成信任的社会心理过程大体可以分为两种:一种是基于受信方行为信息工具性推断其能力和可靠性,逐步形成认知信任的过程;另一种是基于施信方的情感义务、社会交往和对受信方动机与感受的体认而形成情感信任过程。在三一重工的公司治理中,儒家的泛家族主义文化产生了重要影响。泛家族主义的文化——心理关系强调情感依存于休戚与共。泛家族主义还是一种特殊的信任机制,与西方基于契约与制度的普遍主义信任相比,根植于儒家文化价值体系的家族主义信任具有特殊主义取向和非正式性。在泛家族主义影响下的三一重工的公司治理具有一种自组织能力,能通过高度确定性的强连接关系缓解股东与经理层的代理冲突,寓于情感与忠诚的关系可以大大提高董事会的沟通效率,降低公司治理的代理成本。但是,随着我国向现代市场经济转型,这种泛家族主义的关系型治理也面临巨大挑战,三一重工为适应新的社会环境及拓展市场交易规模的需要也在由泛家族主义的关系治理到以边界清楚的组织为主体构建,依靠法律关系来维持的现代治理模式转变。

儒家文化、社会网络与上市公司治理的案例证据如表 16-5 所示。

表 16-5　儒家文化、社会网络与上市公司治理的案例证据

公司治理事件	儒家文化影响的社会网络	儒家文化影响公司治理的路径	公司治理的内容	案例证据
SS1	差序格局	创业成员构成	创业之初的关系治理	从他创业的过程来看，逐步形成了这样一个关系型团体，在这个关系型团体内部，有他过去的同事、校友、同学和亲戚。这个团体的成员有趋于一致的信仰和价值观，这样可减少甚至消除成员之间的不信任和可能的机会主义，使得关系型交易较其他类型交易的交易成本更低。且一旦这种关系依存的等级结构与权力等级融合后，这种等级将生成更加牢固的关系官僚结构，可产生极强的凝聚力，使得交易的信任度更加高，交易成本更低
SS2	差序格局	关联交易	利益输送	2008 年 10 月 8 日，三一重工召开第三届董事会第十六次会议，审议通过了《三一重工股份有限公司向特定对象发行股票购买资产暨关联交易预案》，向梁稳根等 10 名自然人非公开发行股票，以 19.8 亿的价格收购三一重机，并于 2008 年 10 月 10 日公告。有学者研究指出，此次定向增发存在利益输送问题
SS3	差序格局	关系治理	内部人控制	2010 年 1 月 26 日，三一重工曝出存在治理混乱、章程需完善、财务造假和信息披露不充分四大问题
HR1	泛家族主义	熟人信任	技术合作网络体现了熟人信任	三一重工的重要专利发明人之间合作比较密切，形成了 3 个发明人合作网络。其中由易小刚、易秀明、梁坚毅、代晴华等发明人组成的大型合作网络几乎囊括了三一重工的全部重要专利发明人。黎中银、张世平、于卓伟、水俊峰、冯建伟以及王永兴、孟详东、张金涛、谢卫其组成 2 个小型合作网络。只有王初亮先生为独立专利发明人，与其他人没有合作，可能是因为他和其他发明人在研发方向上存在差异
HR2	泛家族主义	熟人信任	董事会构成	2018 年公司董事会成员：董事长梁稳根；副董事长向文波；董事唐修国、易小刚、梁在中、黄建龙。这里，梁稳根、向文波、唐修国、易小刚都是公司创始人之一或早期加盟的骨干。其中，梁在中系梁稳根的儿子
HR3	泛家族主义	家族意图影响股权配置	创始人为第一大股东	2018 年，梁稳根持有三一集团有限公司 56.74% 的股份，三一集团有限公司持有三一重工股份有限公司 33.47% 的股份，同时，梁稳根还直接持有三一重工股份有限公司 3.66% 的股份

第五节 小结与启示

我们研究儒家文化对三一重工这家家族上市公司治理的影响，得出以下结论和启示。

第一，儒家文化对三一重工的公司治理产生了较大影响。首先，儒家文化影响了三一重工的核心价值观。具体表现在公司认真履行社会责任、重视利益相关者利益、持续创新的意识及不断为所有利益相关者创造更大的价值等方面。其次，儒家文化影响了三一重工治理规范，具体表现在儒家的和合精神使公司形成了和而不同的董事会文化、强调德性领导以及形成了和谐的公司治理关系。最后，儒家文化使公司形成了以差序格局、泛家族主义为特征的社会关系网络。具体表现在家族信任、熟人信任、股权结构体现了创始人意图以及存在一定利益输送的关联交易等方面。

第二，西方公司治理理论的主导性范式是理性主义范式。我们研究中国的公司治理，必须考虑中国社会与西方社会的异质性，并将西方主导性的公司治理范式与中国本土的文化进行整合，发展中国本土化的公司治理理论。在理性与非理性的两难选择中，未来的中国公司治理应该结合大数据时代的技术制度环境，发掘儒家礼治秩序、泛家族主义对于公司治理的积极作用，致力于把公司治理塑造成为一个高信任度的利益相关者的合作关系，恢复人在公司治理中的创造力、主动性和合作性，让礼治秩序、泛家族主义等儒家伦理在公司治理中发挥更大作用。

第三，随着中国市场经济的发展和社会的进步，构建具有本土特色的公司治理理论已经成为当务之急。近年来，在公司治理研究领域，我国学术界以"国际化—规范化—实证化"作为公司治理研究的基本路径，催生了大量的国际化、规范化和实证化的学术论文。但是，公司治理理论大多有其特殊的政治、社会和文化情境，"橘生淮南则为橘，生于淮北则为枳，叶徒相似，其实味不同"（《晏子春秋》），完全照搬西方公司治理理论显然难以有效地指导本土公司治理实践。中国公司治理的背景极为复杂，与重法理和效率、强调契约精神与自由理念的西方文明不同。儒家伦理强调礼治秩序、和合精神、伦理本位、情理交融的实践理性观，将这些文化资源与西方现代公司治理理论结合起来，以新的研究范式重构公司治理的理论体系，构建具有本土特色的公司治理理论，这对指导中国的公司治理实践将具有十分重要的意义。我们在以后进一步研究中，可采用跨行业的多案例研究进一步检验和完善研究儒家文化对上市公司治理的影响的理论框架。

参考文献

黄绾，1959. 明道编 [M]. 北京：中华书局.

比尔德，1984. 美国宪法的经济观 [M]. 北京：商务印书馆.

费孝通，1985. 乡土中国 [M]. 北京：三联书店.

陈其南，邱淑如，1985. 企业组织的基本形态与传统家族制度：中国、日本和西方社会的比较研究 [J]. 经济社会体制比较（2）：44-54.

梁治平，1986. "法"辩 [J]. 中国社会科学（4）：71-88.

熊彼特，1990. 经济发展理论 [M]. 北京：商务印书馆.

郑伯埙，杨中芳，高尚仁，1991. 家族主义与领导行为：中国人·中国心——人格与社会篇 [M]. 台北：远流出版社.

邹恒甫，1993. 积累欲、节俭与经济增长 [J]. 经济研究（2）：56-63.

波斯纳，1994. 法律学问题 [M]. 北京：中国政法大学出版社.

蔺子荣，王益民，1995. 中国传统文化与东方伦理型市场经济 [J]. 中国社会科学（1）：116-117.

张维迎，1996. 博弈论与信息经济学 [M]. 北京：生活·读书·新知三联书店.

杜维明，1997. 现代精神与儒家传统 [M]. 上海：上海三联书店出版社.

徐世虹，1997. 汉代的立法形式与立法语言 [J]. 内蒙古大学学报（哲学社会科学版）（1）：66-72.

傅德波，崔瑞德，1998. 剑桥中国辽西夏金元史907—1368年 [M]. 北京：中国社会科学出版社.

梁治平，1998. 法律解释问题 [M]. 法律出版社.

张立文，1998. 东亚意识与和合精神 [J]. 学术月刊（1）：25-29.

崔之元，1999. "看不见的手"范式的悖论 [M]. 北京：经济科学出版社.

高德步，1999. 产权与增长：论法律制度的效率［M］. 北京：中国人民大学出版社.

韩延龙，1999. 法律史论集：第 2 卷［M］. 北京：法律出版社.

季卫东，1999. 面向 21 世纪的法与社会：法律秩序的建构［M］. 北京：中国政法大学出版社.

狄骥，1999. 宪法学教程［M］. 王文利，等译. 沈阳：辽海出版社，春风文艺出版社.

柯武刚，史漫飞，2000. 制度经济学［M］. 北京：商务印书馆.

黄少安，2000. 经济学研究重心的转移与"合作"经济学构想：对创建"中国经济学"的思考［J］. 经济研究（5）：60-67.

青木昌彦，2001. 比较制度分析［M］. 周黎安，译. 上海：上海远东出版社.

张维迎，2001. 经济学家看法律、文化与历史［J］. 中外管理导报（2）：4-5.

钟清，2002. 民法的理性与非理性［M］// 杜维明. 私法研究. 北京：中国政法大学出版社.

波斯纳，2002. 法理学问题［M］. 中国政法大学出版社.

儒家伦理与东亚企业精神 //［M］. 曾振宇，等. 儒家伦理思想研究. 北京：中华书局.

李泽厚，2003. 中国古代思想史［M］. 天津：天津社会科学出版社.

汪丁丁，2003. 叶航. 理性的追问：关于经济学理性主义的对话［M］. 桂林：广西师范大学出版社.

张千帆，2004. 宪政、法治与经济发展［M］. 北京：北京大学出版社.

费孝通，2004. 乡土中国［M］. 北京：北京出版社.

韩巍，2004. 基于文化的企业及企业集团管理行为研究［M］. 北京：机械工业出版社.

石元康，2004. 罗尔斯［M］. 桂林：广西师范大学出版社.

贾良定，唐翌，李宗卉，2004. 愿景型领导：中国企业家的实证研究及启示［J］. 管理世界（2）：13.

达斯古普特，撒拉格尔丁，2005. 社会资本：一个多角度的观点［M］. 北京：中国人民大学出版社.

达斯古普特，撒拉格尔丁，2005. 社会资本：一个多角度的观点 ［M］. 北京：中国人民大学出版社.

汪丁丁，2005. 走向统一的社会科学：来自桑塔费学派的看法 ［M］. 上海：世纪出版集团，上海人民出版社.

劳思光，2005. 新编中国哲学史：一卷 ［M］. 桂林：广西师范大学出版社.

陈国进，林辉，王磊，2005. 公司治理、声誉机制和上市公司违法行为分析 ［J］. 南开管理评论（6）：35-40.

张翼，马光，2005. 法律、公司治理与公司丑闻 ［J］. 管理世界（10）：113-122.

韦伯，2006. 新教伦理与资本主义精神 ［M］. 西安：陕西师范大学出版社.

张立文，2006. 和合学：21 世纪文化战略的构想 ［M］. 北京：中国人民大学出版社.

戈登，马克罗·J·罗，2006. 公司治理：趋势与存续 ［M］. 北京：北京大学出版社.

维夫斯，2006. 公司治理：理论与经验研究 ［M］. 郑江淮，李鹏飞，等译. 北京：中国人民大学出版社.

祝涛，2006. 企业社会资本在完善公司治理中的作用 ［J］. 财会月刊（理论）（10）：19-20.

李建伟，2007. 关联交易的法律规则 ［M］. 北京：法律出版社.

克拉克曼，等，2007. 公司法剖析：比较与功能的视角 ［M］. 刘俊海，徐海燕等，译. 北京：北京大学出版社.

夏立军，陈信元，2007. 市场化进程、国企改革策略与公司治理结构的内生决定 ［J］. 经济研究（7）：82-95.

格雷夫，2008. 大裂变：中世纪贸易制度比较和西方的兴起 ［M］. 郑江淮，等译. 北京：中信出版社.

罗伊，2008. 公司治理的政治维度：政治环境与公司影响 ［M］. 陈宇峰，张蕾，陈国营，等译. 北京：中国人民大学出版社.

杜维明，2008. 儒教 ［M］. 陈静，译. 上海：上海古籍出版社.

王绍光，2008. 民主四讲 ［M］. 北京：生活·读书·新知三联书店.

王林清，2008. 证券法理论与司法适应 ［M］. 北京：法律出版社.

丹恩，2008 公司集团的治理 ［M］. 黄庭煜，译. 北京：北京大学出版社.

陈冬华, 章铁生, 李翔, 2008. 法律环境、政府管制与隐形契约 [J]. 经济研究 (3): 60-72.

罗尔斯, 2009. 正义论 [M]. 何怀宏, 何包钢, 廖申白, 译. 北京: 中国社会科学出版社.

郭廷以, 2009. 近代中国史纲 [M]. 上海: 格致出版社, 上海人民出版社.

姜付秀, 伊志宏, 苏飞, 等, 2009. 管理者背景特征与企业过度投资行为 [J]. 管理世界 (1): 130-138.

项国鹏, 李武杰, 肖建忠, 2009. 转型经济中的企业家制造能力: 中国企业家的实证研究及其启示 [J]. 管理世界 (11): 103-114.

向显湖, 胡少华, 2009. 组织资本与企业的性质 (J). 当代财经 (6): 66-70.

唐庆增, 2010. 中国经济思想史 [M]. 北京: 商务印书馆.

蒋神州, 2010. 泛家文化、差序格局与公司治理的合谋防范 [J]. 社会科学家 (7): 62-65.

科菲, 2011. 看门人机制: 市场中介与公司治理 [M]. 北京: 北京大学出版社.

邓正来, 2011. 中国法学向何处去: 建构"中国法律理想图景"时代的论纲 [M]. 北京: 商务印书馆.

金观涛, 刘青峰, 2011. 兴盛与危机: 论中国社会超稳定结构 [M]. 北京: 法律出版社.

金观涛, 刘青峰, 2011. 开放中的变迁: 再论中国社会超稳定结构 [M]. 北京: 法律出版社.

张千帆, 2011. 宪政原理 [M]. 北京: 法律出版社.

梁漱溟, 2011. 中国文化要义 [M]. 上海: 世纪出版集团, 上海人民出版社.

顾颉刚, 2011. 中国史学入门 [M]. 何启君, 整理. 北京: 北京出版集团公司, 北京出版社.

吴晓, 刘世林, 2011. 基于"规则文化"差异的中西方公司治理比较研究 [J]. 中国软科学 (10): 146-152.

肖唐镖, 2011. 宗族在重建抑或瓦解: 当前中国乡村地区的宗族重建状况分析 [J]. 华中师范大学学报 (人文社会科学版) (3): 31-37.

Thomas G. Rawski, 2011. 人力资源与中国长期经济增长 [J]. 经济学（季刊）(4)：1153-1186.

许成钢, 2012. 科举制与基督教会对制度演进的影响 [M]. 北京：中信出版社.

钱穆, 2012. 中国历代政治得失 [M]. 北京：生活. 读书. 新知三联书店.

艾伯利, 2012. 市民社会基础读本：美国市民社会讨论经典文选 [M]. 北京：商务印书馆.

吴晓波, 2012. 浩荡两千年：中国企业公元前 7 世纪—1869 年 [M]. 北京：中信出版社.

余英时, 2012. 现代儒学的回顾与展望 [M]. 北京：生活·读书·新知三联书店.

柯兹纳, 2012. 市场过程的含义 [M]. 冯兴元等, 译. 北京：中国社会科学出版社.

房德里耶斯, 2012. 语言 [M]. 北京：商务印书馆.

杨国荣, 2012. 善的历程—儒家价值体系研究 [M]. 北京：中国人民大学出版社.

张岱年, 2012. 国学要义 [M]. 北京：北京大学出版社.

范进学, 2012. 法律与道德 [M]. 北京：北京大学出版社, 2012.

张千帆, 2012. 为了人的尊严：中国古典政治哲学批判与重构 [M]. 北京：中国民主法治出版社.

曹天予, 钟雪萍, 廖可斌, 2012. 文化与社会转型：理论框架和中国语境 [M]. 桂林：广西师范大学出版社.

哈耶克, 2012. 个人主义与经济秩序 [M]. 上海：复旦大学出版社.

刘志成, 吴能全, 2012. 中国企业家行为过程研究：来自近代中国企业家的考察 [J]. 管理世界 (6)：15.

郑志刚, 孙娟娟, Oliver, 2012. 任人唯亲的董事会文化和经理人超额薪酬问题 (J). 经济研究 (12)：111-124.

李小荣, 刘行, 2012. CEO vs CFO：性别与股价崩盘风险 [J]. 世界经济 (12)：102-129.

沈洪涛, 冯杰, 2012. 舆论监督, 政府监管与企业环境信息披露 [J]. 会计研究 (2)：72-78.

吴晓波，2013. 历代经济变革得失 ［M］. 杭州：浙江大学出版社.

弗雷德蒙德·马利克，2013. 正确的公司治理 ［M］. 北京：机械工业出版社.

郭齐勇，2013. 儒家文化研究（第六辑：中国哲学与海外哲学研究专号）［M］. 北京：生活·读书·新知三联书店.

梁治平，2013. 寻求自然秩序中的和谐：中国传统法律文化研究 ［M］. 北京：商务印书馆.

哈特曼，德斯贾丁斯，苏勇，等，2013. 企业伦理学 ［M］. 北京：机械工业出版社.

秋风，2013. 儒家式现代秩序 ［M］. 桂林：广西师范大学出版社.

乔晓楠，杨成林，2013. 去工业化的发生机制与经济绩效：一个分类比较研究 ［J］. 中国工业经济（6）：13.

苏力，2013. 文化制度与国家构成：以"书同文"和"官话"为视角 ［J］. 中国社会科学（12）：78-95.

张维迎，2013. 制度企业家与儒家社会规范 ［J］. 北京大学学报（哲学社会科学版）（1）：17-35.

杨典，2013. 公司治理与企业绩效：基于中国经验的社会学分析 ［J］. 中国社会科学（1）：72-94.

柯兹纳，2013. 竞争与企业家精神 ［M］. 刘业进，译. 杭州：浙江大学出版社.

张维迎，2013. 博弈与社会 ［M］. 北京：北京大学出版社.

杜维明，2013. 新加坡的挑战：新儒家伦理与企业精神 ［M］. 北京：生活·读书·新知三联书店.

胡安宁，周怡，2013. 再议儒家文化对一般信任的负效应：一项基于2007年中国居民调

查数据的考察 ［J］. 社会学研究（2）：28-54.

陈冬华，胡晓莉，梁上坤，等，2013. 宗教传统与公司治理 ［J］. 经济研究（9）：71-84.

蒋庆，2014. 广义政治儒学 ［M］. 北京：东方出版社.

张维迎，盛斌，2014. 企业家：经济增长的国王 ［M］. 上海：世纪出版集团，上海人民出版社.

黄进兴, 2014. 从理学到伦理学: 清末民初道德意识的转化 [M]. 北京: 中华书局.

魏志华, 2014. 中国家族上市公司股利政策研究: 问题与治理 [M]. 北京: 北京大学出版社.

韦森, 2014. 语言与制序: 经济学的语言与制度的语言之维 [M]. 北京: 商务印书馆.

陆瑶, 胡江燕, 2014. CEO 与董事间的 "老乡" 关系对我国上市公司风险水平的影响 [J]. 管理世界 (3): 131-138.

张维迎, 2014. 理解公司: 产权、激励与治理 [M]. 上海: 世纪出版集团, 上海人民出版社.

许纪霖, 2014-09-04. 儒家孤魂, 肉身何在 [N]. 南方周末.

陈来, 2015. 中华文明的核心价值观: 国学流变与传统价值观 [M]. 北京: 生活. 读书. 新知三联书店.

郑也夫, 2015. 信任论 [M]. 北京: 中信出版社.

陈志武, 2015. 金融的逻辑 2: 通往自由之路 [M]. 西安: 西北大学出版社.

班纳德森, 范博宏, 2015. 家族企业规则图 [M]. 北京: 东方出版社.

於兴中, 2015. 法治东西 [M]. 北京: 法律出版社.

於兴中, 2015. 法理学前沿 [M]. 北京: 中国民主法制出版社.

胡少华, 2015. 中国经济转型的逻辑 [M]. 成都: 西南财经大学出版社.

胡少华, 2015. 现代管理与人文精神 [J]. 经济师 (1): 34-38.

古志辉, 2015. 全球化情境中的儒家伦理与代理成本 [J]. 管理世界 (3): 113-123.

李四海, 江新峰, 宋献中, 2015. 高管年龄与薪酬激励: 理论路径与经验证据 [J]. 中国工业经济 (5): 122-134.

毕茜, 顾立盟, 张济建, 2015. 传统文化、环境制度与企业环境信息披露 [J]. 会计研究 (3): 12-19.

弗勒拜伊, 2016. 经济正义论 [M]. 北京: 中国人民大学出版社.

庞用红, 2016. 分配正义与转型期弱势群体研究 [M]. 北京: 中央编译出版社.

兰德斯, 莫克, 鲍莫尔, 2016. 历史上的企业家精神: 从古代美索不达米亚到现代［M］．北京：中信出版社．

梁漱溟，2016．中国文化的命运［M］．北京：中信出版社．

李晓新，2016．经济制度变迁与法律规则［M］．北京：法律出版社．

福山，2016．信任：社会美德与创造经济繁荣［M］．郭华，译．桂林：广西师范大学出版社．

沈昊驹，2016．西方经济伦理的实证研究：基于数理逻辑与演化实验的视角［M］．北京：中国社会科学出版社．

权小锋，陆正飞，2016．投资者关系管理影响审计师决策吗？：基于 A 股上市公司投资者关系管理的综合调查［J］．会计研究（2）：73-80．

曹玉涛，2016．政治与道德：政治哲学伦理向度的反思和重建［J］．哲学研究（3）：93-99．

宝贡敏，史江涛，2016．中国文化背景下的"关系"研究述评［J］．管理学报（5）：1018-1020．

胡少华，李承华，2016．儒家文化与公司治理［J］．经济师（5）：36-37．

胡少华，2016．儒家文化与社会资本的形成［J］．经济界（5）：83-91．

滕飞，辛宇，顾小龙，2016．产品市场竞争与上市公司违规［J］．会计研究（9）：32-40．

周开国，应千伟，钟畅，2016．媒体监督能够起到外部治理的作用吗？：来自中国上市公司违规的证据［J］．金融研究（6）：193-206．

胡国栋，2017．管理范式的后现代审视与本土化研究［M］．北京：中国人民大学出版社．

安乐哲，2017．儒家角色伦理学［M］．孟巍隆，译．田辰山，等校译．济南：山东人民出版社．

周楷唐，麻志明，吴联生，2017．高管学术经历与公司债务融资成本［J］．经济研究（7）：169-183．

李承华，胡少华，2017．儒家文化与我国的法律传统［J］．南华大学学报（2）：106-110．

施展，2017．大宋的幽云十六州［J］．读书（3）：9．

陈晓枫，2017．论表达自由对文明类型的文化依赖［J］．法学评论（2）：34-40．

陈明辉，2017．中国宪法的集体主义品格［J］．法律科学（2）：34-43．

高闯，张清，2017. 双层股权结构运作与企业创新型发展的关联度 [J].
改革（1）：99-108.

胡珺，宋献中，王红建，2017. 非正式制度，家乡认同与企业环境治理
[J]. 管理世界（3）：76-94.

黄韬，乐清月，2017. 我国上市公司环境信息披露规则研究：企业社会责
任法律化的视角 [J]. 法律科学，35（2）：13.

程博，熊婷，林敏华，2018. 儒家传统文化与公司违规行为：基于中国家
族上市公司的分析 [J]. 经济理论与经济管理（10）：72-86.

柳光强，孔高文，2018. 高管海外经历是否提升了薪酬差距 [J]. 管理世
界，34（8）：13.

胡少华，2018. 儒家文化、法治环境与上市公司治理：一个博弈分析框架
[J]. 商学研究（6）：5-11.

雷啸，唐雪松，郑宇新，2019. 放松卖空管制能抑制上市公司违规吗？
[J]. 当代财经（4）：119-130.

WEBER M, 1930. The protestant ethic and the spirit of capitalism [M]. New
York：Harper Collins.

SCHUMPETER J A, 1934. The theory of development [M]. London：Oxford
University Press.

PARSONS T, SHILS E A, 1951. Values, motives, and systems of action
[M] // PERSONS T, SHILS E. Toward a general theory of action：247-
275.

WRONG, DENNIS H, 1961. The oversocialized conception of man in modern
sociology. [J]. American Sociological Review, 26（2）：183-93.

HAYEK F A, 1973. Law, legislation and liberty [M]. Chicago：The Univer-
sity of Chicago Press.

HOFSTEDE G, 1980. Culture and organizations [R]. International Studies of
Management & Organization, 10（4）：15-41.

JAEGER R G, 1981. Dear enemy recognition and the costs of aggression be-
tween salamanders [J]. The American Naturalist, 117（6）：962-974.

ROZEFF M S, 1982. Growth, beta and agency costs as determinants of divi-
dend payout ratios [J]. Journal of Financial Research, 5（3）：249-259.

HAMBRICK D C, MASON P A, 1984. Upper echelons: the organization as a reflection of its top managers [J]. Academy of Management Review, 9 (2): 193-206.

EASTERBROOK F H, 1984. Two agency-cost explanations of dividend [J]. The American Economic Review, 74 (4): 650-659.

BOYD R, RICHERSON P J, 1985. Culture and the evolutionary process. [M]. Chicago: University of Chicago Press.

GRANOVETTER MARKS, 1985. Economic action, social structure, and embeddedness [J]. American Journal of Sociology, 91 (3): 481-510.

BECK B E, MOORE L F, 1985. Linking the host culture to organizational variables [J]. Organizational Culture: 335-354.

SAMPSON E E, 1986. Justice ideology and social legitimation, justice in social relations [M]. New York: Springer US.

JENSEN M C, 1986. Agency costs of free cash flow, corporate finance, and takeovers [J]. The American Economic Review, 76 (2): 323-329.

DELONG R, 1988. Productivity growth, convergence and welfare: comment [J]. American Economic Review, 78 (5): 1138-1154.

EISEBHARDT K M, 1989. Building theories from case study research [J]. Academy of Management Review, 14 (4): 532-550.

SCHELLENGER M H, WOOD D D, TASHAKORI A, 1989. Board of director composition, shareholder wealth, and dividend policy [J]. Journal of Management, 15 (3): 457-467.

COLEMAN J, 1990. Foundtions of social theory [M]. Cambridge: Harvard University Press.

EASTERBROOK F, FISCHEL D, 1991. The economic structure of corporate Law [M]. Cambridge: Harvard University Press.

HOFSTEDE G, 1991. Cultures and organizations, intercultural cooperation and its importance for survival, software of the mind [R]. London: Mc Iraw-Hill.

ZOU H F, 1991. The spirit of capitalism and long-run growth [R]. Washington D. C.: The Word Bank.

JENSEN G R, SOLBERG D P, ZORN T S, 1992. Simultaneous determination of insider ownership, debt, and dividend policies [J]. Journal of Financial and Quantitative analysis, 27 (2): 247-263.

PUTMAN R, 1993. Making democracy work: civic tradition in modern Italy [M]. Princeton N. J.: Princetion University Press.

ROE M, 1994. Strong managers, weak owners: the political roots of corporate finance [M]. Princeton N. J.: Princeton University Press.

SCHWARTZ S H, 1994. Beyond individualism/collectivism: new cultural dimensions of values.

GREIF A, 1994. Cultural Beliefs and the Organization of Society: a Historical and Theoretical Reflection on Collectivist and Individualist Societies [J]. The Journal of Plitical Economy (102): 912-950.

NEWMAN K L, NOLLEN S D, 1996. Culture and congruence: the fit between management practices and national culture [J]. Journal of International Business Studies, Fourth Quarter.

FUKUYAMA F, 1996. Trust: the social virtues and the creation of property [R]. New York: Free Press.

FRIEDBERG E, 1997. Local orders: dynamics of organized action [R]. London: JAI Press Inc.

FREY B S, 1997. Not just for the money: an economic theory of personal motivation [R]. Cheltenham: Edward Elgar Publishing: 748.

LA PORTA R, LOPEZ-DE-SILANES F, SHLEIFER A, et al., 1997. Trust in Large Organization [J]. American Economic Review, 87 (2): 333-338.

LA PORTA R, LOPEZ-DE-SILLANES F, SHLEIFER A, et al., 1998. Law and finance [J]. Journal of Political Economy, 106 (6): 1113-1155.

HORWITZ A V, SCHEID T L, 1999. Health: social contexts, theories and systems [M]. New York: Cambridge University Press.

EISENBERG M, 1999. Corporate law, social norms and belief systems [R]. Berkeley: Berkeley Olin Program in Law & Economics (99): 1253.

THROSBY D, 1999. Cultural capital [J]. Journal of Cultural Economics (23): 3-12.

LA PORTA R, LOPEZ-DE-SILANES F, et al., 1999. Corporate ownership around the world [J]. Journal of Finance, 54 (2): 471-517.

STIJN C, DJANKOV S, LANG L, 2000. The separation of ownership and control in east asian corporations [J]. Journal of Financial Economics (82): 343-386.

WILLIAMSON O E, 2000. The new institutional economics: taking stock, looking ahead [J]. Journal of Economic Literature, 38 (3): 595-613.

POSNER E, 2000. Law and social norms [R]. Cambridge, Mass: Harvard University Press.

FAMA E F, FRENCH K R, 2001. Disappearing dividends: changing firm characteristics or lower propensity to pay? [J]. Journal of Financial Economics, 60 (1): 3-43.

FENN G W, LIANG N, 2001. Corporate payout policy and managerial stock incentives [J]. Journal of Financial Economics, 60 (1): 45-72.

PARK S H, LUO Y, 2001. Guanxi and organizational dynamics: organizational networking in Chinese firms [J]. Strategic Management Journal, 22 (5): 455-477.

ROCK E B, WACHTER W L, 2001. Islands of conscious power: law, norms, and the self—governing corporation [R]. Social Science Electronic Publishing.

LLSV I P, 2000. Corporate governance [J]. Journal of Financial Economics (10).

AIVAZIAN V, BOOTH L, CLEARY S, 2003. Do emerging market firms follow different dividend policies from U. S. firms? [J]. Journal of Financial Research, 26 (3): 371-387.

HOFSTEDE G, 2003. What is culture? A reply to Baskerville [J]. Accounting, Organizations and Society, 28 (7-8): 811-813.

STULZ R M, WILLIAMSON R, 2003. Culture, openness and finance [J]. Journal of Financial Econonics (70): 313-349.

LEE S Y, FLORIDA R, ACS Z J, 2004. Creativity and entrepreneurship: a

regional analysis of new firm formation [J]. Regional Studies, 38 (8): 879-
892.

GRINSTEIN Y, MICHAELY R, 2005. Institutional holdings and payout policy
[J]. The Journal of Finance, 60 (3): 1389-1426.

KHAMBATA D, LIU W W, 2005. Cultural dimensions, risk aversion and cor-
porate dividend policy [J]. Journal of Asia-Pacific Business, 6 (4): 31-43.

ALLEN F, QIAN J, QIAN M, 2005. Law, finance, and economic growth in
China [J]. Journal of Financial Economics, 77 (1): 57-116.

DEANGELO H, DEANGELO L, STULZ R M, 2006. Dividend policy and the
earned/contributed capital mix: a test of the life-cycle theory [J]. Journal of
Financial Economics, 81 (2): 227-254.

ERICKSON M, HANLON M, MAYDEW E L, 2006. Is there a link between
executive equity incentives and accounting fraud? [J]. Journal of Accounting
Research, 44 (1): 113-143.

GUISO L, SAPIENZA P, ZINGALES L, 2006. Does culture affect economic
outcomes? [J]. Journal of Economic Perspectives, 20 (2): 23-48.

KIRKMAN B L, LOWE K B, GIBSON C B, 2006. A quarter century of
culture's consequences: a review of empirical research incorporating hofstede's
cultural values framework [J]. Journal of International Business Studies, 37
(3): 285-320.

LI W, LIE E, 2006. Dividend changes and catering incentives [J]. Journal of
Financial Economics, 80 (2): 293-308.

BOUDOUKH J, MICHAELY R, RICHARDSON M, et al., 2007. On the im-
portance of measuring payout yield: implications for empirical asset pricing
[J]. The Journal of Finance, 62 (2): 877-915.

BOONE A L, FIELD L C, KARPOFF J M, et al., 2007. The determinants of
corporate board size and composition: an empirical analysis. [J]. Journal of
Financial Economics, 85 (1): 66-101.

HAMBRICK D C, 2007. Upper echelons theory: an update [J]. Academy of
Management Review, 32 (2): 334-343.

LANGLEY A KAKABADSE N, SWAILES S, 2007. Longitudinal textual analy-sis: an innovative method for analysing how realised strategies evolve [J]. Qualitative Research in Organizations and Managenent, 2 (2): 104-125.

DENIS D J, OSOBOV I, 2008. Why do firms pay dividends? International evi-dence on the determinants of dividend policy [J]. Journal of Financial eco-nomics, 89 (1): 62-82.

GUISO L, 2008. Does culture affect economic outcomes [J]. Research of Insti-tutional Economics, 20 (2): 23-48.

JOHN K, KNYAZEVA A, KNYAZEVA D, 2008. Do shareholders care about geography [J]. Journal of Financial Economics, 73 (2): 271-288.

VON EIJE H, MEGGINSON W L, 2008. Dividends and share repurchases in the European Union [J]. Journal of Financial Economics, 89 (2): 347-374.

BANCEL F, BHATTACHARYYA N, MITTOO U R, 2009. Cross-country de-terminants of payout policy: european firms, dividends and dividend policy [J]: 71-93.

BARTRAM, SÖHNKE M, BROWN P, et al., 2009. Agency conflicts and cor-porate payout policies: a global study [R]. Munich : MPRA: 1-53.

FERRIS S P, SEN N, UNLU E, 2009. An international analysis of dividend payment behavio [J]. Journal of Business Finance & Accounting, 36 (3-4): 496-522.

HWANG B H, KIM S, 2009. It pays to have friends [J]. Journal of Financial Economics, 93 (1): 138-158.

ADAMS R B, FERREIRA D, 2009. Women in the boardroom and their impact on governance and performance [J]. Journal of Financial Economics, 94 (2): 291-309.

BAE S, KIM H, LEE Y, et al., 2010. Roll-to-roll production of 30-inch graphene films for transparent electrodes [J]. Nature nanotechnology, 5 (8): 574.

FREYTAG A, THURIK R, 2010. Entrepreneurship and cuture cut [R]. Ber-lin: Spring-Verlag.

FIDRMUC J P, JACOB M, 2010. Culture, agency costs, and dividends [J]. Journal of Comparative Economics, 8 (3): 321-339.

FIDRMUC J P, JACOB M, 2010. Culture, agency costs and dividends [J]. Journal of Comparative Economics (38): 321-339.

LA PORTA R, LOPEZ-DE-SILANES SHLEIFER T, et al., 2010. Agency problems and dividend policies around the world [J]. The Journal of Finance, 55 (1): 1-33.

LU J Y, TAO Z G, 2010. Determinants of entrepreneurial activities in China [J]. Journal of Business Venturing (25): 261-273.

SHAO L, KWOK C C, GUEDHAMI O, 2010. National culture and dividend policy [J]. Journal of International Business Studies, 41 (8): 1391-1414.

BUCCI A, SEGRE G, 2011. Culture and human capital in a two-sector endogenous growth model [J]. Research in Economics (65): 279-293.

BAE S C, CHANG K, KANG E, 2012. Culture, corporate governance, and dividend policy: international evidence [J]. Journal of Financial Research, 35 (2): 289-316.

CHAN A C K, YOUNG A, 2012. Chinese corporate governance regime from a historical-culture perspective: rethinking confucian system of governance [J]. SSRN: 2156300.

DYRENG S D, MAYEW W J, WILLIAMS C D, 2012. Religious social norms and corporate financial reporting [J]. Journal of Business Finance & Accounting, 39 (7-8): 845-875.

FRACASSI C, TATE G, 2012. External networking and internal firm governance [J]. The Journal of Finance, 67 (1): 153-194.

BUNKANWANICHA P, JOSEPH P H FAN, et al., 2013. The value of marriage to family firms [J]. Journal of Financial and Quantitative Analysis, 48: 611-636.

YIN R K, 2014. Case study research: design and methods [M]. 5th ed. Thousand Oaks CA: Sage.

ALESINA A, GIULIANO P, 2015. Culture and institutions [J]. Journal of

Economic Literature, 53 (4): 898-944.

ALESINA A, GIULIANO P, 2015. Culture and institutions [J]. Journal of Economic Literature, 29-30 (14): 212-224.

JIANG F, KIM K A, 2015. Corporate governance in China: a modern perspective [J]. Journal of Corporate Finance (32): 190-216.

GIANNETTI M, LIAO G, YU X, 2015. The brain gain of corporate boards: evidence from China [J]. The Journal of Finance, 70 (4): 1629-1682.

FACCIO M, MARCHICA M T, MURA R, 2016. CEO gender, corporate risk-taking, and the efficiency of capital allocation [J]. Journal of Corporate Finance (39): 193-209.